UNIVERSITÉ ÉGYPTIENNE

RECUEIL DE TRAVAUX

PUBLIÉS

PAR LA FACULTÉ DES LETTRES

CINQUIÈME FASCICULE

UN MILLIARDAIRE ANTIQUE

HÉRODE ATTICUS

ET SA FAMILLE

PAR

PAUL GRAINDOR

ANCIEN MEMBRE ÉTRANGER DE L'ÉCOLE FRANÇAISE D'ATHÈNES
PROFESSEUR AUX FACULTÉS DES LETTRES DU CAIRE ET DE GAND.

LE CAIRE
IMPRIMERIE MISR, SOCIÉTÉ ANONYME ÉGYPTIENNE
1930

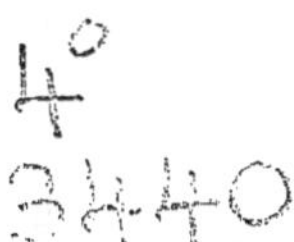

UNIVERSITÉ ÉGYPTIENNE

RECUEIL DE TRAVAUX

PUBLIÉS

PAR LA FACULTÉ DES LETTRES

UN MILLIARDAIRE ANTIQUE

HÉRODE ATTICUS

ET SA FAMILLE

D · M
PARENTUM
AEMIL · GRAINDOR
VICTORINAE BREUER
SACRUM

INTRODUCTION

La vie d'Hérode Atticus a fait déjà l'objet de travaux nombreux.
On peut en juger par la bibliographie placée en tête de notre étude:
encore n'y avons-nous réuni que les ouvrages ou les articles les
plus importants ou les plus récents, parmi lesquels il faut tout
particulièrement citer la substantielle notice de Münscher, œuvre
d'un philologue éminent, qui peut d'ailleurs être aujourd'hui complétée
ou rectifiée sur plus d'un point. Mais, sauf peut-être Vidal-Lablache,
personne n'a encore traité avec l'ampleur qu'elles méritent, la vie et
l'œuvre de l'homme en qui se résume en grande partie l'histoire
d'Athènes au IIe siècle de notre ère, du représentant le plus fameux
de la seconde sophistique, du richissime Athénien qui consacra une
bonne part de son immense fortune à couvrir Athènes, la Grèce et
même l'Italie de monuments dont un seul suffirait à illustrer sa
mémoire.

Mais l'*Hérode Atticus* de Vidal-Lablache, paru depuis plus d'un
demi-siècle, est sur bien des points périmé: nombre de textes
épigraphiques relatifs à Hérode ont été découverts depuis. Le plus
important est, sans contredit, celui que nous avons eu la bonne
fortune de publier le premier: il relate la réception triomphale faite
par les Athéniens à leur grand homme, à son retour du procès de
Sirmium, document de premier ordre qui peut rivaliser d'importance
avec les fameuses inscriptions triopéennes.

De plus, beaucoup de textes épigraphiques depuis longtemps
connus, peuvent aujourd'hui être datés avec plus de précision ou
ont reçu une interprétation nouvelle.

Mais la source principale de nos informations concernant Hérode
reste toujours la biographie qui occupe la première et la plus
importante des places, dans le second livre des "Vies de sophistes"
de Philostrate. La meilleure édition est celle qu'en a donnée C. L.

Kayser, dans la collection Teubner (¹). Malheureusement, elle est depuis longtemps épuisée. On peut utiliser aussi celle de A. Westermann (collection Didot 1822, réimprimée en 1849 et 1878), qui a profité des travaux de Kayser et ne s'écarte de son texte que sur des points de détail, secondaires au point de vue historique parce qu'ils sont d'intérêt purement philologique. Elle a l'avantage d'être accompagnée d'une bonne traduction latine. Nous citons d'après l'édition la plus récente, celle de W. C. Wright (²), bien que l'auteur ait eu le tort d'introduire dans le texte de Kayser, qu'il suit, beaucoup trop de conjectures, presque toutes de Cobet: elles sont peut-être excellentes mais ont le tort d'être presque toujours inutiles.

Philostrate écrivait ses "Vies" entre 229 et 238, c'est-à-dire, une soixantaine d'années environ après la mort d'Hérode (³). A ce moment, il pouvait non seulement utiliser des biographies antérieures aux siennes, mais aussi des documents originaux, aujourd'hui perdus, comme les discours, la correspondance du sophiste, à laquelle il fait plusieurs fois allusion, des plaidoiries comme celle de Dèmostratos, adversaire d'Hérode lors du procès de Sirmium, et même la tradition orale, dont il tire notamment parti à propos de l'isthme de Corinthe, que le fastueux Athénien aurait voulu percer (⁴).

Écrites en une langue alerte et qui veut être originale, parsemées d'anecdotes savoureuses, les "Vies des sophistes" évoquent quelque peu nos articles de journaux. Mais si Philostrate écrit comme un

---

(¹) *Flavii Philostrati opera auctiora*, ed. C.L.KAYSER, 2 vol., Leipzig, Teubner, 1870-71. Il va de soi que nous avons utilisé, à l'occasion, l'édition spéciale des " Vies des Sophistes ", avec commentaire, publiée par le même philologue, à Heidelberg, en 1838.

(²) W. C. WRIGHT, *Philostratus and Eunapius, The lives of the sophists with an English translation*, Londres, 1922. Ce sont les pages de Wright et non celles de Kayser que nous citons, en même temps que les paragraphes des "Vies des sophistes", pour qu'on puisse au besoin se reporter à l'édition de Westermann, à défaut de celle de Kayser, devenue rare.

(³) L'ouvrage a été écrit lorsque l'auteur, qui mourut sous Philippe l'Arabe (244-249), était déjà fort âgé, et il est dédié à Gordien, qui n'était pas encore empereur (février-mars 238) mais est qualifié de consul et de proconsul. Pour la date, cf. MÜNSCHER, *Philol.*, Suppl. X, pp. 471 sq.; F. RUDOLF, *Leipziger Studien*, VII, p. 5 ; CHRIST-SCHMID, *Geschichte d. griech. Litt.*, II⁶, pp. 774, 779 ; WRIGHT, *Philostratus*, p. XII.

(⁴) Pour les sources de Philostrate, cf. MÜNSCHER, *l. l.*, pp. 493 sqq .; LEO, *Griech.-röm. Biographie*, 1901, p. 258.

journaliste, c'est comme un journaliste fort bien documenté, quoique superficiel. Chaque fois qu'on peut le confronter avec les inscriptions, on le trouve rarement en défaut. Et s'il lui est arrivé, croyons-nous, de se tromper sur un point important, comme l'origine de la fortune du père d'Hérode, c'est qu'il a été victime d'une légende accréditée par l'intéressé, légende qu'aucun des contemporains n'avait songé à suspecter. Mais s'il n'a pas cherché à altérer la vérité, il la dissimule parfois (¹) et la biographie d'Hérode prend un peu trop l'allure d'un panégyrique.

On peut aussi reprocher à Philostrate d'avoir parfois manqué de proportion, ainsi lorsqu'il narre un peu trop longuement les rapports, médiocrement intéressants pour nous, d'Hérode avec Aga-thiôn, tandis qu'il laisse dans l'ombre trop de points sur lesquels nous aurions vivement désiré une information moins déficiente. C'est ainsi qu'il passe sous silence la triomphale réception faite par les Athéniens à Hérode après le procès de Sirmium et que nous ne connaîtrions à peu près rien du caractère d'Hérode, si Fronton, dans sa correspondance, n'y faisait une allusion dont la suggestive briè-veté suffit tout au moins à expliquer le silence du panégyrique de Philostrate. On regrette aussi que celui-ci se soucie si peu de la chronologie: le ton de ses biographies lui interdisait de préciser des dates qui intéressaient d'ailleurs sans doute médiocrement ses contemporains

Sophiste lui-même, Philostrate s'entend tout particulièrement à caractériser la manière et le style de ses personnages; il s'étend complaisamment sur ce point qui lui est cher. Pour ce qui concerne Hérode, c'est d'autant plus heureux que nous ne possédons sans doute plus aucun de ses écrits.

Outre Philostrate, quelques écrivains comme Lucien, Pausanias, Fronton (²) et Aulu-Gelle nous ont conservé des détails intéressant Hérode ou les monuments qu'il édifia. Ces détails ont d'autant plus de valeur qu'ils émanent de contemporains, dont deux au moins, Fronton et Aulu-Gelle, furent en rapports directs avec le sophiste.

(¹) Ainsi, II, I, 5 (p. 144 W.), c'est à peine s'il fait allusion, en une courte phrase, à un procès où Hérode fut fort malmené.

(²) Pour la correspondance de Fronton, nous continuons à employer l'édition de NABER, non celle de HAINES, *The correspondence of Marcus Cornelius Fronto,* 2 vol., Londres, 1919-20, suivant le conseil du savant le plus autorisé en la matière, ED. HAULER (cf. *Wiener Studien,* XLV, 1926/7, p. 130 n. 1), dont nous utilisons les nouvelles lectures.

Une courte notice de Suidas n'ajoute guère que des erreurs à ce que nous connaissons par ailleurs de la vie d'Hérode ([1]).

Faisons observer que c'est pour respecter une tradition très ancienne, puisqu'elle remonte jusqu'à Aulu-Gelle, que nous avons continué à donner à notre sophiste le nom d'Hérode Atticus : il faudrait l'appeler Hérode fils d'Atticus ou Atticus Hérode ; c'est l'ordre où les inscriptions rangent ses surnoms lorsqu'elles abrègent son nom.

Comme Hérode et son père portent le même nom, du moins lorsque celui-ci n'est pas cité au complet, les épigraphistes ont souvent été embarrassés pour répartir les textes entre Atticus et son fils ([2]).

Aujourd'hui, le doute n'est presque jamais possible : nous le devons aux nombreux travaux consacrés au sophiste ou à ses parents, à la découverte d'inscriptions nouvelles qui éclairent chaque jour davantage l'histoire d'une des plus grandes familles d'Athènes.

Nous ne connaissons pas, même approximativement, le chiffre de la fortune d'Hérode Atticus. Mais, à en juger d'après les édifices dont il couvrit la Grèce, l'Asie et l'Italie, elle devait être colossale et on peut hardiment la comparer, si non pour le chiffre du moins pour la valeur, à celle de nos milliardaires : elle dépassait, en tout cas, sûrement, toutes les fortunes contemporaines ([3]).

Au cours de cette étude, nous continuons à appliquer à l'éloquence d'apparat, sous l'Empire, le nom de «seconde sophistique», bien qu'il soit en défaveur et que l'on soutienne que cette "prétendue" seconde sophistique n'a rien à voir avec celle du Ve siècle et

---

([1]) SUIDAS, *s.v.* Ἡρώδης. (p. 896, éd. BERNHARDY).

([2]) Le nom complet d'Atticus, nous les verrons, était Tibérius Claudius Atticus Hérodès, celui de son fils L. Vibullius Hipparchos Tib. Claudius Atticus Hérodès, qui se confond avec celui d'Atticus, lorsqu'on omet les trois premiers éléments que le sophiste tenait de sa mère et de son grand-père.

([3]) Le titre de "millionnaire„ que lui donne WILAMOWITZ, *Aristides*, p. 334, est trop faible pour caractériser la fortune d'un homme qui construisit pendant toute sa vie des monuments dont un seul aurait suffi à absorber une fortune de plusieurs millions.

qne ni Isée ni Nikètès de Smyrne ne marquent, comme le veut Philostrate, le début d'une nouvelle période de la sophistique (¹).

Si nous avons maintenu ce terme, ce n'est pas seulement parce qu'il est depuis longtemps en usage et que les anciens n'ont jamais douté de son exactitude. C'est aussi parce qu'il est moins inexact qu'on veut bien le dire. Les seconds sophistes ont tout de même quelques points de contact avec les premiers. Comme eux, ce sont à la fois des professeurs et des conférenciers qui se déplacent et vont se faire admirer de ville en ville. Les premiers, il est vrai, avaient la prétention de se "soumettre à l'aide des armes de la dialectique et de la persuasion, le monde de la connaissance et de l'action» (²) et de préparer à la vie, mais c'étaient avant tout des maîtres d'éloquence: les seconds le seront exclusivement; ce ne seront plus que des artistes et leurs conférences et leurs cours ne chercheront pas en général à instruire mais à éblouir les auditeurs et à enseigner la manière d'y parvenir. Mais les uns comme les autres se préoccupent, avant tout, de la forme de leurs discours, et leurs procédés de style sont les mêmes.

D'ailleurs, les anciens n'avaient pas trouvé de nom spécial pour les seconds sophistes. N'est-ce pas une preuve qu'ils étaient quelque peu les héritiers de ceux du Vᵉ siècle ? N'est ce pas parce qu'il se considère bien comme tel qu'Ælius Aristide dirige ses trois «discours platoniciens» contre le philosophe qui condamna Gorgias et Protagoras? Enfin, les sophistes de l'Empire, qui improvisent sur n'importe quel thème ne sont-ils pas les descendants de Prodikos de Kéos qui demandait à son auditoire de lui proposer n'importe quel sujet à développer? Au fond, la grande différence qui sépare les seconds sophistes les premiers tient à ce que ceux-ci vivaient et parlaient dans une Grèce libre tandis que leurs successeurs exercent leur profession chez des Grecs asservis ou devant les Romains leurs maîtres.

Même s'il est vrai que Philostrate s'est trompé en faisant commencer une nouvelle période de la sophistique avec Nikètès de

---

(¹) WILAMOWITZ, compte rendu de l'ouvrage de BOULANGER, *Aelius Arislide*, dans *Litteris*, II, pp. 125 sqq. Le dernier bulletin sur la seconde sophistique dans BURSIANS, *Jahresb*, 211, 1927, pp. 1 sqq., est intitulé *Bericht über die Literatur zur sogennanten zweiten Sophistik*.

(²) BOULANGER, *o.l.*, p. 73.

Smyrne, dans la seconde moitié du premier siècle de notre ère et s'il est incontestable aussi que le biographe ignore tout ou presque des prédécesseurs de ce sophiste, dont Cicéron, Strabon, Sénèque le Père nous ont conservé le souvenir ([1]), il n'est pas moins sûr qu'une sorte de renaissance se produit à ce moment, qu'elle excuse l'ignorance de Philostrate et autorise à continuer à parler de la seconde sophistique. Plutarque, un contemporain de Nikètès, ne croit-il pas, lui aussi à une résurrection de la sophistique de son temps ([2]). Et si les termes de renaissance, de résurrection nous choquent, disons que la sophistique, qui vivotait depuis des siècles dans les écoles asiatiques, connaît à ce moment un renouveau, qu'elle sort de l'ombre des écoles pour entrer au plein jour de la vie publique, grâce à des circonstances particulièrement favorables à son nouvel épanouissement ([3]). Elle bénéficie de la déchéance des autres genres littéraires, à un moment où les Grecs d'Asie jouissent, grâce à l'Empire, d'une paix et d'une prospérité qu'ils ne connaissaient plus depuis longtemps. De tout temps amoureux de l'art de bien dire, les Grecs se consolent de la perte de leur liberté politique en se passionnant pour une éloquence d'apparat qui exalte leur fierté nationale en les reportant dans un passé glorieux pour lequel leurs vainqueurs euxmêmes éprouvaient la plus vive admiration.

On a dit aussi qu'il n'y a pas d'opposition entre les sophistes d'Asie mineure et ceux d'Athènes, qu'Hérode, par exemple, bien qu'étant archaïsant, admire l'asiatique Polémon et qu'Athènes, au IVᵉ siècle, est "moderne", tandis que la Syrie en est au classicisme ([4]). Tout cela est très vrai mais le problème est mal posé. Il n'y a pas d'opposition entre Athènes et l'Asie mais bien coexistence de deux modes de l'éloquence d'apparat qui peuvent avoir chacun leurs partisans aussi bien à Athènes qu'en Asie. En d'autres termes, il

---

([1]) WILAMOWITZ, *Litteris*, II, *l.l.* — Sur la sophistique en Asie à partir du IIIᵉ siècle avant notre ère, cf. BOULANGER, *Aelius Aristide*, pp. 74 sqq.

([2]) Cf. R. JEUKENS, *Plutarch von Chaeronea und die Rhetorik, Diss. phil. Argentor.*, XII, 4, 1907, pp. 48 sqq.

([3]) Cf. BOULANGER, p. 71.

([4]) WILAMOWITZ, *Litteris*, II, *l.l.* Cf. aussi l'article du même *Asianismus und Atticismus, Hermes*, xxxv, 1900, pp. 1, sqq., qui critique les théories de ses devanciers concernant l'asianisme et ses rapports avec la seconde sophistique (cf. ci-dessous, la n. 3 de la p. XII) ; BOULANGER, *o.l.*, pp. 60 sqq. a résumé le débat.

ne faut pas prêter à asianisme et à atticisme un sens géographique qu'ils ont dépouillé, au moins en partie, pour se convertir en for-formules littéraires.

Tout en étant Athénien, on peut très bien être asianiste, c'est-à-dire donner ses préférences au style pompeux, emphatique, poétique dans ses figures et dans ses rythmes et visant uniquement à l'effet, dont Hégésias de Magnésie du Sipyle fut, au III° siècle avant notre ère, le principal fauteur. De même, on peut être atticiste, c'est-à-dire aller chercher ses modèles ou son vocabulaire parmi les maîtres attiques d'autrefois, sans être Athénien et sans habiter l'Attique. C'est là affaire de goût personnel.

Ainsi, Onomarchos d'Andros, d'après Philostrate, opta pour la manière ionienne, c'est-à-dire asiatique (¹), au point que l'on allait jusqu'à contester qu'il eût été le disciple d'Hérode, principal représentant de l'atticisme au II° siècle. Il en fut de même pour Ptolémée de Naucratis (²), qui subit l'influence de Polémon plus que celle d'Hérode, son maître. Nous savons encore qu'Hippodromos de Larissa, à un moment où il enseignait et était déjà célèbre, s'en alla à Smyrne pour apprendre τὸ ἦθος τῆς Ἰωνικῆς ἀκροάσεως (³). Hérode lui-même n'est-il pas parfois compté parmi les asianistes (⁴), sans doute parce qu'il avait subi l'influence de Polémon et qu'il imitait à l'occasion la manière asiatique? Même s'il s'agit là d'une simple erreur d'un scoliaste, elle contribuerait à montrer qu'il existait à cette époque, comme du temps de Cicéron déjà (⁵), deux courants bien distincts dans l'éloquence épidictique.

Si l'on donne à ces deux termes d'asianisme et d'atticisme leur vrai sens, on ne s'étonnera plus de voir l'asianisme triompher à Athènes même, au IV° siècle, avec Himérios, et le classicisme, à Antioche, avec Libanios, et l'on s'expliquera mieux pourquoi les principaux atticistes ne furent pas toujours des Athéniens.

Comme il est naturel, ces deux tendances n'étaient pas seulement parallèles, elles se mêlaient parfois et réagissaient l'une sur l'autre. C'est ainsi que Polémon cherchait, par l'emploi de cer-

---

(¹) PHILOSTR., II, 18, 1 (p. 250 W.). Cf. SCHMID, *Atticismus*, I, p. 201 n° 15.
(²) *Ibid.*, II, 15, 1 (p. 244 W.).
(³) *Ibid.*, II, 27, 9 (p. 294 W.).
(⁴) ARIST., *Panath. proleg.* III, p. 737 (DINDORF)
(⁵) Cf. surtout CIC., *Orat.*, 235.

taines formes, à donner à ses discours un vernis d'atticisme (¹), tandis que l'abondance d'images, qui caractérisait le style d'Hérode (²), pourrait bien être due à l'influence asiatique.

Nous n'avons pas à refaire, une fois de plus, l'histoire de la seconde sophistique, qui a donné matière, jusqu'en ces derniers temps, à de nombreuses et excellentes études (³). Nous le devons d'autant moins que, chez Hérode, c'est encore le sophiste qui nous est le moins bien connu. La médiocrité de la biographie de Philostrate en est, en partie, responsable. De plus, le seul discours qui nous est parvenu sous le nom d'Hérode n'est très probablement pas de lui. Même s'il était authentique, il ne nous apprendrait presque rien sur la manière de celui qui fut le plus illustre représentant de la sophistique du II⁰ siècle. On y cherche vainement les principales caractéristiques de son style, telles que nous le connaissons par Aulu-Gelle et surtout par Philostrate, sophiste lui-même, et particulièrement bien informé sur ce point.

Par contre, les découvertes épigraphiques et archéologiques nous ont apporté pas mal de détails nouveaux sur la vie d'Hérode, sur sa famille, sur les nombreux monuments édifiés par lui. C'est par eux bien plus que par ses écrits ou son talent d'orateur et d'improvisateur qu'il méritait de survivre et qu'il a survécu. C'est de ce côté qu'il restait à glaner et que devra surtout porter notre effort. Une étude sur Hérode Atticus ne peut être avant tout littéraire, comme pour un Dion de Pruse ou un Aelius Aristide qui ont laissé une série d'écrits authentiques et dont l'influence peut être moins malaisément évaluée. Qu'il nous suffise donc d'avoir réuni et essayé d'interpréter tous les textes relatifs à l'activité littéraire d'Hérode et d'avoir tenté de le replacer dans le cadre de ses maîtres, de ses disciples et de son temps (⁴).

(¹) H. JÜTTNER, *De Polemonis rhetoris vita, operibus, arte, Breslauer philol. Abhandl.*, VIII, 1, pp. 65 sqq ; SCHMID., *o.l.*, IV, pp. 577 sqq.

(²) PHILOSTR., II, 1,34 (p. 178 W.).

(³) E. ROHDE, *Der griech. Roman*³, pp. 310 sqq.; *Kleine Schriften*, II, pp. 75 sqq.; KAIBEL, *Hermes*, xx, 1885, pp. 497 sqq ; W. SCHMID, I, pp. 27 sqq.; L. MÉRIDIER, *Influence de la seconde sophistique sur l'œuvre de Grégoire de Nysse*, Rennes, 1906, Ch. I. ; WILAMOWITZ, *Asianismus und Atticismus, Hermes* xxxv. 1900, pp. 1 sqq.; BOULANGER, *o.l.* pp. 58 sqq.; CHRIST-SCHMID, *o.l.*, II⁶, pp. 688 sqq.

(⁴) Nous tenons à remercier ici MM. E. Buschor, Rhys Carpenter. directeurs des écoles allemande et américaine d'Athènes, notre collègue de Berlin J. Kirchner, M. A. Philadelpheus, éphore des antiquités, et M. H. Seyrig, secrétaire de l'École française d'Athènes, qui nous ont très aimablement procuré une partie des photos qui illustrent notre ouvrage.

BIBLIOGRAPHIE

Abréviations.

H. VON ARNIM, *Leben und Werke des Dio von Prusa*, Berlin, 1898.

A. BOULANGER, *Aelius Aristide et la sophistique dans la province d'Asie mineure au IIème siècle de notre ère*, Thèse présentée à la Faculté des Lettres de Paris, Paris, 1923.

K. BURESCH, *Triopeion, Herodes, Regilla, Rhein. Mus.*, XLIV, 1889, pp. 489 sqq.

G. CLAUSEN, *Quaestiones Herodeae*, Diss. Bonn, 1847.

H. DIPTMAR, *Der Rhetor Herodes Attikus, ein Maecen seiner Zeit, Blaetter f. bayer. Gymnasialschulwesen*, XXIII, 1897, pp. 657 sqq.

W. DITTENBERGER, *De Herodis Attici monumentis Olympicis, Index scholarum in Universitate Halensi per hiemem 1892/3 habendarum*, Halis, 1892.

G, III, ID., *Inscriptiones Graecae*, III, Berlin, 1878-1882.

S I G³, ID., *Sylloge inscriptionum Graecarum*, 3ème édition, Leipzig, 1915-1922.

ID., *Die Familie des Herodes Atticus, Hermes*, XIII, 1878, pp. 67 sqq.

E. DRERUP, [Ἡρώδου] περὶ πολιτείας, *ein politisches Pamphlet aus Athen 404 v. Chr., Studien zur Geschichte und Kultur des Altertums*, II, 1, Paderborn, 1908.

P. FOUCART, *La Famille d'Hérode Atticus, Revue de Philol.*, 1901, pp. 90 sqq.

G. FÜLLES, *De Tiberii Claudii Attici Herodis vita*, Diss. Bonn, 1864.

Chronologie, P. GRAINDOR, *Chronologie des archontes athéniens sous l'Empire, Mémoires de la Classe des Lettres et des Sciences morales et politiques de l'Académie de Belgique*, Série II, t. VIII (in-4°), Bruxelles, 1921.

ID., *Marbres et textes antiques d'époque impériale, Recueil de travaux publiés par la Faculté de Philosophie et Lettres de l'Université de Gand*, 50ème fascicule, Gand, 1922, pp. 81 sqq.

ID., *Un épisode de la vie d'Hérode Atticus, Musée belge*, XVI, 1912, pp. 69 sqq.

ID., *Inscriptions attiques d'époque impériale, BCH*, XXXVIII, 1914, pp. 351 sqq.

ID., *La tête de nègre du Musée de Berlin, BCH*, XXXIX, 1915, pp. 402 sqq.

H. Hass, *De Herodis Attici oratione* περὶ πολιτείας, Diss. inaug. Kiliensis, Leipzig, 1880.

G. F. Hertzberg, *Die Geschichte Griechenlands unter der Herrschaft der Roemer,* II, Halle, 1868, pp. 377 sqq. et *passim.*

C. Huelsen, *Zu den Inschriften des Herodes Atticus, Rhein. Mus.,* XLV, 1890, pp. 284 sqq.

I G R, *Inscriptiones Graecae ad res Romanas pertinentes,* ed. R. Cagnat.

'Ε. Καστόρχης, 'Ηρώδου 'Αττικοῦ ἐπιγραφαὶ ἐν Μαραθῶνι, 'Αθήναιον, X, 1881, pp. 538 sqq.

P A, J. Kirchner, *Prosopographia Attica,* 2 vol., Berlin, 1901-1903.

P I R, Klebs, Dessau, von Rohden, *Prosopographia imperii Romani,* 3 vol., Berlin, 1897-1898.

E. Caetani - Lovatelli, *Il Triopio e la villa di Erode Attico, Nuova Antologia,* LXVI, 1896, pp. 24 sqq.

K. Muenscher, *Herodes, Real-Encyclopaedie der classischen Altertumswissenschaft,* VIII, pp. 922 sqq.

A. Philadelpheus, *Un hermès d'Hérode Atticus, BCH,* XLIV, 1920, pp. 170 sqq.

K. Schultess, *Herodes Atticus, Wissenschaftl. Beilage zum Jahresbericht des Wilhelm-Gymnasiums in Hamburg,* Hamburg, 1904. Cf. le compte rendu de W. Schmid, *Berlin. phil. Wochenschrift,* 1904, pp. 1551 sqq.

W. Schmid, *Der Atticismus in seinen Hauptvertretern von Dionysius von Halikarnass bis auf den zweiten Philostratus,* I, Stuttgart, 1887.

N. Svensson, *Réception solennelle d'Hérode Atticus (Inscription trouvée près de Marathon), BCH,* L, 1926, pp. 527 sqq.

Vidal-Lablache, *Hérode Atticus, étude critique sur sa vie,* Paris, 1872.

U. von Wilamowitz-Moellendorf, *Der Rhetor Aristeides, Sitzungsb. d. Preuss. Akad. der Wiss., Phil. - hist. Kl.,* XXVIII, 1925, pp 333 sqq.

Id., *Marcellus von Side, ibid.,* 1928, pp. 3 sqq. (cf. *Hermes,* LXIV, 1929, pp. 489 sq.).

Revues et Encyclopédies.

A M, *Mittheilungen des deutschen archaeologischen Instituts, Athenische Abtheilung.*

A J A, *American Journal of Archaeology.*

B C H, *Bulletin de Correspondance hellénique.*

R A, *Revue archéologique.*

R E, *Real-Encyclopaedie der classischen Altertumswissenschaft.*

HÉRODE ATTICUS

CHAPITRE PREMIER

LES ANCÊTRES D'HÉRODE ATTICUS.

A l'époque impériale, sous la pression de Rome, la constitution des cités grecques, même libres, avait tourné à l'aristocratie. A Athènes, l'Aréopage avait repris la première place, l'assemblée du Peuple ne jouait plus qu'un rôle effacé. Une oligarchie, composée de quelques familles très fortunées, détenait le privilège, d'ailleurs coûteux, de fournir à la cité ses principaux magistrats. Cette oligarchie où dominaient les représentants des grandes familles sacerdotales, surtout celles des cultes éleusiniens, formait une noblesse locale qui se réclamait souvent avec orgueil des illustrations de la démocratie des grands siècles et remontait volontiers chercher des ancêtres jusque chèz les rois de l'Attique, les héros de l'époque mythique et même les dieux. L'une de ces familles se complaît à rappeler, vers le milieu du IIe siècle de notre ère, qu'elle descendait de Thémistocle dont dix-neuf générations la séparaient [1]. Une hiérophantide de Korè s'enorgueillit d'être la fille d'un Périclès, qui aurait eu pour ancêtre son illustre homonyme [2], tandis qu'un autre de ses compatriotes se flatte de compter parmi ses ascendants Périclès, Conon et Alexandre le Grand [3].

---

[1] *IG*, III, 677.

[2] *BCH*, 1895, XIX, p. 113.

[3] *IG*, III, 915. Cf. DITTENBERGER, *Hermes*, XX, p. 6, qui fait observer que ce n'est pas seulement par la ligne masculine que cette Athénienne pouvait compter ces personnages parmi ces ancêtres, Périclès étant Cholargeus et Conon Anaphlystios. Dans la dédicace 'Εφ ἀϱχ., 1885, p. 147, n⁰ 25, figure aussi une descendante de Conon et de Callimaque.

A cette époque, les Athéniens n'étaient pas les seuls à se chercher des quartiers de noblesse. Vers l'époque de Claude ou de Néron, lors de la mort du jeune T. Statilius Lamprias, d'Épidaure, l'Aréopage, la Boulè et le Peuple athénien s'empressèrent d'adresser leurs condoléances au parents sous forme de pompeux décrets, qui vantent la gloire d'une famille nommant parmi ses aïeux Persée, Phoronée, Proitos, Héraklès et Lysandre (¹).

Hérode Atticus n'avait rien à envier à Lamprias : de complaisantes généalogies l'autorisaient à se dire descendant des Aeacides d'Égine, des Érechthéides et de Thésée, d'Héraklès peut-être, et même d'Hermès, en sa qualité de membre de la famille des Kèrykès (²). Avec de pareils ascendants, Hérode ne devait pas trop s'étonner d'entendre ses contemporains vanter l'excellence de sa race, « la plus royale de toutes en Grèce » (³).

Ce qui est sûr, c'est que la famille d'Hérode appartenait au dème de Marathon et par lui à la tribu Aiantis, dont Ajax était le héros éponyme. Miltiade et Cimon, qui passaient également pour des descendants des Aeacides d'Égine, n'étaient pas de la même tribu. S'il existait bien, comme l'affirme Philostrate (⁴), une parenté entre Hérode et les héros des guerres médiques, c'était non pas par la ligne masculine, la différence de tribu s'y oppose, mais par alliance. Un souvenir de cette parenté s'est, semble-t-il, conservé dans le nom d'Elpinikè donné par Hérode à l'une de ses filles, peut-être en mémoire de la sœur de Cimon. La fille de Miltiade avait, on le

---

(¹) *I G*, IV, 936-938; *SIG³*, 796. Cf. notre *Chronologie des archontes athéniens sous l'Empire*, p. 71, nº 41 *bis*.

(²) SUID., *s.v.* Ἡρώδης (Aeacides). *Musée belge*, 1912, p. 71, v. 21 (cf. *BCH*, L, 1927, p. 528 ; WILAMOWITZ, *Marcellus von Side*, p. 29) ; *IGR*, I, 194, v. 34 ; WILAMOWITZ, *ibid.*, p. 15, croit à tort que Θησημάδης ne signife rien d'autre qu'athénien: mais il est affirmé trois vers plus loin que la famille d'Hérode est la plus royale de toutes en Grèce. *Musée belge*, *l.l.*, v. 2 (= *B C H*, *l. l.* et WILAMOWITZ, p. 27) : Hérode est qualifié d'Alkaïdès, patronymique qui évoque non seulement le nom de sa mère Alcia mais aussi celui de l' Ἀλκείδης Héraklès (cf. toutefois WILAMOWITZ, *o. l.*, p. 27). *I G R*, I, 194, v. 33 = WILAMOWITZ, p. 9: (Hermès-Hersé).

(³) *I G R*, *l. l.*, v. 37 (WILAMOWITZ, *ibid.*).

(⁴) PHILOSTR., II, 1, 1 (p. 138 W.).

sait, épousé le riche Kallias, dont la fortune considérable avait même donné prétexte à des légendes (¹).   Il faudra se souvenir de cette lointaine ascendance lorsqu'on essayera de remonter aux origines de la richesse de la famille d'Hérode.

Quant à l'épithète d'« Alkaïdès » donnée au sophiste par une épigramme de Marathon (²) elle doit s'expliquer par le nom de sa mère Alcia que les généalogistes avaient sans doute dû rattacher à Héraklès (³).

Pour ses origines divines, Hérode les tenait de son appartenance à la famille des Kèrykès, dont le héros éponyme, Kèryx, était, dit-on, fils d'Hermès et d'une des filles de Cécrops, Hersé, selon l'inscription du Triopion, dont la version doit être préférée (⁴), puisqu'elle est inspirée probablement par Hérode lui-même.

Par là, Hérode se rattachait en même temps aux Érechthéides. Mais ce n'était probablement pas sa seule parenté lointaine avec Hersé qui l'autorisait à se dire descendant d'Égée, comme l'affirme l'épigramme de Marathon, et de Thésée, comme le prétend l'inscription du Triopion. Qu'Hérode affectionnât tout particulièrement le séjour de Képhissia, dème de la tribu Érechthéis, ne tient pas à ce qu'il prétendait descendre des Érechthéides mais bien à qu'il possédait à cet endroit une de ses plus somptueuses villas.

D'autre part, il n'est pas sûr qu'un archonte Hérode, qui se rattacherait à la famille du sophiste, ait bien été fils de Pittheus, nom qui fut, dit la légende, celui du grand-père maternel de Thésée (⁵).

(¹) Sur ce nom d'Elpinikè qui est très rare et ne se rencontre guère, en Attique, en dehors de la famille d'Hérode et de Cimon, cf. *P A*, 1, p. 311, nᵒˢ 4677 et 4678 (sœur de Cimon).

(²) *Musée beige*, 1912, p. 70, v. 2 ; *B C H*, L, 1926, p. 528.

(³) Cf. *supra*, p. 2 n. 2.

(⁴) *I G R*, 1, 194, vv. 33 - 34 (WILAMOWITZ, *Marcellus*, p. 9).   Cf. DITTEN-BERGER, *Hermes*, XX, p. 2, n. 2 ; A. MOMMSEN. *Feste der Stadt Athen*, p. 266 ; TÖPFFER, *Attische Genealogie*, p. 81.

(⁵) *I G*, III, 226 : ἐπὶ ἄρχοντος Ἡρώδου τοῦ Π[ι]τθέως (correction pour ΠΥΤΘΕΩΣ). DITTENBERGER (*I G*, VI, 2, *indices*) pense que cet archonte doit peut-être être identifié avec celui de 60/59. KIRCHNER (*RE*, VIII, p. 916, nᵒ 1) semble partager cette opinion.   Il se pourrait aussi que ce soit le nom du dème de cet archonte qui se cache sous cette lecture erronée (Πιθέως ?) d'un texte connu seulement par la copie de Pittakis ou même que ce qui suit le nom d'Hérode ne doive pas y être rattaché : l'inscription est incomplète et ne compte que les cinq mots que nous avons transcrits. Il vaut mieux ne pas attacher trop d'importance à ce texte suspect.

Si nous avons insisté sur des détails, qui nous semblent de
médiocre importance, c'est surtout parce qu'ils sont caractéristiques
d'une époque et d'une société où l'on faisait la course aux titres
de noblesse, en partie sans doute pour rivaliser avec l'aristocratie
romaine, si fière de son patriciat. Les Romains eux-mêmes suivaient
à l'occasion l'exemple des Grecs, à commencer par la famille impériale : les Julii ne se prétendaient-ils pas descendants d'Énée et
d'Aphrodite et n'affirmait-on pas qu'Auguste lui-même était fils
d'Apollon ?

A partir du IIe siècle avant notre ère, nous pouvons, grâce
aux documents épigraphiques, reconstituer la généalogie de la famille d'Hérode ([1]) :

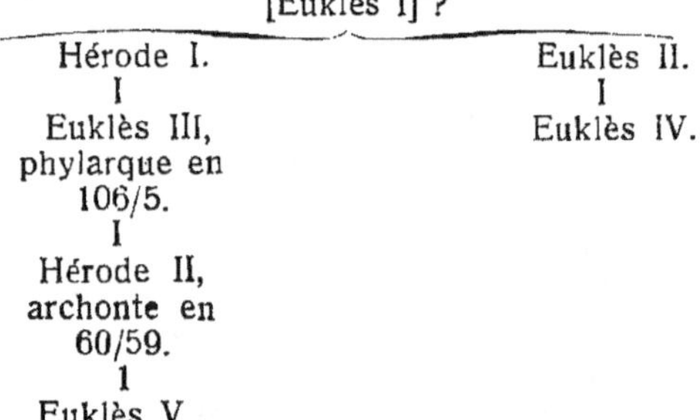

Un Hérode (I) du dème de Marathon, devait vivre vers le
second tiers du IIe siècle. Nous n'en connaissons rien, sauf qu'il était
le père d'un Euklès de la tribu Aiantis, à laquelle appartient le dème
de Marathon ([2]), et probablement le fils d'un autre Euklès (I) qu'il
faudrait alors faire remonter jusqu'à la première moitié du II[o] siècle.
L'existence de ce dernier peut être déduite du fait que le fils d'Hérode (I) devait, conformément à l'usage grec, porter le nom de son
grand-père et, en second lieu, de ce qu'un personnage, vraisemblablement le frère d'Hérode, se nomme Euklès (II) : ce dernier ne
nous est d'ailleurs connu que comme le père d'un Euklès (IV) de
Marathon, cousin germain d'Hérode (I), semble-t-il ([3]).

([1]) Cf. la généalogie que nous avons dressée dans le *B C H*, XXXVIII,
1914, p. 439.
([2]) P. ROUSSEL, *Les Athéniens dans les inscriptions de Délos*, BCH, XXXII
1908, p. 333, n° 246.
([3]) *Ib.*, n° 245.

Fig. 1.   Porte de l'Agora romaine.

Euklès (III) était, sous l'archontat d'Agathoklès (106/5), phylarque ou commandant de la cavalerie de la tribu Aiantis ([1]).

Le dème, les noms de ces personnages, qui reviennent fréquemment dans la famille d'Hérode, ne permettent pas de douter qu'ils doivent y être rattachés.

Le fils d'Euklès (III) est, selon toute vraisemblance, un Hérode (II) père d'un autre Euklès (V), de Marathon qui vivait, nous allons le voir, dans la seconde moitié du Ier siècle ([2]). Cet Hérode (II) doit très probablement être identifié avec l'archonte du même nom qui fut en fonctions en 60/59: les dates concordent très bien mais, pour avoir une certitude complète, il nous faudrait connaître le dème de l'archonte ([3]). En tout cas, c'est le père d'Euklès (V) qui était épimélète des travaux de l'agora romaine d'Athènes lorsqu'on commença la construction de ce nouveau marché, 'sous César, avec les fonds donnés par le dictateur. Ces détails nous sont connus par la dédicace de la porte de ce marché, dite «Porte de l'Agora» ([4]) (Fig. 1). Nous en reproduisons le texte avec une traduction : il n'a pas été correctement interprété jusqu'ici, du moins sur un point qui nous intéresse tout particulièrement, à savoir le rôle joué par Euklès et son père dans la construction de cet édifice :

Ὁ δῆμος ἀπὸ τῶν δοθεισῶν δωρεῶν ὑπὸ Γαΐου Ἰουλίου Καίσαρος Θεοῦ | καὶ Αὐτοκράτορος Καίσαρος Θεοῦ υἱοῦ Σεβαστοῦ | Ἀθηνᾷ ἀρχηγέτι[δ]ι, στρατηγοῦντος ἐπὶ τοὺς ὁπλίτας Εὐκλέους Μαραθωνίου | τοῦ καὶ διαδεξαμένου τὴν ἐπιμέλειαν ὑπὲρ τοῦ πατρὸς Ἡρώδου, τοῦ καὶ πρεσβεύσαντος. | Ἐπὶ ἄρχοντος Νικίου τοῦ Σαραπίωνος Ἀθμονέως.

«Le Peuple avec les dons du divin C. Julius César et de l'empereur Auguste, fils du divin César, (a dédié cet édifice) à Athéna Archègétis, étant stratège des hoplites Euklès de Marathon, qui avait

---

([1]) Pour la date, cf. *I G*, II², pars 4, fasc. 1, p. 22.

([2]) Sur cet Euklès (V), cf. *P A*, n° 5726 ; ROUSSEL, *l.l.*, n° 247.

([3]) *IG*, III, 1015. Sur les archontes cités dans cette liste, cf. en dernier lieu notre *Chronologie*, p. '45, n. 1.

([4]) *I G*, III, 65. C'est ce même Hérode (II) qu'il faut identifier avec le stratège mentionné dans *IG*, II, 488 = *IG*, II², 1051 *b* et probablement aussi avec le rhéteur athénien du même nom, qui fut le maître du fils de Cicéron, en 44. Sur ce dernier, cf. *RE*, Suppl. III, p. 1130, n° 7ª.

succédé, comme épimélète, à son père Euklès et qui s'était chargé
de l'ambassade. Sous l'archontat de Nikias, fils de Sarapion,
Athmoneus ».

N'insistons pas sur l'erreur, plusieurs fois commise et que nous
avons eu l'occasion de rectifier ailleurs (¹), erreur qui consistait à
identifier avec C. César, fils adoptif d'Auguste, qui n'a jamais reçu
les honneurs de l'apothéose, le personnage dont les libéralités ont
permis de commencer le marché : il n'est pas douteux qu'il s'agit
de Jules César.

Depuis Bœckh, on admet que c'est le père d'Euklès qui s'est
chargé de l'ambassade (²). Mais Bœckh lui-même sentait si bien
que le doute était permis qu'à propos des mots τοῦ καὶ πρεσβεύσαντος, il commente : "manifeste de Herode dicta sunt", sans chercher
à justifier cette affirmation.

Nous estimons cette interprétation inadmissible. Si elle était
exacte, on attendrait Ἡρώδου τοῦ πρεσβεύσαντος, au lieu de τοῦ καὶ
πρεσβεύσαντος. Le τοῦ καί reprend évidemment le τοῦ καὶ διαδεξαμέ-
νου τὴν ἐπιμέλειαν. Ce qu'on veut énumérer ici, ce ne sont pas les
titres d'Hérode, déjà mort, mais ceux de son fils, stratège lors de
la dédicace du nouveau marché. Si l'on fait allusion à Hérode, c'est
uniquement parce qu'il avait été le premier épimélète de l'édifice et
qu'il n'eût été ni exact ni juste de réserver ce titre au seul Euklès.

Autre difficulté : à qui l'ambassade a-t-elle été envoyée ? Est-
ce à César ou à Auguste ? Nous croyons que l'hésitation n'est pas
permise (³).

Après Pharsale, César avait pardonné à Athènes d'avoir pris
parti contre lui et il s'arrêtera dans cette ville (⁴), en 47, à son

---

(¹) GARDTHAUSEN, *Augustus und seine Zeit*, I, p. 1135; II, p. 746 ; *R E*, X,
p. 426. Cf. nos observations *B C H*, XXXVIII, 1914, p. 436, n. 4 et *Athènes
sous Auguste*, p. 51.

(²) *C I G*, 477; SCHULTESS, *o. l.*, p. 1; MÜNSCHER, *RE*, VIII, p. 922.

(³) Pour Bœckh, l'ambassade aurait été envoyée à Auguste. Schultess et
Münscher, *l l. l l.*, hésitent entre César et Auguste, sans apporter d'arguments
en faveur de l'une ou de l'autre de ces hypothèses.

(⁴) CAS. DIO, XLII, 14, 1 ; APP., *BC*, II, 8.

retour de l'expédition contre Pharnace. C'est alors, semble-t-il, qu'il dut donner aux Athéniens les fonds nécessaires pour construire leur marché. Il était dans son caractère de se montrer clément et généreux pour ses adversaires une fois vaincus. Sans doute aussi tenait-il à rivaliser de générosité avec Pompée qui avait gratifié les Athéniens de cinquante talents destinés à la restauration de leurs édifices (¹).

Par contre, Auguste loin de pardonner aux Athéniens leur enleva une partie de leurs privilèges et leur tint longtemps rigueur (²). Même, en 31, pour ne pas séjourner à Athènes, il s'installa à Égine d'où il écrivit aux Athéniens pour leur manifester son ressentiment (³). Ce n'est pas avant 20 qu'il se décidera à venir à Athènes. C'est, à n'en pas douter, à lui qu'il fallut envoyer une ambassade pour obtenir les crédits nécessaires à la continuation des travaux soit que les prévisions eussent été dépassées, soit que la somme accordée par le dictateur n'eût pas encore été complètement versée au moment de sa mort parce que l'édifice n'était pas achevé.

Ce n'est, en effet, qu'en 10 au plus tôt, avant notre ère, que le marché put être terminé (⁴). La lenteur même des travaux semble une raison de plus de supposer que c'est bien à Auguste que les Athéniens durent députer un de leurs concitoyens les plus éminents pour prier l'empereur de leur donner les moyens de mener à terme une œuvre entreprise grâce à la munificence de son père adoptif (⁵).

Si même, par invraisemblable, l'ambassade avait été envoyée sous César, il est fort improbable que ce soit Hérode qui en ait été chargé. Il devait être fort âgé déjà du temps de César : son fils Euklès fut en effet archonte entre 47/6 et 43/2, selon Kolbe, vers 46/5, d'après Kirchner, vers 41/0, selon Roussel (⁶) [et il exerçait

---

(¹) PLUT., *Pomp.*, 42.

(²) Cf. pour ce qui suit, notre *Athènes sous Auguste*, pp. 13 sqq.

(³) PLUT., *Ant.*, 68 ; *Reg. et imper. Apophthegm.*, p. 207 F.

(⁴) Cf. notre *Chronologie*, p. 48, n° 15.

(⁵) Sur ce marché, cf. en dernier lieu notre *Athènes sous Auguste*, pp. 184 sqq.

(⁶) KOLBE, *Die attischen Archonten von 293/2 - 31/0, Abhandlungen der Gesellschaft der Wissenschaften zu Göttingen, Phil.-hist. Kl., Neue Folge.* X, 4, 1908, p. 143 ; KIRCHNER, *IG*, II², pars IV, fasc. 1, p. 26 ; ROUSSEL. *Délos colonie athénienne*, p. 381. Cf. aussi GRAINDOR, *B C H*, XXXVIII, 1914, pp. 437, sqq. (vers le début de l'Empire ?).

déjà en 42/1 ou en 38/7 les fonctions de prêtre d'Apollon Pythien,
sacerdoce dont il était encore titulaire tout au début de notre
ère (¹).

Quant à la date où il fut stratège des hoplites, nous n'y
reviendrons pas : nous avons eu, à plusieurs reprises déjà, l'occasion
de montrer que l'archontat de Nikias, fils de Sarapion, qui est de
la même année, doit être placé vers 10 avant notre ère, et de
rejeter l'hypothèse récente suivant laquelle la porte seule du marché
serait du temps de César et d'Auguste et le reste de l'édifice un
gymnase construit sous Hadrien (²).

Il va de soi que l'on n'avait envoyé auprès de César où
d'Auguste qu'un personnage bien vu du dictateur ou de son fils
adoptif et l'on doit sans doute en conclure que la famille d'Hérode
n'était pas de celles qui s'étaient compromises parmi les partisans
de Pompée et d'Antoine.

Euklès V.

———————⌒——————— ?

Polycharmos   Simarion

I

Hérode III

I

Tib. Claudius

Hipparchos

(suite de la généalogie de la p. 4).

A l'époque de Tibère, dont il était le grand-prêtre à Athènes,
vivait un Polycharmos, de Marathon, fils d'un Euklès qui doit
certainement être identifié avec le stratège en fonctions l'année où
le marché fut achevé. Les dates des textes qui mentionnent les
deux personnages ne laissent aucun doute à cet égard. De plus,

---

(¹) ROUSSEL, *B C H*, XXXII, 1908, p. 333, nº 247. Pour les dates (archontats
d'Euthydomos et le Nikostratos), cf. notre *Chronologie*, p. 52, nº 18 ; KOLBE,
o. l., p. 141 ; KIRCHNER, *l. l.*, p. 25 ; ROUSSEL, *Délos*, p. 381 .

(²) *Chronologie*, p. 48 nº 15 ; *Musée belge*, 1924, pp. 109 sqq. ; *Athènes sous
Auguste*, pp. 191 sqq.

ce Polycharmos était prêtre d'Apollon Patrôos, sacerdoce qu'il avait dû hériter de son père Euklès (V) (¹).

Ce Polycharmos fut héraut de l'Aréopage, autrement dit président de la plus haute assemblée de la cité (²). On restitue avec la plus grande vraisemblance son nom dans une liste où il aurait figuré à titre d'archonte éponyme (³).

Dans la généalogie que nous avons dressée ailleurs de la famille (⁴), nous avons supposé qu'outre une fille, Simarion (⁵), Euklès avait eu un second fils du nom d'Hérode (III). Nous n'en sommes plus aussi sûr aujourd'hui : il vaut mieux admettre, semble-t-il, que cet Hérode eut pour père Polycharmos et pour fils Hipparchos, grand-père d'Hérode Atticus. Ceci pour deux raisons : d'abord pour éviter de supposer une longévité trop grande à cet Hérode (III) qui aurait, suivant notre première hypothèse, vécu vers le début de notre ère et aurait eu pour fils un Athénien condamné sous Domitien. Ensuite, il paraît bien qu'il faut identifier cet Hérode (III) avec un Tibérius Claudius Hérode mentionné dans un décret trouvé à Smyrne (⁶). Si l'on hésite, pour ce texte, entre l'époque de

---

(¹) *I G*, III, 647. Euklès, il est vrai, était prêtre d'Apollon Pythien et Patrôos (*Fouilles de Delphes, Épigr.*, III, 2, nᵒˢ 61 - 63), tandis que Polycharmos l'était d'Apollon Patrôos. Mais COLIN, *Le culte d'Apollon Pythien à Athènes*, pp. 8 sq. a montré qu'il s'agit là d'une seule et même prêtrise.

(²) *IG*, III, 1007.

(³) Δελτίον, 1888, p. 136, nᵒ 1. Cf. notre *Chronologie*, p. 64, nᵒ 28.

(⁴) *BCH*, XXXVIII, 1914, p. 439.

(⁵) *IG*, III, 1844 ; *PA*, 5726. La brève inscription funéraire de cette Simarion (Σιμάριον Εὐκλέους Μαραθωνίου θυγάτηρ) ne permet toutefois pas d'affirmer avec une entière certitude qu'elle fut la fille de cet Euklès plutôt que d'un de ses homonymes de la même famille.

(⁶) *CIG*, 3187 ; LE BAS-WADDINGTON, p. 700, nᵒ 28 ; WADDINGTON, *Fastes proconsulaires de la province d'Asie*, p. 133 ; VIDAL-LABLACHE, *o. l.*, p. 27 ; SCHULTESS, *o.l.*, p. 7 et n. 19 ; BRANDIS, *RE*, II, p. 479 ; MÜNSCHER, *l.l.*, p. 926 ; *P I R*, I, p. 11, nᵒ 95. Le nom de Néron apparaît à la l. 10 : Νέρωνος Καίσαρος. Il y est aussi question d'un proconsul *Aefulanus*, par ailleurs inconnu ; BOECKH, SCHULTESS, MÜNSCHER et BOULANGER (*Aèlius Aristide*, p. 99, n. 3), placent le décret sous Hadrien ; VON ROHDEN (*R E*, I, p. 476) préfère l'époque de Néron, tandis que V. CHAPOT, *La province romaine proconsulaire d'Asie* (*Bibl. de l'École des Hautes Études*, 150), p .304, ne se prononce pas. Mais les partisans de l'époque d'Hadrien oublient que le nom de Néron est suivi du titre de *Caesar*, qui prouve que l'empereur était encore en vie. (C'est à tort que WADDINGTON, *l.l.*, restitue ἀρχιερέως Θεᾶς 'Ρώμης καὶ Θεοῦ [Νέρωνος Κλαυδίου] restitution qui supposerait que Néron était mort à cette époque. BRANDIS, *l.l.*, a montré que cette restitution était impossible : c'est toujours Auguste qui est associé au culte de la déesse Rome, bien longtemps encore après sa mort, jusqu'au temps de Titus au moins).

Néron et d'Hadrien, c'est uniquement parce qu'on ce cru que notre personnage pourrait être identifié avec le sophiste. Mais alors on ne s'explique plus pourquoi on voit apparaître le nom de Néron dans cette inscription, d'ailleurs fort mutilée.

On observera aussi que cet Hérode est citoyen romain : il porte le gentilice de *Claudius*. Or, il est sûr que la famille d'Hérode Atticus ne reçut la *civitas* romaine que sous Néron. Cela résulte à la fois de son gentilice et du fait qu'elle était inscrite, nous le savons depuis peu, dans la tribu *Quirina* (¹). Cette tribu, il est vrai, est celle de Claude mais tous les nouveaux citoyens créés par cet empereur, à l'exception de ceux de Maurétanie, ne sont pas rangés dans la *Quirina* mais dans la *Claudia*, tribu des ancêtres de Claude. Par contre, la *Quirina* est la tribu où Néron et les Flaviens inscrivent ceux qui leur doivent la *civitas* (²). Mais, comme la gentilice de *Claudius* interdit de descendre jusqu'à l'époque des Flaviens, il est sûr que la famille d'Hérode a reçu le droit de cité sous Néron. Et c'est une raison de plus de rattacher à la famille du sophiste l'Hérode du décret de Smyrne et de dater celui-ci du règne de Néron.

Ce texte est un décret du κοινόν des Grecs d'Asie, c'est-à-dire qu'il émane de l'assemblée provinciale. Il a été voté sur la proposition de Tib. Claudius Hérode : [Γνώμη] Τιβερίου Κλαυδίου Ἡρώ[δου —] καὶ σεβαστοφάντου καὶ [ἀρχιερέως] Θεᾶς Ῥώμης καὶ Θεοῦ [Σεβαστοῦ Καίσαρος]. Dans la lacune qui suit le nom d'Hérode, Brandis (³) croit qu'il faut laisser place pour le nom de la patrie de l'auteur de la proposition. C'est impossible : le καὶ σεβαστοφάντου, qui suit immédiatement, devait sûrement être précédé d'un autre titre. Sans quoi, le καί ne s'explique pas. Ce titre ne peut guère être que celui d'ἀρχιερέως ou d'ἀσιάρχης, de *flamen provincialis*, ou prêtre du culte

---

(¹) *A J A*, XXIII, 1919, p. 173, n° 16 (CAGNAT, *Année épigr.*, 1919, n° 8=*R A*, 1919, X, p. 400) : dédicace dont le bénéficiaire a été identifié par nous avec le père d'Hérode Atticus. Cf. nos *Marbres et textes*, p. 86, n° 2. La tribu d'Hérode est également donné par la dédicace latine publiée dans *S I G³*, 863, n. 1.

(²) Pour tous ces détails, cf. *Cagnat, Cours d'épigraphie latine⁴*, p. 78, n. 1.

(³) *R E*, II, p. 479,

de la famille impériale pour la province d'Asie (¹). C'est lui qui avait la présidence de l'assemblée provinciale et c'est sans doute comme président que Claudius Hérode a présenté sa proposition. Cette prêtrise était l'apanage des personnages les plus considérables et surtout les plus riches : elle imposait au titulaire des charges très lourdes ne fût-ce que pour les jeux dont il était obligé de faire les frais (²). Aussi cherche-t-on parfois à éviter cet honneur ruineux (³). On ne s'étonnerait pas trop de voir cette fonction détenue par l'un des membres d'une des familles les plus riches du temps, si cette famille n'était étrangère à l'Asie. Sans doute l'Athénien qui en était alors titulaire, possédait-il sinon de gros intérêts dans la province, tout au moins des attaches avec les familles du pays et avait-il reçu le droit de cité d'une des villes asiatiques. C'est peut-être pour cela qu'Hérode Atticus sera plus tard nommé *corrector* des cités libres **d'Asie.**

Ce qui est sûr, c'est que notre Hérode fut σεβαστοφάντης (*flamen Augustalis*) et ἀρχιερεὺς Θεᾶς Ῥώμης καὶ Θεοῦ [σεβαστοῦ Καίσαρος], c'est-à-dire prêtre d'Auguste et de Rome.

Ce n'est qu'avec le fils d'Hérode, Hipparchos, que la famille sort de la pénombre et tend à prendre figure de dynastie. Nous n'en sommes plus réduits maintenant à quelques vains titres pour tenter de dégager la personnalité des ascendants d'Hérode Atticus : celle d'Hiparchos peut être mise beaucoup mieux en relief. Même nous possédons un renseignement précis sur sa fortune (⁴).

(¹) Pour ces titres et les longs débats auxquels ils ont donné lieu, cf. V. CHAPOT, *o.l.*, pp. 468 sqq. ; *Dict. des ant. gr. et rom.*, IV, pp. 946 sqq. L'édit de Valens, *Jahresh. oest. Inst.*, IX, 1906, p. 62, l. 7 (cf. p. 66), a donné raison à MONCEAUX, *De communi Asiae provinciae*, Thèse, Paris, 1885, p. 58, suivant qui ἀσιάρχης désignait l'ἀρχιερεὺς Ἀσίας chargé, tous les quatre ans de donner et de présider des jeux qui intéressaient toute la province d'Asie.

(²) PHILOSTR., *Vit. soph.*, I, 21, 2 (p. 72 W.).

(³) *Ibid.*, I, 8, 2 (p. 24 W.).

(⁴) Sur ce personnage, cf. GROAG, *RE*, III, p. 2725, n⁰ 179 ; SCHULTESS, p. 2 et n. 3 ; MÜNSCHER, p. 923 ; *S I G ³*, 853 (SKIAS, Ἐφ. ἀρχ., 1894, p. 206; FOUCART, *Rev. de Phil.*, 1901, p. 89) ; STEIN, *RE*, IV, p. 152 ; GRAINDOR, *B C H*, XXXVIII 1914, p. 440 i ; *R A.*, 1917, VI, p. 19 ; *Marbres et textes*, pp. 81, 83. Peut-être est-ce aussi le nom d'Hipparchos qui figure dans le fragment de dédicace que nous avons publié *B C H*, LI, 1917, p. 276, n⁰ 44.

Le témoignage le plus ancien qui le concerne paraît se trouver dans une dédicace d'Éleusis (¹) : on ne lui donne encore aucun titre : il doit être encore jeune bien que père d'une fillette à qui était échu l'honneur, fort envié, d'être choisie comme "initiée de l'autel", dans les Mystères. L'Aréopage décernait des couronnes à ces initiés privilégiés, qui devaient, par certains rites, apaiser la divinité au nom des mystes, ou bien leurs parents obtenaient de la haute assemblée le droit de commémorer par une statue une distinction dont la tamille était fière.

Mais l'effigie de la jeune Alcia ne se dressa pas longtemps dans l'enceinte sacrée de Dèmèter : après la condamnation de son père, dont il sera question plus loin, sa statue aurait été renversée. En effet, la base porte, sur une face contiguë à la dédicace à Alcia, une seconde dédicace à Hérode Atticus (²). Comme la base est trop petite pour avoir porté à la fois deux statues, il faut supposer que celle d'Hérode a remplacé celle de sa tante. Cette hypothèse est d'autant plus plausible que les deux dédicaces ne sont pas gravées sur la même face comme on s'y attendrait si les deux statues avaient été érigées en même temps (³).

Comme ses ancêtres, Hipparchos fut prêtre d'Apollon Pythien et grand-prêtre du culte impérial (⁴).

Ce qui nous intéresse davantage, c'est d'apprendre par Philostrate que les biens d'Hipparchos furent confisqués ἐπὶ τυραννικαῖς αἰτίαις ἃς Ἀθηναῖοι μὲν οὐκ ἐπῆγον, ὁ δὲ αὐτοκράτωρ οὐκ ἠγνόησεν (⁵).

Les termes employés par Philostrate ne sont pas clairs en ce qui concerne le motif de la condamnation. Rien d'étonnant si on leur a donné plusieurs interprétations.

(¹) *S I G*³, 853.

(²) *S I G*³, 854.

(³) Cf. SKIAS, *l.l.* ; *SIG*³, 853, n. 1 ; FOUCART, *Rev. de Phil.*, 1901, p. 89.

(⁴) *Fouilles de Delphes, Épigr.*, III, 2, nᵒˢ 65-66. Remarquons que si la prêtrise d'Apollon était héréditaire dans la famille, il n'en était pas le même du titre d'ἀρχιερεύς (il faut entendre ἀρχιερεὺς τῶν Σεβαστῶν. Cf. notre restitution du texte de Delphes, *R A.*, 1917, VI, p. 18) : en 61 de notre ère, c'est Tib. Claudius Novius qui est ἀρχιερεὺς τοῦ οἴκου τῶν Σεβαστῶν (*IG*, III, 1085).

(⁵) PHILOSTR., II, 1, 3 (p. 140 W.).

Vidal-Lablache élude la difficulté en traduisant par "mauvais desseins" (¹). D'autres interprêtent par " menées dangereuses pour la sécurité de l'état" (²), par "haute trahison" (³) ou "lèse-majesté" (⁴). Ces traductions ont le tort d'être ou trop vagues ou inexactes.

Pour nous, l'expression τυραννικαῖς αἰτίαις n'est susceptible que de deux interprétations. Ou bien Hipparchos tenta de se créer, dans la ville libre d'Athènes, une situation semblable à celle des Euryclides à Sparte (⁵) et d'y exercer une tyrannie comme celle dont on accusera plus tard son petit-fils Hérode Atticus dans un procès fameux (⁶). Ou bien Hipparchos fut mêlé au mouvement antidynastique provoqué par le despotisme de Domitien et fut une des nombreuses victimes de la période de terreur qui marque la seconde partie de son règne. Les mots τυραννικαῖς αἰτίαις pourraient en effet, être l'équivalent des termes que le biographe d'Hadrien emploie à propos de la condamnation de Palma et de Celsus, "inimicis semper suis et quos postea ipse (Hadrianus scil.) insecutus est, *in suspicionem adfec< ta >tae tyrannidis lapsis*" (⁷). De plus, Philostrate qualifie quelque part, par la bouche d'Apollonios de Tyane, Domitien de τύραννος (⁸). Or, il n'est plus douteux aujourd'hui que c'est bien sous Domitien et non sous Néron (⁹) que se

---

(¹) *O. l.*, p. 13.

(²) SCHULTESS, p. 2. Cf. aussi ABBOTT et JOHNSON, *Municipal administration, in the Roman Empire*, Princeton, 1926, p. 412.

(³) MÜNSCHER, p. 923.

(⁴) GROAG, *R E, l.l.* Cf. aussi la traduction de WESTERMANN, *Philostratorum et Callistrati opera*, p. 226 (éd. DIDOT).

(⁵) Sur ces Euryclides, cf. en dernier lieu *AJA*, XXX, pp. 389 sqq. ; S. KOU-GÉAS, Ἑλληνικά, Ἱστορικὸν περιοδικὸν δημοσίευμα, I, 1928, fasc. 1 ; E. KORNEMANN, *Neue Dokumente zum lakonischen Kaiserkult, Abhandl. der Schles. Gesellsch. f. vaterl. Cultur, Geisteswiss. Reihe*, fasc. 1, Breslau, 1929.

(⁶) PHILOSTR., II, 1, 25 (p. 166 W.). C'est l'opinion de WRIGHT, p. 141 de sa traduction de Philostrate.

(⁷) SPART., *Vit. Hadr.*, 4, 3 (p. 6, HOHL).

(⁸) PHILOSTR., *Vit. Apol.*, VIII, 16 (p. 333, KAYSER).

(⁹) Faute d'avoir utilisé les textes de Delphes, MÜNSCHER, *R E*, VIII, p. 923 hésite encore entre l'époque de ces deux empereurs. WRIGHT, p. 140 n. 3, faute de connaître nos observations à ce sujet (*RA*, 1917, VI, p. 19 et *Chronologie*, p. 101) admet qu'Hipparchos avait déjà été condamné sous Vespasien.

place la condamnation d'Hipparchos : les inscriptions des dodécades, à Delphes, ne laissent aucun doute à cet égard. Hipparchos était toujours à Athènes sous l'archontat de Domitien et de Trébellius Rufus, c'est-à-dire entre 84/5 environ et 94/5 et y exerçait encore à ce moment les fonctions de prêtre d'Apollon et de grand-prêtre des empereurs ([1]). D'autre part, il était déjà mort du temps de Nerva, sous le règne duquel son fils Hérode écrira à l'empereur pour lui demander l'autorisation de garder un trésor qu'il avait trouvé dans une de ses maisons : le texte qui mentionne le fait ajoute qu'à ce moment Atticus était devenu pauvre par suite de la condamnation de son père ([2]).

On placerait volontiers cette condamnation en 92/3, année où, selon Eusèbe, Domitien "multos nobilium perdidit quosdam et in exilium mittit" ([3]).

Toutefois, nous estimons qu'il faut renoncer à l'hypothèse de la condamnation d'Hipparchos pour lèse-majesté. Malgré toutes les bonnes raisons qu'on peut invoquer en sa faveur, elle semble nettement condamnée par le texte de Philostrate. Il y est dit que les Athéniens ne songèrent pas à inquiéter Hipparchos mais que l'empereur, qui n'ignorait pas ses menées, se chargea de l'en punir.

Il s'agissait donc d'une affaire où les Athéniens étaient directement intéressés mais où ils n'usèrent pas du droit qu'ils avaient d'intervenir, droit qu'ils ne possédaient sûrement pas s'il était question de lèse-majesté.

Nous estimons donc qu'Hipparchos fut victime de ses aspirations à la tyrannie dans une cité libre comme l'était Athènes.

Ce n'est pas par sympathie pour les Athéniens que Domitien se chargea de les défendre contre un concitoyen trop ambitieux mais dont ils ne songeaient même pas à se plaindre. Le zèle de l'empereur avait d'autres mobiles : la condamnation d'Hipparchos lui

---

([1]) Cf. *Fouilles de Delphes, Épigr.*, III, 2. nos 65, 66. Cf. pour la date notre *Chronologie*, pp. 93, no 65 et 100, no 67.

([2]) PHILOSTR., II, 1, 3 (p. 140 W.).

([3]) EUSEB., *ab Abr.* 2109. Cf. *RE*, VI, p. 2576.

fournissait une occasion de plus d'enrichir la caisse impériale, au détriment du plus riche de ses sujets.

Les biens du condamné furent en effet confisqués : nous le savons par Philostrate et par l'extrait d'une loi d'Hadrien relative à l'exportation de l'huile de l'Attique (¹). Il y est stipulé que les agriculteurs doivent réserver pour l'état le tiers de leur production d'huile. Exception est faite pour ceux qui ont acquis du fisc les terres d'Hipparchos : pour eux, le droit d'achat d'Athènes est réduit à un huitième.

De cette loi, Rostowzew a tiré des conclusions inadmissibles (²).

La vente des biens d'Hipparchos n'aurait eu lieu que sous Trajan ou Hadrien ; en réduisant la quotité exigible à un huitième, on aurait voulu favoriser les petits propriétaires acquéreurs de ces biens.

D'abord, rien n'autorise à supposer que la vente ait été retardée. La loi d'Athènes date d'Hadrien mais l'empereur se borne à reconnaître un droit préexistant, en ce qui concerne la quotité d'un huitième grevant les anciennes terres d'Hipparchos "car, ce sont les seules à posséder ce droit", nous dit-il (³). Il est invraisemblable qu'un empereur aussi cupide que Domitien ait retardé la vente des propriétés d'un personnage aussi riche qu'Hipparchos, qui fut condamné plus peut-être parce qu'il avait le dangereux bonheur d'être, nous le verrons, l'homme le plus riche de son temps, que parce qu'il avait aspiré à la tyrannie. Le privilège reconnu aux acquéreurs des terres du condamné avait certainement été accordé pour assurer une vente plus rémunératrice des immenses biens fonciers du grand-père d'Hérode (⁴). Le fisc au

---

(¹) *IG*, III, 38=*IG*, II², 1100, II, 3, 4, 30.

(²) Rostowzew, *Studien zur Geschichte des römischen Kolonates*, Leipzig, 1910, p. 386 ; Abbott et Johnson, *Municipal administration*, p. 413, n'ont pas connaissance de l'hypothèse de Rostowzew ni de la nôtre. Ils ne proposent pas d'explication nouvelle, croient que les terres d'Hipparchos constituaient un domaine impérial et rapprochent la vente de ces propriétés du cas de Thisbé (*SIG*³, 884), qui est cependant tout différent.

(³) *IG*, II², 1100, l. 5 : μόνα γὰρ ἐκεῖνα τὸ δίκαιον τοῦτο ἔχει.

(⁴) Cf. nos observations à ce sujet. *Rev. des Études grecques*, XXXI, 1918, p. 232, n° 3.

profit duquel ils furent vendus était, ne l'oublions pas, la caisse de l'empereur. En droit, le produit de la confiscation aurait dû être versé dans l'*aerarium*, le trésor de l'état romain (¹). Cet *aerarium* en reçut-il au moins une partie, suivant les usages en vigueur au Ier siècle de notre ère ? Rien ne permet de le supposer et c'est une raison de plus de croire que c'est surtout la fortune d'Hipparchos qui provoqua sa condamnation.

Cette fortune, nous en connaissons approximativement l'importance grâce à Groag qui a eu l'heureuse idée de mettre en rapport avec Hipparchos un texte de la "Vie de Vespasien" par Suétone : au cours d'un procès où il défendait un riche accusé, l'avocat Salvius Libéralis se serait écrié: "Qu'importe à César si Hipparchos possède 100.000.000 de sesterces" (²). Cette fortune, légendaire à Rome même, ne peut être que celle de l'Hipparchos victime des convoitises d'un empereur moins respectueux que Vespasien de la vie et des biens de ses sujets. On ne peut guère supposer qu'à la même époque, il y ait eu deux personnages du même nom possédant une aussi grosse fortune. Or, celle du grand-père d'Hérode Atticus était si considérable que, rien qu'en Attique, ses terres constituaient une catégorie spéciale, privilégiée par le fisc, parce qu'elles étaient trop nombreuses et trop étendues pour pouvoir être vendues d'une façon rémunératrice lorsqu'elles furent confisquées (³).

Hipparchos possédait donc une fortune évaluée à cent fois le cens sénatorial. Mais rien n'autorise à supposer qu'il ait fait partie du Sénat romain où son fils, plus heureux, sera admis lorsqu'il aura recouvré la fortune perdue par son père.

(¹) O. HIRSCHFELD, *Die kaiserlichen Verwaltungsbeamten bis auf Diokletian²*, p. 45, n° 2.

(²) SUET., *Vesp.*, 13. Cf. GROAG, *RE*, III, p. 2725 n° 179.

(³) On pourrait supposer aussi que les Athéniens avaient accordé à Hipparchos ou à l'un de ses ascendants, un dégrèvement en ce qui concernait la quotité d'huile exigible, en reconnaissance de services rendus à l'état. Mais cette hypothèse doit être rejetée : dans ce cas, on ne s'expliquerait pas pourquoi le privilège aurait pu être transmis aux acquéreurs des biens d'Hipparchos.

La confiscation n'allait jamais seule : c'était une aggravation de peine, de la peine de mort, de l'exil ou de la déportation. Mais nous ignorons laquelle fut appliquée à Hipparchos. Sans doute fut-il condamné à mort. Nous n'en entendons plus parler dans la suite. Mais son petit-fils conservera pieusement son souvenir. Dans une de ses propriétés du Péloponèse, en Cynurie, on a retrouvé un fragment d'architrave avec inscription appartenant sans doute à un grand monument élevé en l'honneur des membres de la famille par un personnage qui ne peut être qu'Hérode lui-même : la brièveté voulue, la rédaction de la seule dédicace conservée, qui évite les formules usuelles, trahit immédiatement la manière du célèbre sophiste. On y a simplement gravé : "Hipparchos, père d'Atticus" (¹).

Il est regrettable que nous ne possédions point de renseignements sur les origines de la fortune d'Hipparchos: on ne pourrait émettre à ce sujet que des hypothèses dénuées de fondement, faute de textes. Heureusement, nous sommes un peu mieux renseignés en ce qui concerne Atticus, son fils.

(¹) RÔMAIOS, ᾽Αθηνᾶ, 1906, p. 439: Ἵππαρχος ᾽Αττικοῦ πατήρ.

CHAPITRE DEUXIEME

ATTICUS.

____

Outre Claudia Alcia, dont il a été question plus haut, Atticus
avait également une sœur aînée du nom de Claudia Athénaïs ([1]).
Elle nous est connue par une dédicace de l'Aréopage et de la Boulè
des 600 ([2]). Cette dédicace est gravée sur le même marbre qu'une
autre en l'honneur de Tib. Claudius Atticus Hérode ([3]). Il est certain
que ce personnage est le père d'Hérode Atticus et non le sophiste
lui-même: la mention de la Boulè des 600 ne permet pas de faire
descendre ce texte plus bas que 124/5 (ou 128/9 au plus tard),
date où la Boulè fut réduite à 500 membres ([4]). D'autre part, le
personnage est qualifié de grand-prêtre des empereurs à vie, sacerdoce qu'Atticus détint, nous le verrons jusqu'à la fin du règne
d'Hadrien.

Si l'on a supposé qu'Athénaïs était la sœur aînée d'Atticus,
c'est que sa statue était placée à gauche de la sienne, c'est-à-dire
qu'elle occupait la place d'honneur sur la base commune ([5]).

____

([1]) _PIR_, I. p. 406, n⁰ 854 ; _RE_, III, p. 2889, n⁰ 407. Pour Alcia, cf. _supra_,
p. 12.

([2]) _I G_, III, 664.

([3]) _I G_, III, 665.

([4]) Sur cette question, cf. en dernier lieu W. KOLBE, _AM_, XXXXVI, 1921,
pp. 125 sqq, et GRAINDOR, _Album_, pp. 3 sqq.

([5]) DITTENBERGER, _I G_, III, 664. Pour la place d'honneur, cf. DITTENBERGER,
Olympia, V, p. 633, n⁰ 623.

Le nom complet d'Atticus était Tibérius Claudius Atticus Hérode (¹); il est souvent abrégé en Tibérius Claudius Atticus (²), Claudius Atticus (³) ou plus simplement encore en Atticus (⁴).

Par suite de la condamnation de son père, Atticus en était réduit à la pauvreté, lorsqu'une chance inespérée lui rendit fort à propos la splendeur qu'il avait perdue. Voici comment Philostrate narre ce merveilleux redressement (⁵) : " Quant au père d'Hérode, qui était tombé de la richesse dans la pauvreté, la Fortune ne le méprisa pas mais elle lui fit découvrir un trésor d'une valeur inestimable, dans une des maisons qu'il possédait (⁶) près du théâtre (⁷). L'importance du trésor le rendit plus prudent que joyeux et il écrivit à l'empereur une lettre ainsi conçue : " J'ai trouvé, ô empereur, un trésor dans ma maison. Qu'ordonnes-tu qu'on en fasse ? " Et l'empereur — c'était Nerva qui régnait alors—lui répondit : "Dispose de ce que tu as trouvé ". Mais Atticus persistant dans sa prudente

---

(¹) *I G*, 665, 669-674 ; *I G*, II², 1074 (cf. notre *Album*, p. 35. n⁰ 47). Pour la vie d'Atticus, cf. GROAG, *R E*, III, p. 2677, n⁰ 71 ; *PIR*, I, p. 351, n⁰ 654; MÜNSCHER, *l.l.*, p. 923.

(²) *I G*, VII, 88, 288, 2509 (=*SIG³*, 854, n. 7), 1147. A restituer aussi dans 'Εφ., ἀρχ., 1896, p. 47, n⁰ 40, au lieu de [Τιβ. Κλ. Ἡρώδην Ἀτ]τικόν, qui ne se rencontre pas ailleurs

(³) *I G*, III, 476, 485 (?), 668 ; *I G*, V, 1, 287 ; 'Εφ. ἀρχ., 1889, p. 63, n⁰ 9; *BCH*, XXXVIII, p. 351, n⁰ 1.

(⁴) *I G*, V, 1, 32, 62 ; *I G*, III, 310.

(⁵) PHILOSTR., II, 1, 3, (p. 140 W.); ZONAR., XI, 20; SUID., *s.v.* Ἡρώδης et SCOL. ARIST., III, p. 739 (DINDORF) attribuent à tort la découverte du trésor à Hérode. Il semble en être de même de LIBAN., *Or.*, IV, 7 (p. 289 FŒRSTER): Ἡρώδης ὁ Ἀθηναῖος, ὁ τῷ θησαυρῷ πλούσιος.

(⁶) WRIGHT, p. 141, traduit ἐκέκτητο par "he had acquired", alors que ce temps ne peut signifier que "possédait". S'il s'agissait d'une maison acquise par Atticus, l'hypothèse que nous allons émettre sur la prétendue découverte du trésor, ne tiendrait plus. Mais inutile d'insister sur ce qui n'est qu'un simple contresens.

(⁷) C'est-à-dire dans le quartier de Kollytos, le plus estimé d'Athènes. Cf. PLUT., *de exil.*, 6 (avec le commentaire de WACHSMUTH, *Die Stadt Athen*, I, p. 684, n. 1). Sur l'emplacement probable de ce dème, au sud-est de l'Acropole, cf. JUDEICH, *Topographie von Athen*, p. 157, n. 5.

conduite et ayant écrit que le trésor était trop considérable pour lui, l'empereur lui répondit : "Fais ce que bon te semble de ta trouvaille car elle t'appartient".

Les historiens qui se sont occupés d'Atticus ou de son fils ont accepté sans discussion le récit de Philostrate et admis que c'est au hasard seul que la famille du sophiste devait d'avoir recouvré une opulence qui semblait à jamais perdue (¹). Certains d'entre eux, inconsciemment choqués sans doute par le caractère romanesque du récit de Philostrate, ont seulement tenté de lui donner plus de vraisemblance en essayant d'expliquer la présence du trésor dans une maison appartenant à Atticus.

Pour Visconti, il y aurait été caché, pendant les guerres civiles, par un riche Romain (²), supposition fort peu plausible, si on évoque l'exemple de Pomponius Atticus, le richissime ami de Cicéron et de Cornélius Népos, qui ne chercha pas à enfouir sa fortune pour échapper aux incertitudes d'une époque fort troublée mais se contenta de venir s'installer confortablement à Athènes, aux moments les plus difficiles. Lanciani remonterait plus haut, jusqu'à l'époque de Xerxès : après Salamine, le roi des Perses aurait caché des sommes importantes dans une des crevasses de l'Acropole, dans l'espoir de revenir les prendre dans les circonstances plus favorables. Mais Lanciani oublie que l'armée perse restait intacte après Salamine et qu'à l'époque d'Atticus, il n'y avait plus de maisons particulières qui pussent exister, près du théâtre, sur le flanc sud de l'Acropole. Pour confirmer le récit de Philostrate, Maass a réuni les textes relatifs aux trésors et à l'habitude de cacher de l'argent pendant les guerres civiles (²).

(¹) Seul MÜNSCHER, p. 923, a émis en passant et sans l'appuyer d'arguments, un doute sur la réalité de la découverte du trésor. Nous ne faisons que reprendre et préciser ici l'hypothèse que nous avons développée dans nos *Marbres et textes*, pp. 81 sqq. Elle a été acceptée par M. ROSTOVTZEFF, *The social and economic history of the Roman Empire*, Oxford, 1926, p. 143.

(²) VISCONTI, *Opere varie*, I, pp. 241 sqq. ; LANCIANI, *Pagan and Christian Rome*, I, p. 289. Cf. *Nuova Antol.*, LXVI, 1896, p. 26.

(³) MAASS, *Orpheus*, p. 34, n. 22.

Ce qui nous met en défiance dans cette anecdote, c'est peut-être moins la découverte du trésor que l'importance incroyable (ἀμύθητος) de la somme et surtout les circonstances dans lesquelles elle fut trouvée. Ce hasard qui rend si opportunément à Atticus une colossale fortune perdue peu de temps auparavant, fait vraiment trop bien les choses. Le sort a quelquefois de ces retours imprévus mais le rôle qu'on lui prête ici sent un peu trop le merveilleux.

Ce n'est pas que nous suspections la bonne foi de Philostrate. Ses "Vies des sophistes" méritent toute notre confiance : nulle part, il n'a cherché à altérer de parti pris la vérité historique. Mais sa bonne foi a pu être surprise. Il a dû être trompé, nous allons essayer de le montrer, comme tous les contemporains d'Atticus, par une légende que celui-ci avait tout intérêt à accréditer.

Qu'Atticus ait possédé dans sa maison un trésor aussi considérable, il n'y a pas lieu de le contester. Qu'il l'y ait réellement découvert, c'est ce dont il est permis de douter. En réalité, il devait connaître l'existence du prétendu trésor.

Exposé plus que tout autre par son immense fortune à partager le sort de beaucoup de nobles romains coupables surtout d'un excès de richesse, Hipparchos dut, très probablement, essayer de se prémunir contre le danger qui le menaçait ou, tout au moins, d'assurer ne fût-ce qu'en partie à son fils la jouissance de biens dont il n'était pas sûr de pouvoir profiter lui-même en toute sécurité sous un Domitien.

Il ne réussit pas à sauver ses propriétés foncières, tout au moins en Attique où elles furent vendues au profit du fisc. Elles étaient trop étendues pour pouvoir être aliénées dans de bonnes conditions et sans donner l'éveil : quand le fisc voulut en faire argent il fut obligé, nous l'avons vu, d'accorder des privilèges spéciaux aux acquéreurs (¹). Mais il fut sans doute moins malaisé à Hipparchos de mettre sa fortune à l'abri dans la maison de son fils. Le procédé n'était pas sans danger mais Hipparchos n'avait pas le choix des moyens. Le fisc impitoyable avait prévu le cas où un

---

(¹) Cf. ci-dessus, p. 15.

accusé chercherait, par des aliénations fictives, à mettre ses biens en
sûreté avant le prononcé du jugement (¹). Aussi Hipparchos avait-il
dû renoncer à un expédient qui l'exposait à n'échapper au fisc que
pour tomber victime de personnes interposées. Par contre, il ne
pouvait ignorer que les enfants des condamnés dont les biens étaient
confisqués, n'étaient pas entièrement dépouillés mais conservaient
une partie, de leur fortune, variable suivant les empereurs (²). La
maison où fut trouvé le prétendu trésor était probablement celle
qu'habitait Atticus lui-même ou devait, en tout cas, avoir été choisie
de manière à avoir toutes les chances d'échapper au fisc, d'après la
jurisprudence du temps relative aux biens des fils de condamnés (³).

Il ne restait plus à Atticus qu'à attendre la fin du règne de
Domitien et l'avènement d'un prince moins avide, pour sortir de son
apparente pauvreté et trouver un moyen d'expliquer le brusque
revirement de la fortune. Étant donnée l'énormité de la somme prétendument découverte, il n'avait guère le choix. Prétendre qu'elle
lui venait par héritage était sinon impossible du moins très périlleux
et très onéreux. A supposer qu'il ait pu trouver un testateur fictif
qui ait pu lui laisser une somme aussi considérable sans éveiller
des doutes, il aurait eu à payer des droits de succession fort élevés (⁴).
Qui l'eût cru s'il avait prétendu avoir acquis dans des affaires une
telle fortune, si peu de temps après la condamnation paternelle ?

L'expédient qu'il dut choisir lui permettait, en cas de réussite,
de reprendre immédiatement son rang, et il était beaucoup plus sûr,

---

(¹) Paul., fig. 45 ; *Dig.*, XLIX, 14, 45 (Lenel, *Palingenesia*, I, p. 1179).

(²) Cf. les textes réunis dans Daremberg-Saglio-Pottier, *Dict. des Ant.
gr. et rom.*, I, p. 1441 (*Confiscatio*).

(³) La légende du dadouque Kallias, qui aurait trouvé des trésors cachés par
les Perses (*RE*, X, p. 1616) a peut-être inspiré le stratagème d'Atticus. Nous
avons dit plus haut que le nom d'Elpinikè, qui était celui de la femme de
Kallias et d'une des filles d'Hérode, semble indiquer que la famille d'Atticus,
membre du γένος des Kèrykès, comme Kallias, se considérait peut-être comme
son descendant, du moins par la ligne féminine.

(⁴) Une *Lex Julia* avait fixé les droits de succession à 5% (*RE*, VIII, p. 639 ;
Willems, *Le droit public romain*⁷, pp. 481, 496, 618, n. 10).

quoique non exempt de risques. Il n'eût guère été prudent d'y
recourir sous le règne d'un Néron (1). C'est à partir d'Hadrien seulement qne la totalité d'un trésor appartint de droit à l'inventeur
s'il l'avait trouvé dans une de ses propriétés (2). Mais avant cet
empereur, tout dépendait encore du bon plaisir du prince : le récit
de Philostrate le montre suffisamment (3). Aussi Atticus agit-il avec
une prudence que Philostrate a eu soin de marquer à deux reprises
dans son récit. Bien qu'ayant affaire à un Nerva, dont la probité et
le désintéressement furent vite connus de tous, il commence par lui
écrire d'une manière vague, qui ne permet pas de se rendre compte
de l'importance du trésor, sans doute avec l'intention de n'en livrer,
si possible, qu'une partie minime, s'il prenait fantaisie à Nerva
d'agir comme un Néron. Ce n'est qu'après avoir reçu une réponse
favorable, après qu'il eût été difficile sinon impossible à l'empereur
de se dédire qu'Atticus lui écrit une seconde lettre sans réticence
cette fois.

Mais, objectera-t-on, pourquoi donnons-nous au récit de Philostrate, tout romanesque qu'il soit, une interprétation où l'hypothèse
entre pour une large part ? C'est, encore une fois, que ce récit est
vicié par une criante invraisemblance et que notre hypothèse, plus
réaliste, sans rejeter le témoignage de Philostrate, lui restitue son
vrai sens, en invoquant des textes de lois ou des usages que les
intéressés ont dû utiliser pour échapper aux rigueurs du code pénal,
avec une habilité qu'il serait injuste de qualifier de tout hellénique
parce qu'elle est bien humaine.

Redevenu riche, Atticus ne devait pas tarder à entrer au Sénat:
sa fortune dépassait sûrement de beaucoup le cens sénatorial et les
portes du Sénat s'ouvraient de plus en plus devant les provinciaux

---

(3) Cf. TAC., *Ann.*, XVI, 1.

(4) SPARTIAN., *Vit Hadr.*, 18, 6, p. 19 (HOHL); JUSTIN., *Inst.*, II, 1, 39.

(5) Pour la jurisprudence en matière de découverte de trésor, avant Hadrien,
cf. BONFANTE, *La vera data di un testo di Calpurnio Siculo e il concetto romano
del tesoro, Mélanges P. Girard*, I, pp. 123 sqq., qui semble d'ailleurs ignorer le
texte de Philostrate.

de marque, depuis l'époque où Claude avait proposé d'y admettre
les Gaulois.

On avait déjà conjecturé qu'Atticus avait dû entrer au Sénat
avec rang prétorien, sous Nerva (¹). Cette hypothèse est devenue une
réalité depuis que nous avons identifié avec notre personnage le
Tib. Claudius Atticus, fils de Tib. Claudius Hipparchos, de la tribu
Quirina, mentionné dans une dédicace de Corinthe (²). Elle nous
apprend qu'Atticus avait reçu, par sénatus-consulte, les *ornamenta
praetoria*, autrement dit qu'il avait été assimilé aux anciens pré-
teurs (³). Cette haute distinction dut lui être conférée sous Nerva :
on devait bien cette compensation au fils d'une victime de Domitien.
D'ailleurs, il se pourrait bien qu'en 101 ou 102 déjà, Atticus ait été
pontifex, (⁴) sacerdoce qui suppose l'appartenance à l'ordre sénatorien (⁵). Puis il devint deux fois consul (⁶), sans que nous
sachions même approximativement, en quelle année car les deux
fois il fut *suffectus*. C'était déjà beaucoup pour un "homme nouveau",

----

(¹) GROAG, *R E*, III, p. 2677.

(²) *AJA*, XXIII, 1919, p. 173, nᵒ 16 ; CAGNAT, *Année épigraphique*, 1919,
nᵒ 8 ; GRAINDOR, *Marbres et textes*, pp. 86 sqq.

(³) Sur l'identité probable de la collation des *ornamenta praetoria* et de
l'*adlectio inter praetorios*, cf. WILLEMS, *Le Sénat de la République romaine*, I²,
pp. 627-638 ; *Le droit public romain* ⁷, pp. 396, n. 2 ; 442, n. 10. Pour l'octroi
de cette distinction par le Sénat, cf. WILLEMS, *Le Sénat...*, I², pp. 637, n. 8 ;
BLOCH, *De decretis functorum magistratuum ornamentis*, Paris, 1883, pp. 46 sqq.

(⁴) *R E*, suppl. I, p. 317, nᵒˢ 71 et 31ᵃ ; VON DOMASZEWSKI, *Abhandl. zur röm.
Religion*, pp. 183 sqq. ; GROAG, *Studien zur Kaisergeschichte*, *Wiener Studien*,
XL, pp. 9 sqq. — Cf. *C I L*, VI, 32445, liste de *kalatores pontificum*, de 101 ou
de 102, où figure un Ti. Claudius D[iotim]us. On sait que les *kalatores* des
pontifes étaient choisis parmi leurs affranchis. D[iotim]us pourrait être un de
ceux d'Atticus. Mais ce n'est pas absolument sûr : deux autres personnages de
rang sénatorien de cette époque, Ti. Claudius Marcellinus et Ti. Claudius
Sacerdos Julianus pourraient également avoir été son patron.

(⁵) WISSOWA, *Religion und Kultus der Römer²*, p. 492.

(⁶) PHILOSTR., II, 1, 1, (p. 138 W.) ; SUID., s. v. Ἡρώδης ; *Prolegom. in
Arist.*, III, p. 739 (DINDORF) ; *IG*, VII, 88.

même aussi riche qu'Atticus. On a supposé que le premier de ces consulats se place sous Trajan, le second sous Hadrien: il est en tout cas évident que le premier doit avoir suivi d'assez près la collation du rang de prétorien, c'est-à-dire se placer vers le début du règne de Trajan ([1]).

D'après Suidas ([2]), Atticus aurait été aussi proconsul d'Asie : il semble que ce soit là une erreur: Philostrate, qui paraît avoir été la seule source de Suidas, ne dit rien de tel. Suidas, dont les erreurs sont nombreuses, doit avoir mal compris le passage de la vie d'Hérode où il est question, nous le dirons, du don magnifique que lui fit son père lorsqu'il était *corrector* des cités libres d'Asie ([3]).

Mais je ne vois pas pourquoi on refuse d'identifier avec notre Atticus l'ὑπατικὸς Ἀττικὸς qui fit crucifier, sous Trajan, l'évêque de Jérusalem Syméon ([4]). Même si la relation de ce martyre est peu digne de foi, il ne s'ensuit pas qu'il faille nécessairement suspecter le détail qui nous intéresse. Le surnom d'Atticus n'est pas rare mais, dans l'état de nos connaissances, on ne voit guère d'autre personnage, de rang sénatorien, qui le porte sous Trajan. La Judée, il est vrai, était d'ordinaire gouvernée par des prétoriens et non des consulaires. Si l'on ne veut pas supposer qu'il ait été dérogé à cette règle, on peut toujours prendre ὑπατικός dans le sens de légat, même prétorien ([5]), comme on le faisait du temps d'Eusèbe auquel remontent nos renseignements sur Syméon et Atticus.

([1]) *P I R*, I, p. 352, no 654 ; *R E*, III, p. 2677 ; LIEBENAM, *Fasti consulares imperii Romani*, p. 65 ; BR. STECH, *Senatores Romani qui fuerint inde a Vespasiano usque ad Traiani exitum*, *Klio*, Beiheft X, 1912, p. 94, no 1329, p. 103, no 1523; G. LULLY, *De senatorum Romanorum patria*, Rome, 1918, p. 200, no 1328.

([2]) SUID., Ἡρώδης.

([3]) PHILOSTR., II, 1, 4. (p. 142 W). Cf. CHAPOT, *o. l.*, p. 308 qui trouve le proconsulat d'Atticus très suspect, et VAGLIERI, *Dizion. epigraf.*, I, p. 718, qui le range, avec doute, parmi les proconsuls d'Asie.

([4]) HEGESIPP., ap. EUSEB., *Hist. eccl.*, III, 32, 3, 6 ; *Chron. Pasc.*, p. 471 (Bonn) ; *Act. Ignat.* (ed. ZAHN), *Patr. apost. op.*, II, p. 307.—Cf. ASBACH, *Jahrbuch des Vereins der Alterthumsfreunde in den Rheinenlanden*, LXXII, 1882, pp. 37 sqq. ; *P I R*, I, p. 353 ; *R E*, III, p. 2678.

([5]) Cf. J. MARQUARDT, *Organisation de l'Empire romain*, II, p. 369, n. 8. G. A. HARRER, *Studies in the history of the Roman province of Syria*, Diss.

Mais n'insistons pas sur cette question si controversée, d'autant moins qu'il n'est pas possible d'en tirer de précisions chronologiques concernant la carrière d'Atticus. Tout ce qu'on peut en déduire, c'est qu'Atticus dut peut-être gouverner la Judée en 104 (¹).

Chose assez étrange, Atticus ne semble avoir été ni archonte ni stratège des hoplites, à Athènes. Pourquoi n'a-t-il pas été chargé de ces hautes fonctions que les empereurs eux-mêmes ne dédaignaient pas d'accepter? Est-ce à cause de la condamnation de son père et de la défiance qu'elle pouvait faire naître vis-à-vis de son fils? N'est-ce pas plutôt parce qu'Atticus avait été élevé d'emblée à la dignité de prétorien et qu'il était d'usage de passer d'abord par les honneurs municipaux avant de parvenir aux magistratures romaines? Ce sont les deux seules hypothèses possibles (²) mais aucune des deux n'explique suffisamment pourquoi Atticus n'a été ni stratège ni archonte. A Rome, on ne lui faisait pas grief des aspirations, vraies ou prétendues, d'Hipparchos à la tyrannie, et les Athéniens en avaient été si peu émotionnés qu'ils n'avaient même

Princeton, 1915, pp. 18 sq., cite des exemples de légats consulaires, antérieurement à la révolte de 133 à la suite de laquelle la Judée fut transformée en province consulaire (Lusius Quietus, vers 117. SCHURER, *Gesch. des judischen Volkes*, I⁴, pp. 647 sqq. ; Falco avant 110) et combat, à juste titre, l'hypothèse suivant laquelle Atticus aurait été gouverneur de Syrie et non de Judée (*PIR*, I, p. 352; GROAG, *R E*, III, p. 2677; BRÜNNOW, *Arabia*, III, pp. 300 et 311): on ne voit pas comment un gouverneur de Syrie aurait eu à intervenir dans une province voisine et c'était Palma qui gouvernait la Syrie à l'époque où les textes placent le martyre de Syméon. C'est aussi l'avis de LIEBEMAN, *Die Legaten in den röm. Provinzen von Augustus bis Diocletian*, Leipzig, 1888, p. 242.

(¹) Le texte, d'ailleurs corrompu, des *Act. Ign.*, *l.l.*, donne comme date le cinquième année de Trajan (la 9ᵉ, d'après le *cod. Oxon.*) et les noms des consuls de 104.

(²) On ne peut supposer, avec SCHULTESS, *o.l.*, p. 3, qu'Atticus n'occupa pas de fonctions importantes à Athènes parce qu'elles étaient tirées au sort. Sous l'Empire, ce sont les membres de quelques grandes familles qui se partagent l'honneur, d'ailleurs coûteux, de fournir à la cité ses plus hauts magistrats et il ne paraît pas douteux qu'archontes et stratèges fussent alors élus. Cf. à ce sujet nos remarques, *Chronologie*, p. 13.

pas songé à mettre le père d'Atticus en accusation. D'autre part, nous le dirons plus loin, le petit-fils d'Atticus, Bradua, ne deviendra archonte qu'après avoir été consul.

La seule fonction dont Atticus fut chargé à Athènes fut une fonction sacerdotale, celle d'ἀρχιερεὺς τῶν Σεβαστῶν, de grand-prêtre des empereurs à vie. Cette prêtrise est attestée par une série de bases de statues dont plusieurs érigées en 131/2, à Hadrien, dans l'Olympieion d'Athènes, lors de la consécration de ce temple, enfin achevé grâce à la générosité de l'empereur (¹).

Par contre, Atticus exerça les fonctions de patronome éponyme à Sparte, vers l'année 134 (²) : peut-être possédait-il déjà à cette époque, en Cynurie, dépendance de la Laconie, des propriétés que nous trouverons plus tard aux mains de son fils (³).

Atticus dut se marier peu après la "découverte" du trésor. Hérode naquit en tout cas tout au début du IIe siècle, vers 101 : nous verrons qu'il mourut à l'âge de 76 ans, qu'il était encore en vie en 176, qu'il fut archonte dès 126/7 et préteur en 132 ou 135, magistrature qui exigeait au moins trente ans.

Atticus avait épousé Vibullia Alcia (⁴) ; elle appartenait à une grande famille du dème de Marathon, qui donna deux archontes à Athènes au cours du IIe siècle de notre ère (⁵). D'après son nom.

(¹) *IG*, III, 476, 478, 485, 668, 669-673 ; *IG*, VII, 2509 ; *BCH*, XXXVIII, 1914, p. 351, nº 1 ; Ἐφ. ἀρχ., 1894, p. 206, nº 30 *(= SIG³*, 854); 1889, p. 63, nº 9.— Pour la date, cf. W. WEBER, *Untersuchungen zur Geschichte des Kaisers Hadrianus,* Leipzig, 1907, p. 262.

(²) *IG*, V, 1, 32,62, 287, 288, 677. KOLBE, *Ibid., indices*, p. 342, ne propose pas de date: mais Atticus est le 9e patronome qui suit Hadrien (125 d'après K.). Cf. aussi *BSA*, XIII, p. 202 (avec rectification de date p. 208); XIV. p. 94.

(³) Cf. Ἀθηνᾶ, 1906, p. 439.

(⁴) Son nom complet était Vibullia Alcia Agrippina, fille de Rufus. Il nous est donné par une dédicace d'Olympie (*Olymp.*, V, p. 630, nº 621) qui ajoute qu'elle était femme d'Atticus et mère d'Hérode. Cf. aussi *IG*, III, 3 (=*IG*, II², 1073) et 674. Dans *PIR*, III, p. 431, nº 425. on en fait encore la femme d'Hérode.

(⁵) L. Vibullius Hipparchos (117/8) et P. Aelius Vibullius Rufus (155/6). Cf. notre *Chronologie*, pp. 116 sqq., 156 sqq. et notre *Album*, pp. 2 sqq, où nous répondons aux critiques que KOLBE a faites (*AM*, XLVI, 1921, pp. 108 sqq.) de notre chronologie des archontes du IIe siècle.

Dittenberger a supposé qu'elle était fille d'un Vibullius Rufus, connu pas une dédicace d'Olympie, et de Claudia Alcia, fille d'Hipparchos: Atticus aurait donc épousé sa nièce. Cette supposition n'a pas perdu de sa vraisemblance depuis que nous savons que la condamnatioh d'Hipparchos doit être descendue jusqu'à la fin du règne de Domitien.

Tout au plus faudrait-il dater d'un peu plus bas la naissance de Claudia Alcia et d'Atticus que Dittenberger proposait de placer respectivement entre 45-60 et 55-60. Encore n'est-ce pas bien sûr. Car si nous savons en outre maintenant qu'Atticus vivait encore vers 134, comme il a été dit plus haut, rien n'empêche d'admettre que son existence s'est prolongée jusqu'à 80 ans environ, son fils étant mort lui-même à un âge assez avancé, à 76 ans (1).

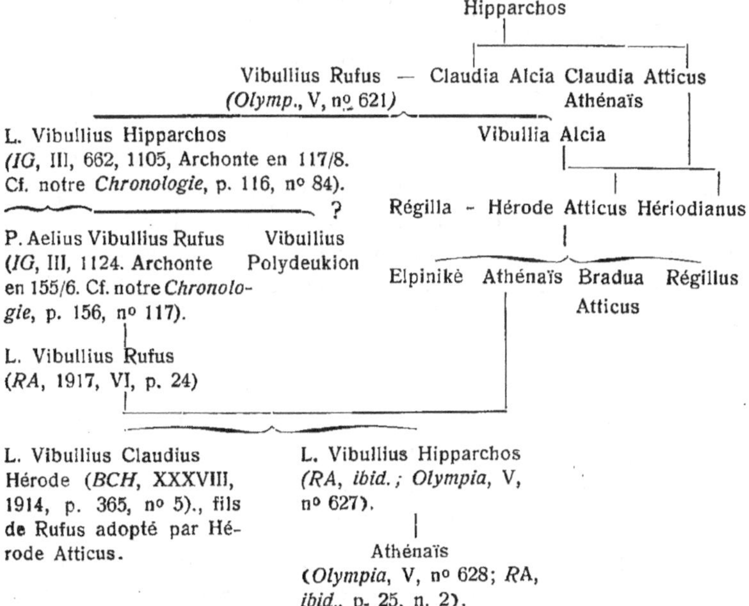

(1) DITTENBERGER, *Olympia*, V, p. 631, a dressé la généalogie de la famille. Elle doit être modifiée d'après les observations de FOUCART, *Rev. de Phil.*, XXV, 1901, p. 90 (contestées à tort par MÜNSCHER, *l.l.*, p. 935) et les dédicaces que nous avons publiées *RA*, 1917, VI, p. 23, no 12 et *BCH*, XXXVIII, 1914, p. 365, no 5.

Les personnages pour lesquels nous ne fournissons pas de références sont ceux que nous étudions dans le présent travail.— Il faut semble-t-il, également rattacher à cette famille, l'agonothète Vibullius Polydeukès sous lequel une statue fut érigée à Vibullius Polydeukion (*IG*, III, 810, add., p. 505) : nous dirons plus loin qu'on ne peut déterminer le degré de parenté qui l'unissait sans doute à Polydeukion car nous ignorons sa filiation.

Au dire de Philostrate, la fortune que Vibullia Alcia apporta en dot n'était pas de beaucoup inférieure à celle de son époux (¹).

Atticus ne fut pas avare de ses immenses richesses. Il en fit profiter non seulement ses concitoyens mais aussi les Grecs de diverses cités d'Europe ou d'Asie, avec une munificence vraiment royale que son fils réussira toutefois à dépasser.

Sa fortune permettait à Atticus un luxe de la table proverbial même à Rome, ce qui n'est pas peu dire. Juvénal le cite même en exemple, tout en trouvant cette somptuosité toute naturelle chez un homme aussi riche (²).

Il lui arrivait souvent, dit Philostrate, de sacrifier, en un seul jour, cent bœufs à Athéna et de faire bénéficer de cette hécatombe le peuple athénien tout entier "par tribus et génè" (³). C'est vraisemblablement à l'occasion de ces repas sacrés ou en remercîment de libéralités de ce genre que toutes les tribus votèrent des décrets honorifiques en l'honneur d'Atticus et de Vibullia Alcia : nous avons

---

(¹) PHILOSTR., II, 1, 3 (p. 142 W.) : ἐντεῦθεν (par suite de la découverte du trésor) μέγας μὲν ὁ Ἀττικός, μείζων δὲ ὁ Ἡρώδης, πρὸς γὰρ τῷ πατρῴῳ πλούτῳ καὶ ὁ μητρῷος αὐτῷ πλοῦτος οὐ παρὰ πολὺ τούτου ἐπερρύη.

(²) JUV., *Sat.*, XI, 1, : *Atticus, eximie si cenat, lautus habetur* (cf. *PIR*, I, p. 352). Il ne paraît pas douteux que cet Atticus doive être identifié avec le père d'Hérode. Juvénal était son contemporain et l'on ne connaît pas, à cette époque, de personnage de ce nom possédant une fortune comparable à celle de notre Atticus.

(³) PHILOSTR., II, 1, 5 (p. 144 W.) : ἑκατὸν μὲν βοῦς τῇ θεῷ θύων ἐν ἡμέρᾳ μιᾷ πολλάκις, ἑστιῶν δὲ τῇ θυσίᾳ τὸν Ἀθηναίων δῆμον κατὰ φυλὰς καὶ γένη.

conservé celui de la tribu Aiantis (¹),—il leur décerne une couronne
d'or et des statues—et nous possédons les bases des statues qu'é-
rigèrent les tribus Kékropis, Ptolémaïs, Oinéïs et Antiochis à
Atticus (²), et Pandionis à Vibullia Alcia (³). Et l'on ne s'étonne
pas de voir les Athéniens réserver à Atticus et à femme, des sièges
d'honneur au théâtre de Dionysos (⁴).

Aux Grandes Dionysies, lorsque l'on transportait la statue
de Dionysos à l'Académie, le père d'Hérode ne manquait jamais
de faire offrir du vin à tous ses concitoyens et à tous les étrangers
étendus, au Céramique, sur des couches de lierre (⁵).

Pourquoi cette distribution de vin? C'est évidemment parce
qu'il s'agit d'une fête de Dionysos. Mais Atticus n'avait-il pas une
raison spéciale de choisir cette fête pour régaler les assistants?
N'aurait-il pas été, comme le sera plus tard son fils, prêtre des
Iobakchoi, association religieuse où le ἱερεύς était tenu d'offrir du
vin aux membres de cette société, précisément le jour des Grandes
Dionysies? Si cette hypothèse était exacte, on comprendrait mieux
pourquoi, vers 162, le prêtre de ces Iobakchoi, Aurélius Nicomachos,
se démet de ses fonctions en faveur d'Hérode (⁶).

(¹) *IG*, III, 3=*IG*, II², 1073. Cf. notre *Album*, p. 35, pl. XXXVII, n° 47.

(²) *IG*, III, 669-673 (*add.* p. 499).

(³) *IG*, III, 674 (trouvée au même endroit que 669-671).

(⁴) *IG*, III, 310 : 'Αττικοῦ; 342 : 'Αλκίας κα[τ]ὰ ψήφισμα [καὶ καθ' ὑπομνήμα-
τι]ζμ[όν ?]. Cf. KEIL, *Philol.*, XXIII, p. 622.

(⁵) PHILOSTR., II, 1, 5. (p. 144 W.). Philostrate dit que c'était aux Dionysies:
il ne peut être question que des Grandes, seule fête où l'on transportait la
statue de Dionysos à l'Académie.

(⁶) *SIG³*, 1109. On nous dit que le ἱερεύς Nikomachos est resté ἀνθιερεύς
pendant 17 ans et prêtre pendant 23 ans, c'est-à-dire qu'il a dû entrer en fonction vers 139, si l'on admet que le règlement des 'Ιόβακχοι date de 162/3 environ (Cf. notre *Chronologie*, p. 179 n° 134). Il aurait donc pu prendre la place
d'Atticus mort vers 138.- Pour la date des libations que devait offrir le prêtre
(10 Élaphèbolion), cf. 1.119. Philostrate ajoute que les citoyens et les étrangers
auxquels Atticus faisait distribuer le vin étaient étendus sur des couches de
lierre, exactement comme les membres de l'association des Iobakchoi. Cf. *SIG³*,
1109, n. 36).

Atticus ne limita pas ses faveurs à sa ville natale. Lorsque son fils était *corrector* des cités libres d'Asie (¹), dont il était chargé de réformer la constitution ou l'administration, la ville d'Alexandria Troas manquait d'eau. Hérode écrivit à l'empereur Hadrien pour lui demander 3.000.000 de drachmes (²), somme qu'il avait sans doute jugée suffisante pour amener l'eau dans cette cité. Hadrien la lui accorda et le chargea en outre de veiller à l'exécution des travaux. Hérode fit si bien les choses que le crédit alloué par l'empereur fut de beaucoup dépassé: lorsque les dépenses eurent atteint 7.000.000 de drachmes, le gouverneur de la province d'Asie, le futur empereur Antonin le Pieux, nous le dirons plus loin, écrivit à Hadrien et accusa Hérode de gaspiller les revenus de 500 cités pour fournir de l'eau à une seule. L'empereur s'en plaignit à Atticus: "Ne te fâche pas pour des bagatelles", lui répondit le père d'Hérode. "Tout ce qui dépasse les 3.000.000 de drachmes, j'en fais cadeau à mon fils et lui à la cité" (³).

Aujourd'hui encore, on peut suivre dans la forêt d'Eski-Stamboul, les ruines des piliers de l'aqueduc qui se dirigeait vers l'est pour aller chercher l'eau du mont Ida (⁴).

(¹) Nous disons, pour la brièveté, *corrector,* au lieu de *legatus Augusti ad corrigendum statum civitatium liberarum,* titre un peu long mais le seul en usage à cette époque. Cf. l'article *corrector* de VON PREMERSTEIN, dans la *RE*, VI, pp. 1646 sqq.

(²) Nous interprétons "drachmes", bien que Philostrate ne nous donne qu'un chiffre sans spécifier s'il s'agit de drachmes, de deniers ou de sesterces. Mais le doute n'est pas permis; là où Philostrate précise, il s'agit de monnaies attiques, sinsi I, 21, 13 (p. 86 W.: Atticus donne 500 talents à son fils) et à propos du testament d'Atticus, II, 1, 5 et 6 (p. 142 W.: rente annuelle d'une mine à tous les Athéniens convertie en une somme de cinq mines une fois donnée). Il n'est pas douteux qu'll s'agit, dans ces passages, de talents d'argent sinon Philostrate n'aurait pas manqué de spécifier qu'il est question de talents d'or, comme il le fait II, 5, 8 (p. 198 W.), à propos d'un don vraiment royal qu'Hérode fit au sophiste Alexandre.

(³) PHILOSTR., II, 1, 4 (p. 142 W.). Dans une inscription fort mutilée d'Alexandria Troas, il semble qu'on lise encore le nom de Tib. Claudius Atticus (*CIG*, 3579. Omise dans *IGR*, IV).

(⁴) Pour l'aqueduc et les bains d'Alexandria Troas, cf. les *Ionian Antiquities*, des DILETTANTI, II, pl. 54; TEXIER, *Description de l'Asie mineure*, II, pl. 107; R. KOLDEWEY, *Das Bad von Alexandria Troas, AM*, IX, 1884, pp. 36 sqq., pl. II-III; HIRSCHFELD, *RE*, I, p. 1396; SCHULTESS, *o. l.*, p. 6; DURM, *Die Baukunst der Griechen*³, p. 497, fig. 440.

L'aqueduc d'Hérode aboutissait à une exèdre-fontaine assez semblable à celle qu'il construira plus tard à ses frais, dans l'Altis d'Olympie. Cette exèdre, de plan quadrangulaire à l'extérieur, n'avait pas moins de 17ᵐ 05 de longueur à la façade sur 8ᵐ 32 de profondeur. A l'intérieur, elle présentait à peu près forme d'un demi-cercle, avec, sur le pourtour, sept niches voûtées, où venaient se déverser les eaux de l'aqueduc. Le tout était recouvert d'une demi-coupole aujourd'hui détruite. Il subsiste des traces des revêtements de marbre qui ornaient primitivement les murs de l'édifice.

Au nord de celui-ci on a reconnu les ruines d'un vaste monument qu'on avait pris d'abord pour un gymnase mais qui doit sûrement être identifié avec des bains apparentés à ceux d'Assos et d'Éphèse, et qui constituent un type de transition entre les édifices grecs du genre et les thermes proprement romains.

Ces bains d'Alexandria Troas formaient un vaste quadrilatère de 128ᵐ 30 à la façade sur 82ᵐ 30 de profondeur. Ils ne comportaient pas moins de 24 pièces ou salles, voûtées sinon toutes, du moins en partie, de berceaux ou de voûtes d'arêtes. Les murs, construits en calcaire coquillier, en tuf volcanique et en blocs de lave, disparaissaient sous un revêtement de marbres variés; des mosaïques de pierre formaient le pavement, d'autres, de verre, couvraient les voûtes maintenant détruites. A l'ouest, une entrée monumentale devait comporter un portique à colonnes de marbre qui ont toutes disparu.

Ces bains somptueux furent-ils, eux aussi, dus à la générosité du père d'Hérode? Les textes ne le disent pas et l'éditeur, Koldewey, ne l'affirme pas et ne rappelle même pas le passage de Philostrate qui attribue l'aqueduc à Atticus. Koldewey a toutefois relevé les ressemblances qui existent, dans la construction et dans l'ornementation, avec des édifices comme l'Odéon d'Hérode à Athènes et comme son exèdre d'Olympie. Mais, vu le silence des textes, nous devons sans doute nous borner à conclure que ces ressemblances ne prouvent qu'une chose, c'est que ces édifices sont à peu près contemporains.

Alexandria Troas n'est pas la seule ville grecque qui ait bénéficié de la générosité d'Atticus.

Une base trouvée près des Propylées d'Athènes supportait jadis la

statue érigée au père d'Hérode par la ville de Gythion (¹) : la dédicace
le qualifie de κηδεμόνα τοῦ ἔθνους, d'où l'on a déduit a tort qu'Atticus
était alors proconsul d'Achaïe ou *corrector* des cités libres de la
province (²). Il existe, pour ces titres, des termes techniques précis
qu'on n'eût pas manqué d'employer si Atticus avait réellement été
revêtu de ces hautes fonctions. Il vaut mieux croire que ἔθνος
désigne les Éleuthérolakônès (³), bien que l'épithète de "protecteur
de la race" grecque, conviendrait mieux au bienfaiteur de nombreuses
cités helléniques, telle Mégare, qui lui éleva elle aussi, une statue
pour ses bienfaits (⁴). Le κοινόν des Grecs qui se réunissaient à
Platées lui rendra le même honneur, à Thèbes, en reconnaissance
sans doute de services qu'il lui avait rendus (⁵).

Pour en revenir à la dédicace de Gythion, elle qualifie encore
Atticus de "sauveur" et de "fondateur". Ce ne sont pas là de vains
éloges : nous conservons une série de lettres, malheureusement
très mutilées, d'un proconsul d'Achaïe, Sacerdos, qui ont trait à une
donation faite par Atticus à la cité de Gythion (⁶). Atticus a dû

(¹) *IG*, III, 668 add. p. 499.

(²) Dittenberger, *Hermes*, XIII, 1878, p. 77.—Le terme de κηδεμών n'existe
pas dans l'ouvrage de Magie, *De Romanorum iuris publici sacrique vocabulis
solemnibus in Graecum sermonem conversis*, Leipzig, 1905.

(³) *PIR*, I, p. 351, nº 654 ; *RE*, III, p. 2678. Les Éleuthérolakônès formaient un
κοινόν, non un ἔθνος (cf. *RE*, s. v.) mais la même ville de Gythion applique
précisément le même titre de κηδεμών τοῦ ἔθνους à C. Julius Euryklès, régent
de Sparte (cf. *RA*, 1929, p. 85, l. 21; je n'ai pas à ma disposition l'article de
Kougéas, Ἑλληνικά, I, 1928, pp. 7 sqq., où ce texte a été publié pour la première fois).

(⁴) *IG*, VII, 88: ἡ βουλὴ καὶ ὁ δῆμος | Τιβ. Κλαύδιον Ἀττικὸν | ὕπατον. C'est
à tort que Dittenberger et Bœckh (*CIG*, 1077) pensent qu'il s'agit peut-être
d'Hérode Atticus. Jamais on ne trouve son nom abrégé de la sorte (sans Ἡρώδης)
dans les inscriptions. La statue aurait été érigée après le premier consulat
d'Atticus.

(⁵) *IG*, VII, 2509. Cf. *SIG*³, 845. n. 7.

(⁶) *IG*, V, 1, 1147. Aucune restitution certaine n'a encore été proposée pour
le nom du proconsul dont il ne reste que - κέρδωτι. La dernière, celle de Kolbe,
est invraisemblable : il est impossible que Tib. Claudius Sacerdos Julianus,
consul suffect en 100, soit devenu proconsul d'une province prétorienne sous

probablement la tirer d'une situation financière difficile; ce fut sans doute vers l'époque où il était patronome à Sparte, en tout cas pas avant Hadrien, dont le nom figure dans l'une des lettres.

Atticus ne se contenta pas d'être généreux de son vivant. En mourant, il institua tous les Athéniens ses héritiers en laissant à chacun d'eux une rente annuelle d'une mine. Cette munificence plus que royale et sans précédent dans l'histoire, ne fut pas, il est vrai, spontanée: l'idée lui en fut suggérée par ses affranchis ; ils voulaient se faire bien voir des Athéniens tout en se vengeant d'Hérode qui les traitait fort mal (¹).

N'insistons pas pour l'instant sur cette donation unique en son genre. Nous aurons l'occasion d'en faire ressortir toute l'ampleur et d'en étudier plus utilement les conséquences en la replaçant dans la carrière d'Hérode dont elle marque une des étapes les plus orageuses (²).

Contentons-nous, pour en finir avec Atticus, d'essayer de préciser l'époque de sa mort.

Atticus, nous l'avons dit plus haut, était encore patronome à Sparte vers 134. C'est le dernier événement de sa carrière qui nous soit connu. Mais mourut-il sous Hadrien ? Et est-il vrai que son fils lui succéda comme ἀρχιερεὺς τῶν Σεβαστῶν sous cet empereur déjà ? Les textes sur lesquels on se fonde pour le prétendre (³) ne disent rien de tel ou ne sont pas probants. C'est par erreur

---

Hadrien. On ne peut non plus songer à C. Tineius Sacerdos, comme le voulait Foucart (LEBAS-FOUCART, *Voyage*, II, 243 *d*): son surnom était Rufus (*PIR*, III, p. 321, nº 168). Quant à Q. Tineius Sacerdos, il est de date trop tardive, ayant été consul sous Commode (*PIR*, III, p. 322, nº 170), en 192 (*C. r. Acad. Inscr.*, 1913, p. 494). Nous proposerions plutôt A. Tineius Sacerdos Clemens, le consul de 158 (*PIR*, III, p. 323, nº 172). Les lettres se placeraient alors tout à la fin du règne d'Hadrien.

(¹) PHILOSTR., II, 1, 5 (p. 144 W).

(²) Nous avons d'ailleurs eu déja l'occasion de nous occuper assez longuement de ce testament dans nos *Marbres et textes*, pp. 88 sqq.

(³) *IG*, III, 476, 736, 1132. Cf. MÜNSCHER, *l. l.*, p. 927 qui cite à tort 478 au lieu de 476). A ces textes, il faut ajouter *AM*, VIII, 1883, p. 287 = *SIG*³, 856 (époque d'Antonin).

qu'on invoque la dédicace IG,III,736, où il n'est nullement question
de cette fonction, et le catalogue éphébique IG, III, 1132, qui est
du règne de Marc-Aurèle ([1]). Reste la base d'une statue à Hadrien
datée de la prêtrise de Claudius Hérode ([2]). Mais celle-ci rentre
dans une série de dédicaces contemporaines de la consécration de
l'Olympieion et qui toutes portent le nom du ἱερεὺς Κλ. Ἀττικός,
c'est-à-dire du père d'Hérode. Il est évident que la base en question
est de la même année et que le prêtre dont il y est question est
également Atticus : son nom était le même que celui de son fils
et il a été abrégé en Claudius Hérode au lieu de l'être, comme
d'habitude, en Claudius Atticus ([3]). D'ailleurs, il est certain qu'Hérode
n'a pas succédé immédiatement à son père comme ἀρχιερεὺς τῶν
Σεβαστῶν. Ce sacerdoce n'était pas héréditaire dans la famille : nous
l'avons montré plus haut, lorsque nous avons fait observer qu'entre
Polycharmos et Hipparchos, il faut placer un grand-prêtre du culte
impérial qui n'appartenait pas à la même famille. De même, entre
Atticus et son fils, il faut intercaler, dans la liste des ἀρχιερεῖς,
Statius Quadratus : son nom sert à dater la base d'une statue érigée
à Hadrien déjà mort (il est qualifié de Θεός) et qui a dû être
élevée peu après 138 car les empereurs défunts étaient vite oubliés ([4]).
D'ailleurs, ce Quadratus pourrait être le même que le consul de

---

([1]) Pour la date, cf. notre *Chronologie*, p. 162, n° 124.

([2]) *IG*, III, 476.

([3]) Une preuve certaine qu'Atticus et son fils étaient considérés comme homonymes c'est qu'Hérode, pendant son archontat, est qualifié de νε(ώτερος). Cf.
IG, III, 69ᵃ . Cette épithète, nous l'avons montré d'une manière péremploire
(*Chronologie*, p. 69, n. 3) sert à distinguer non deux archontes homonymes
mais deux contemporains du même nom. Ainsi l'archonte Kalliphron (n° 199
de notre *Chronologie*) est dit πρεσβύτερος, ce qui serait impossible à comprendre s'il s'agissait de l'opposer à un archonte de date postérieure. Cf. *IG*,
III, 697 (le nom de l'archonte sert à dater la dédicace).

([4]) *IG*, III, 486. Ce qui montre combien les empereurs défunts étaient vite
oubliés, c'est qu'une statue d'Auguste fut transformée, à Athènes, en celle de
Tibère. Cf. *IG*, III, 431; HULA, *Jahresh. oest. Inst.*, I, p. 28, n° 2; GRAINDOR.
Athènes sous Auguste, p. 45.

142 (¹). C'est lui, en tout cas, qui élevait, vers 131/2, une statue à Hadrien dans l'Olympieïon (²). Il semble avoir été le père de L. Statius Aquila, éphèbe en 142/3 (³). Il est donc légitime de croire que c'est lui qui a succédé à Atticus, d'autant plus que le titre d'ἀρχιερεύς n'apparaît, pour Hérode Atticus, que dans un document datant de 165/6 (⁴).

D'autre part, nous estimons qu'Atticus dut mourir avant la fin du règne d'Hadrien: lorsque nous reviendrons sur son testament, nous essaierons de montrer qu'il fut l'occasion de mesures prises par cet empereur concernant les fidéicommis.

Outre Hérode, Atticus n'avait eu qu'un fils, plus jeune (⁵), Tib. Claudius Atticus Hérodianus: il ne nous est connu que par la dédicace de la statue que lui érigea la ville d'Ioulis de Kéos (⁶). L'extrême rareté des documents qui le concernent à fait supposer qu'il mourut encore jeune; il résulte d'ailleurs clairement du texte de Philostrate relatif au testament d'Atticus que celui-ci ne laissa pas d'autre héritier qu'Hérode. Ainsi celui-ci put seul hériter de l'immense fortune paternelle.

Quant à la mère d'Hérode Vibullia Alcia, elle survécut à son mari: c'est ce qu'on peut déduire des deux bases de statues (⁷) qu'elle éleva à Polydeukion, jeune homme qu'Hérode aima comme

---

(¹) Nous ne voyons pas de raison suffisante de rejeter cette identification comme le font Dittenberger (*IG*, III, 486) et la *PIR*, III, p. 270, n⁰ 640. Le prénom de ce personnage est inconnu mais il devait être le même que celui du consul, à en juger d'après celui de son fils présumé.

(²) *JHS*, IX, 1888, p. 127.

(³) *IG*, III, 1112, col. II, l. 35. Cf. notre *Chronologie*, p. 144, n⁰ 106. Date contestée par KOLBE, *AM*, *l. l.*, pp. 131 sqq. Mais cf. notre *Album*, pp. 6 sqq.

(⁴) *IG*, III, 1132.

(⁵) C'est ce qui résulte clairement de son surnom dérivé de celui qu'Hérode devait à ses ancêtres. Cf. *RE*, III, p. 2678, n⁰ 73; *PIR*, I, p. 360. n⁰ 656; MÜNSCHER, *l. l.*, p. 923; DITTENBERGER, *Hermes*, XIII, 1878, p. 77.

(⁶) *SIG³*, 855; *IG*, XII, 5, 631.

(⁷) *IG*, III, 815, 816.

un fils et auquel il érigea lui-même nombre d'hermès, vers 150, comme il sera dit plus loin (¹).

Mais si Hérode ne recueillit qu'assez tardivement la succession maternelle, il devait, peu de temps après la mort de son père, contracter, dans l'aristocratie romaine un mariage qu'il y a tout lieu de croire des plus riches.

D'ailleurs, si c'était surtout à son père et à sa mère qu'Hérode devait ses immenses richesses, ce n'était pas là les seules sources de sa fortune. D'après Philostrate, ces sources étaient nombreuses et remontaient à de nombreuses familles (²). Quelles étaient ces familles ? Nous l'ignorons. Mais le texte de Philostrate autorise à croire que plusieurs héritages vinrent encore grossir une fortune déjà colossale. Et c'est ainsi qu'Hérode put continuer les traditions de munificence d'un père aussi fastueux que le sien et même les dépasser de fort loin.

(¹) Cf. ci-dessous, ch. VIII.

(²) PHILOSTR., II, 1, 3 (p. 140 W.) : πηγαὶ δὲ αὐτῷ τοῦ πλούτου πολλαὶ μὲν κἀκ πολλῶν οἴκων, μέγισται δὲ ἥ τε πατρῷα καὶ ἡ μητρόθεν.

CHAPITRE III.

LA JEUNESSE D'HÉRODE ATTICUS

———

Lorsqu'Hérode naquit, vers 101, on l'appela Lucius Vibullius Hipparchos Tibérius Claudius Atticus Hérodès (¹). Ces noms interminables où l'on se plaisait à rappeler ceux des principaux membres de la famille, étaient comme un étalage de quartiers de noblesse; les Grecs imitaient visiblement ici les usages de l'aristocratie romaine : c'est ainsi que l'un des consuls de 169 de notre ère, pour n'en point citer d'autres, pouvait s'enorgueillir de 38 noms et prénoms (²).

De bonne heure, Hérode dut commencer son éducation littéraire et montrer pour les lettres ce goût et cette aptitude qui devaient faire de lui le plus illustre représentant de la seconde sophistique. La fortune de son père lui permettait de choisir les meilleurs maîtres. Nous savons que la grammaire et l'explication littéraire lui furent enseignées pas Théagénès de Cnide et Munatius de Tralles (³). Le premier ne semble pas autrement connu (⁴); nous retrouverons plus tard le second auprès d'Hérode lorsqu'il était *corrector* des cités libres d'Asie (⁵).

———

(¹) Pour le nom complet d'Hérode, cf. *IG,* III, 1133, avec les remarques de FOUCART, *Rev. de Phil.*, 1901, p. 91, et *SIG*³, 863 et n. 1, A ces textes, il faudra aussi ajouter *IG*, III, 675, d'après notre revision, au théâtre de Dionysos, de cette dédicace publiée d'une manière tout à fait erronée (Cf. *infra*).

(²) Pour les consuls, nous renvoyons une fois pour toutes à LIEBENAM, *Fasti consulares imperii Romani*, Bonn, 1909.

(³) PHILOSTR., II, 1, 34 (p. 178 W.).

(⁴) LUC., *Peregr.*, 5, 6, 36 mentionne un personnage du même nom. Mais c'était un philosophe cynique qui n'a rien de commun avec le grammairien.

(⁵) PHILOSTR., I, 25, 16 (p. 122 W.). Ce Munatius est connu par les scolies de Théocrite, qui combattent plus d'une fois ses interprétations. Cf. *RE*, I, p. 1728, n° 3 (Amarantos) ; WILAMOWITZ, *Einleitung in d. gr. Trag.*, p. 188;

Ce n'était encore là qu'une préparation lointaine à la carrière de sophiste. Mais cette préparation était indispensable : c'est avec les grammairiens que les futurs sophistes apprenaient à parler purement, qu'ils se créaient un vocabulaire de termes choisis tirés des meilleurs auteurs (¹), surtout des poètes (²). L'explication des textes leur donnait en même temps des notions sur différentes sciences, histoire, géographie, astronomie. En somme, éducation presque exclusivement littéraire, complétée par la musique, parfois par la géométrie : elle préparait fort bien à l'éloquence mais risquait de fausser les jeunes esprits en les éloignant des réalités de la vie pour les égarer vers le domaine des mots (³). A cet enseignement du γραμματικός succédait celui de la rhétorique (⁴). Les disciples commençaient d'abord par apprendre par cœur des modèles, avant de se risquer à composer eux-mêmes, sous la direction du maître, qui leur indiquait, du moins au début, le plan à suivre, les principaux développements. Ces exercices écrits consistaient en descriptions, narrations, portraits, caractères, éloges ou blâmes de personnages historiques ou légendaires, parallèles entre grands hommes, dissertations sur des thèmes moraux.

Les disciples terminaient leur apprentissage de l'éloquence par des exercices oratoires et par l'étude des règles et préceptes de la rhétorique. En Grèce, on estimait assez peu les "controverses", si prisées à Rome, plaidoyers sur des thèmes fictifs, exceptionnels et trop souvent saugrenus. Les Grecs préféraient jouer le rôle des personnages de l'épopée, de la tragédie ou de l'histoire tantôt

---

MÜNSCHER, p. 924. CHRIST-SCHMID, II⁶, pp. 196, 695, 870. Les textes relatifs à la formation des sophistes ont été réunis par KAYSER, aux pp. III et sqq. de la préface de son édition de Philostrate.

(¹) PHILOSTR., II, 8, 2 (p. 208 W.).

(²) FRIEDLÄNDER, *Sittengeschichte Roms⁹*, II, pp. 190 sqq. ; RADERMACHER, *Rhein. Mus.*, LIX, 1904, pp. 525 sqq.

(³) BOULANGER, *o.l.*, pp. 39 sq.

(⁴) **Cf.** outre la préface de KAYSER, déjà citée, G. REICHEL, *Quaestiones progymnasticae*, Diss., Leipzig, 1909; BOULANGER, *o.l.*, pp. 40 sq.

accusés et se défendant, tantôt discourant devant une assemblée qu'ils s'efforcent de convaincre ou monologuant sur le parti à prendre dans des circonstances graves ou embarrassantes. On se préparait aussi aux discours de cérémonie, dont nous spécifierons plus loin l'objet.

Cette préparation pouvait suffire à ceux qui voulaient exercer sinon la profession de sophiste tout au moins celle, beaucoup moins estimée (¹), d'avocat, avec laquelle elle était d'ailleurs fréquemment cumulée (²).

On exigeait, en effet, beaucoup plus du sophiste que de l'avocat : son éloquence, s'il voulait réussir, demandait un art plus consommé et qui ne s'acquérait qu'après de longs efforts, quoi qu'en dise Lucien dans son "Maître de rhétorique".

Le sophiste ne devait pas seulement être apte à prononcer ou à lire (³) des discours longuement préparés (μελέται). S'il voulait briller, il fallait surtout qu'il pût traiter séance tenante ou après quelques instants de réflexion (⁴), les sujets d'improvisation que les auditeurs lui proposaient (αὐτοσχέδιοι λόγοι). C'est alors surtout qu'il pouvait donner la mesure de son talent, de sa rapidité d'invention et de sa facilité d'élocution (⁵).

(¹) Sur le mépris des sophistes pour la profession d'avocat, cf. E. Rohde, *Griech. Roman³*, p. 304; *Kleine Schriften*, II, p. 58; M. Croiset, *Litter. gr.*, V. p. 568; W. Schmid, *Atticismus*, I, p. 33, n. 8; Boulanger, *o.l.*, p. 52, n. 4. Philostr., *Vit. Apol.*, VI, 36; Dio, *Or.* XXII, 1.

(²) Parmi les sophistes qui furent en même temps avocats, il faut citer Polémon, Nikétès, Lollianus, Scopélianos, Théodotos, Ptolémée, Damianos, Quirinus, Aelius Aristide, Héliodôros.

(³) Que ces discours pouvaient être lus, c'est ce qui résulte de Dio, *Or.* XLVII, 37.

(⁴) Philostr., I, 25, 15 (p. 120 W.), dit à propos de Polémon, qu'il se retirait pendant quelques instants pour méditer son sujet, au lieu de le faire en public, comme c'était probablement l'usage.

(⁵) Philostr., I, 24, 4 (p. 104 W.): le terme technique est προβάλλειν. Lorsqu'il y avait conflit entre les auditeurs, ils se mettaient d'accord sur un sujet. C'était la νενικηκυῖα ὑπόθεσις, celle qui recueillait la majorité des suffrages, qui était traitée par le sophiste (Philostr., II, 5, 4, p. 194 W.).

(⁶) Philostr., I, 25, 14 (p. 120 W.) : τὴν γλῶτταν αὐτοσχέδιον καὶ τὴν γνώμην.

La plupart du temps, ces sujets d'improvisation étaient empruntés à l'histoire : il s'agissait de faire revivre les grandes périodes du passé de la Grèce, les guerres médiques surtout (¹), la guerre du Péloponèse, les guerres contre Philippe, de personnifier les personnages illustres d'autrefois, tels Solon, Périclès, Démosthène (²), comme Thucydide en avait donné l'exemple dans les discours fictifs qu'il prête à ses personnages. Tels étaient les thèmes préférés des sophistes : c'étaient ceux où ils brillaient le plus. On pouvait leur demander aussi mais plus rarement, des dissertations de caractère philosophique ou même littéraire (³). Parfois ils faisaient la critique ou l'éloge de leurs collègues et même le leur (⁴). Ils inauguraient généralement la série de leurs conférences par le panégyrique de la cité où ils

---

(¹) Le "Maître de rhétorique„ de LUCIEN, 20, recommande d'avoir toujours à la bouche les noms de Marathon et de Cynégire.

(²) Cf. W. SCHMID, *Atticismus*, I, p. 34, n. 10, qui a dressé une liste de ces sujets. En voici quelques-uns: les Lacédémoniens délibèrent sur la construction d'un rempart (PHILOSTR., I, 20, 4 p. 70 W.); sujets tirés des guerres médiques (I, 21, 11, p. 84 W.) ; Démosthène devant la Boulè, après Chéronée (I, 31, 2, p. 90 W.); un Spartiate conseille à ses concitoyens de ne pas recevoir ceux qui ont été faits prisonniers à Sphactérie (I, 24, 1, p. 102 W.); Démosthène se défend d'avoir reçu 50 talents de Darius (I, 25, 16, p. 121 W.) ; Solon demande que l'on suprime les lois lorsqu'on a accordé une garde à Pisistrate (I, 25, 25, p. 132 W.); Périclès conseille de faire la guerre à Sparte malgré un oracle (II, 5, 10, p. 200 W.); Artabazos dissuade Xerxès de porter une seconde fois la guerre en Grèce (II, 5, 10, p. 202 W.); les Athéniens blessés, en Sicile, demandent à leurs compagnons, qui opèrent leur retraite, de les achever (II, 5, 8, p. 198 W.); Démade déconseille aux Athéniens de faire défection pendant qu'Alexandre est dans l'Indè (II, 27, 10, p. 296 W.).
Plus rarement, les sophistes traitaient des sujets de "controverses„ comme la défense de l'adultère pris en flagrant délit (I, 25, 25, p. 132 W.) ou comme le suivant: Une loi ordonne de mettre à mort l'auteur d'une sédition et de récompenser celui qui y a mis fin. Le même homme, qui est l'auteur d'une sédition et qui l'a fait cesser demande sa récompense (I, 26, 2, p. 136 W.).

(³) Sur l'opposition entre νόμος et φύσις (PHILOSTR., p. 258 K., p. 337 WEST.); πᾶν τὸ ἀποχρῶν μεσότητι ὥρισται, sujet traité par Hérode (II, 1, 20, p. 160 W.); περὶ τῆς τῶν σοφιστῶν τέχνης ὡς πολλὴ καὶ ποικίλη (I, 24, 2, p. 102 W.).

(⁴) PHILOSTR., I, 25, 14 (p. 120 W.) ; II, 14 (p. 242 W.) ; I, 25, 9 (p. 114 W.).

se produisaient (¹). C'était aussi de la sophistique que relevaient les discours de cérémonie comme ceux qui accompagnaient les solennités religieuses, les grandes panégyries, telles celles d'Olympie ou des Panathénées, ceux aussi où il s'agissait de célébrer, également sur un mode lyrique, les mariages, les anniversaires de naissance, de souhaiter la bienvenue à des personnages de marque ou de prononcer leur éloge funèbre.

Pour pouvoir traiter, surtout à l'improviste, des sujets aussi variés, particulièrement les thèmes historiques, il fallait une longue préparation, une culture très vaste, des lectures étendues, une imagination très prompte, une mémoire très exercée et très fidèle, si bien que Polémon considérait comme le pire des supplices d'apprendre par cœur (²).

Mais pour réussir comme sophiste, il fallait plus encore. Il était indispensable de posséder une connaissance de la langue beaucoup plus profonde que celle que pouvaient donner les grammairiens et l'explication des auteurs. Le sophiste devait s'assimiler la langue et le style des grands classiques, surtout d'Homère "le père des sophistes", des tragiques, car la tragédie était "la mère des sophistes" (³), des orateurs moins pour s'en inspirer que pour pasticher leur manière et mériter d'être appelé par exemple, un nouveau Démosthène (⁴). Nous sommes en effet à une époque où, faute de pouvoir être personnel, on n'ambitionne plus guère, en art comme en littérature, que de ressembler le plus possible aux anciens.

Tout ce labeur aurait été vain si le sophiste, une fois en public, n'avait fait montre, dans ses gestes, dans son débit, dans sa voix, de qualités qui tenaient autant de celles des acteurs que

---

(¹) I, 25, 9 (p. 114 W.) ; II, 5, 4 (p. 194 W.).

(²) I, 25, 22 (p. 128 W.).

(³) II, 27, 10 (p. 294 W.).

(⁴) I, 25, 24 (p. 130 W.); on louait, chez Polémon, τὸ Δημοσθενικὸν τῆς γνώμης; I, 25, 17 (p. 124 W.) : Hérode comparé à Démosthène ; II, 1, 35 (p. 178 W.) : Hérode est appelé l'un des Dix orateurs.

des orateurs (¹). Même certains d'entre eux parlaient sur un ton chantant qui aurait parfois, comme c'était le cas pour Varus de Laodicée, donné envie de danser (²). C'est un véritable rôle qu'ils jouaient lorsqu'ils traitaient des sujets historiques ou des plaidoyers fictifs. Ils devaient alors donner l'illusion d'être suivant le cas, un Darius, un Xerxès, un Démosthène ou un Hypéride, en exprimant des sentiments ou des idées conformes au caractère ou au style des personnages qu'ils représentaient (³). C'étaient, en prose, de véritables discours de tragédie qu'ils débitaient (⁴). Même certains sophistes tombent dans un véritable cabotinage, en venant déclamer, tel Hadrien de Tyr, somptueusement vêtus et couverts de pierres précieuses (⁵).

Avec la seconde sophistique, l'éloquence s'était transformée en un sport intellectuel où l'on essayait de compenser le vide du fond, d'un intérêt presque toujours purement rétrospectif, par la souci de la forme et la virtuosité de l'exécution. C'était la personne de l'orateur qui passait au premier plan: on attendait de lui qu'il amusât et, si on lui proposait la plupart du temps des sujets historiques, c'est qu'on voulait se donner l'illusion de revivre un instant les grandes luttes politiques d'autrefois et se consoler d'en être réduit à l'éloquence du barreau et des assemblées municipales.

Les empereurs eux-mêmes, tel Hadrien ou Marc-Aurèle, ne dédaignaient pas de s'intéresser aux prouesses des sophistes et leur proposaient, à l'occasion, des sujets d'improvisation (⁶). Même Philostrate a conservé le souvenir d'un concours entre deux sophistes, qui eut Septime-Sévère pour arbitre (⁷).

(¹) Cf. surtout PHILOSTR., I, 25, 15 (p. 120 W.) : Polemon.

(²) *Ibid.*, I, 20, 3 (p. 68 W.); II, 28 (p. 296 W.).

(³) *Ibid.*, I, 25, 22 (p. 130 W.): Polémon se moque du sophiste qui achète des saucisses et des sardines et se demande comment il peut, en mangeant des mets aussi vulgaires, τὸ Δαρείου καὶ Ξέρξου φρόνημα καλῶς ὑποκρίνεσθαι.

(⁴) Cf. PHILOSTR., I, 25, 15 (p. 120 W.); II, 15, 1 (p. 244 W.), qui emploie à deux reprises le terme de σκηνή pour caractériser la manière de Polémon.

(⁵) PHILOSTR., II, 10, 4 (p. 226 W.).

(⁶) II, 10, 7 (p. 230 W.) (Marc-Aurèle); II, 32, 2 (p. 308 W.) (Caracalla).

(⁷) II, 20. 2 (p. 254 W.).

Parfois d'ailleurs, les sophistes sortaient de leur métier d'amuseurs pour mettre leur talent au service de leur patrie en allant en ambassade auprès des empereurs (¹). Il arrivait aussi qu'ils fussent chargés de discours officiels comme celui que prononça Polémon à Athènes, lors de l'inauguration par Hadrien du temple de Zeus Olympien (²).

A la préparation laborieuse qu'exigeait la profession de sophiste, les étudiants consacraient une bonne partie de la journée pendant plusieurs années d'un travail assidu. Hérode allait jusqu'à conseiller à ses élèves de ne pas interrompre tout à fait leurs études même pendant leurs beuveries (³). Les disciples s'exerçaient à domicile (⁴) à répéter de mémoire devant leurs parents, les déclamations modèles qu'ils avaient entendues à l'école. Les maîtres eux-mêmes s'astreignaient à un entraînement continu (⁵).

Malgré ce rude et long apprentissage. les sophistes les plus exercés redoutaient autant d'entrer en scène que les gladiateurs dans l'arène (⁶). Mais ils évitaient de montrer leur angoisse ou leur fatigue : Polémon poussait la coquetterie jusqu'à terminer ses périodes avec le sourire, pour donner l'illusion qu'il tournait sans effort les phrases les plus compliquées (⁷).

Malgré tout, il ne manquait pas d'apprentis sophistes ; la carrière était bonne : qui y réussissait était sûr d'arriver à la fortune, aux honneurs, à la gloire.

Nous sommes assez mal renseignés sur la manière dont Hérode se prépara à devenir le premier des sophistes de son temps. Outre ses professeurs de grammaire, on nous cite, parmi ses maîtres, Calvisius Tauros de Bérytos, qui lui enseigna la philo-

---

(¹) *Ibid.*, I, 25, 2; II, 5, 2 et 3, etc. (pp. 108, 190 W.).

(²) *Ibid.*, I, 25, 6 (p. 112 W.).

(³) *Ibid.*, II, 10, 2 (p. 224 W.).

(⁴) LIBAN., III, 17 (p. 273 FŒRSTER).

(⁵) PHILOSTR., II, 1, 35 (p. 178 W.) (Hérode); II, 27, 6 (p. 290 W.). (Hippodromos).

(⁶) *Ibid.*, I, 25, 22, (p. 128 W.): ἀγωνιᾷ ὡς μελετᾶν μέλλων, dit Polémon à un gladiateur suant de peur.

(⁷) PHILOSTR, I, 25, 15 (p. 120 W.).

sophie platonicienne, et les sophistes Sécundus et Scopélianos (¹).
Nous retrouverons plus tard le philosophe Tauros, dans la villa
du sophiste, à Képhissia, où il était venu rendre visite à Aulu-Gelle,
qui souffrait de dysenterie et de fièvre. Il y fit même la leçon au
médecin qui confondait les artères avec les veines (²) !

Philostrate a consacré à Sécundus d'Athènes, une courte notice
qui précède immédiatement la biographie de son élève (³). Nous y
apprenons qu'on lui avait donné un surnom tiré de la profession
de son père, qui était charpentier. Il alliait l'exubérance de l'invention
à la sobriété dans l'expression (⁴). Parmi les sujets qu'il avait
traités, on estimait surtout sa dissertation sur le thème suivant :
"Que l'auteur d'une sédition soit mis à mort. Que celui qui y a
mis fin soit récompensé. Le même homme qui est l'auteur d'une
sédition et qui y a mis fin demande sa récompense". Sécundus
s'était habilement tiré de ce cas embarrassant : il concluait qu'il
fallait d'abord tirer châtiment de l'auteur de la sédition puisqu'il
l'avait provoquée avant de l'apaiser.

Lorsqu'Hérode enseignait déjà, il eut une contestation avec
Sécundus et se vengea en parodiant un vers d'Hésiode (⁵), pour se
moquer des humbles origines de son maître :

καὶ κεραμεὺς κεραμεῖ κοτέει καὶ ῥήτορι τέκτων.

Mais lorsque Sécundus mourut et qu'on l'enterra près d'Éleusis,
Hérode non seulement le pleura mais tint à prononcer le discours
funèbre de son vieux maître (⁶).

Comme nous ignorons le dème de Sécundus, il serait vain de
chercher à l'identifier avec l'un de ses nombreux homonymes
athéniens du temps ou de tenter de retrouver parmi eux l'un de
ses parents (⁷).

(¹) Philostr., I, 21, 13 (p. 86 W.) ; I, 26, 1 (p. 136 W.) ; II, 1, 34 (p. 178 W.).

(²) II, 1, 34 (p. 178 W.). Sur Tauros, cf. aussi Suidas, *s.v.* Il est cité dans
de nombreux passages d'Aulu-Gelle, qui fut son disciple. Cf. surtout Gell.,
I, 26, 3 ; VII, 10 ; XII, 5, 5 ; XVIII, 10. Christ-Schmid, II⁶, p. 840.

(³) Philostr., I, 26 (p. 136 W.). *RE*, II^a, p. 992, n° 16.

(⁴) I, 26, 1 : γνῶναι μὲν περιττός, ἑρμηνεῦσαι δ' ἀπέριττος.

(⁵) Hesiod., *Erga*, 25 : Hérode substitua ῥήτορι à τέκτονι.

(⁶) Sur Sécundus, cf. aussi Suidas, *s.v.*, qui cite ses μελέτας ῥητορικάς et le
confond avec Pline.

(⁷) Cf. Boeckh, *CIG*, I, 399, 400.

Lorsqu'Hérode était encore tout jeune, il fut envoyé en Pannonie auprès de l'empereur Hadrien (¹). Celui-ci avait été archonte à Athènes avant son accession au trône (²); il devait évidemment connaître Atticus, le plus riche citoyen de la ville qui lui avait réservé un si bon accueil; peut-être même avait-il été sinon son ami du moins son hôte: l'empereur L. Vérus lui-même descendra plus tard chez Hérode. Sans doute est-ce là une des raisons du choix d'Hérode comme ambassadeur. Mais la principale fut très probablement qu'Hérode représenta l'éphébie athénienne (³): de même, nous le savons par une lettre d'Hadrien (⁴), les νέοι de Pergame envoyèrent l'un des leurs pour saluer l'empereur, probablement à la même occasion, c'est-à-dire lorsqu'Hadrien, appelé au trône, quitta la Syrie pour rentrer à Rome, en passant par l'Asie mineure et la région du Danube (117/8) (⁵).

(¹) PHILOSTR., II, 1, 36. (p. 180 W.). Philostrate dit en Paeonie, par une erreur fréquente à cette époque. Inutile donc de corriger Παιονίᾳ en Παννονίᾳ, comme l'a proposé SCHULTESS, p. 27. Cf. à ce sujet MÜNSCHER, p. 925 et les textes cités par lui.

(²) Cf. notre *Chronologie*, p. 122, no 79.

(³) Nous possédons, il est vrai, une liste d'éphèbes de 117/8 (*IG*, III, 1105) et le nom d'Hérode n'y figure pas. Mais il ne s'agit pas là d'un catalogue officiel : c'est une liste partielle des amis de l'éphèbe qui l'a fait graver. Pour la date, cf. notre *Chronologie*, p. 124, no 84 (cf. pp. 116 sqq.). L'archonte appartient à une série dont la chronologie a été contestée par KOLBE, *AM*, XXXXVI, 1921, pp. 117 sqq. Mais cf. notre *Album*, pp. 2 sqq. Aux raisons que nous avons données de maintenir les dates proposées par Dürrbach et par nous, on peut encore ajouter que la liste en question est précédée de Καίσαρος νείκης : cette allusion à une victoire s'explique très bien en 117/18, année où il fallut réprimer un soulèvement en Pannonie mais non en 118/19, surtout que les listes de ce genre étaient gravées à la fin de l'année attique ; celle-ci serait d'environ juin 119, si l'on suit la chronologie de Kolbe, c'est-à-dire d'une année où il n'y eut pas de guerre.

(⁴) *Inschr. von Pergamon*, II, 274 ; LAFOSCADE, *De epistulis imper. Romanorum graece scriptis*, Insulis, 1892, no 17.

(⁵) W. WEBER, *Untersuchungen zur Geschichte des Kaisers Hadrianus*, p. 59 et n. 214, ne paraît pas connaître le texte de Philostrate. S'il l'avait connu, il aurait hésité à supposer (p. 60) sans apporter la moindre preuve, qu'Hadrien passa l'hiver en Bithynie. Si cette hypothèse était exacte, il serait impossible d'expliquer pourquoi Hérode se rend en Pannonie et non en Bithynie. Il vaut mieux admettre qu'Hadrien a continué sa route avec ses troupes. En tous cas,

Malheureusement, le jeune Hérode trompa les espérances de son père et de ses concitoyens: tel autrefois Démosthène devant Philippe, nous raconte Philostrate, il resta court, intimidé sans doute en présence d'un si auguste personnage. De honte, il se voulut noyer dans le Danube. A défaut d'aplomb, il avait de l'amour propre, et, comme le fait observer son biographe, à la différence de Démosthène, il songea à mettre fin à ses jours au lieu de réclamer des honneurs et des couronnes ([1]).

Pareille mésaventure arrivera un peu plus tard à Hérakleidès de Lycie, lorsqu'il improvisa en présence de Septime-Sévère et il était moins excusable car, à ce moment, il n'était plus, comme Hérode, un apprenti-sophiste ([2]).

Heureusement, Hérode ne se laissa pas décourager. Il semble que ce soit précisément après ce retentissant échec qu'il apprit à connaître un célèbre sophiste de Clazomènes, Scopélianos. En tout cas, Philostrate raconte que lorsque Scopélianos vint à Athènes, il fut l'hôte du père d'Hérode et qu'Atticus donna l'ordre de lapider les hermès des anciens orateurs qui ornaient les corridors de son habitation, "parce qu'ils avaient corrompu son fils" ([3]). Bien que Philostrate n'en dise rien, on a supposé qu'Atticus se vengeait sur eux de l'échec de son fils ([4]). Hérode encore jeune, n'osait, malgré

---

il est sûr qu'il arriva à Rome en 118, sans doute le 9 juillet. (WEBER, *o.l.*, pp. 81 sqq.). D'autre part, on ne voit pas à quelle occasion l'ambassade aurait pu être envoyée en Pannonie lors du second passage de l'empereur par ce pays. L'hésitation (SCHULTESS, p. 27, n. 11) entre ces deux dates n'est donc pas permise, comme l'avait déjà vu MÜNSCHER, *o.l.*, p. 925, d'autant moins que ce n'est pas en 121/2 (DÜRR, *Die Reisen des Kaisers Hadrian*, p. 25), semble-t-il, mais seulement en 124 qu'Hadrien revint en Pannonie (WEBER, p. 153), c'est-à-dire l'année même où il viendra pour la première fois, comme empereur, séjourner à Athènes (WEBER, pp. 159 sqq.). Si c'est bien comme éphèbe qu'Hérode a été envoyé en Pannonie, on n'en peut toutefois rien déduire de précis concernant la date de sa naissance: il n'y avait plus, semble-t-il, d'âge fixe pour l'entrée dans l'éphébie, à cette époque. (Cf. notre *Chronologie*, pp. 17 sq.). Toutefois, il est certain qu'Hérode ne pouvait alors avoir moins de 16 à 17 ans.

([1]) PHILOSTR., II, 1, 36 (p. 180 W.).
([2]) PHILOSTR., II, 26, 3 (p. 280 W.).
([3]) *Ibid.*, I, 21, 13 (p. 86 W.).
([4]) SCHULTESS, p. 4; MÜNSCHER, p. 925; Sur Scopélianos, cf. BOULANGER, *o.l.*, pp. 85 sqq.

son vif désir, se risquer à improviser. Il semble que, plus tard encore, il n'avait pas toute l'assurance nécessaire pour pratiquer cet art difficile. C'est peut-être parce qu'il se donna beaucoup de peine pour l'acquérir qu'il y attachait tant de prix, plus qu'à son titre de consul et de fils de consul, si l'on en croit Philostrate (¹).

Or donc, Hérode après avoir entendu Scopélianos improviser se risqua à l'imiter, sachant qu'il ferait plaisir à son père. Il réussit si bien qu'Atticus enthousiasmé fit don de 500 talents à son fils, de 15 à Scopélianos, auquel Hérode en accorda 15 autres en l'appelant son maître (²).

A la différence de Sécundus, Scopélianos appartenait à une grande famille où il était de tradition de remplir la très onéreuse fonction d'ἀρχιερεὺς τῶν Σεβαστῶν (³). Il s'était acquitté avec succès de nombreuses ambassades (⁴).

Parmi les sophistes, il estimait sourtout Gorgias (⁵). Ses ennemis lui reprochaient son ton dithyrambique, la lourdeur de son langage peu châtié (⁶). Philostrate, qui proteste contre ces reproches, vante sa grâce, le tour agréable de ses discours, le charme de sa voix et l'agrément de sa prononciation (⁷). Il paraît avoir joui d'une grande facilité de parole car il ne prenait pas la peine de se préparer lorsqu'il devait paraître en public : même on le taxait de négligence et d'insouciance parce qu'avant de parler, il s'entretenait des affaires publiques avec les magistrats de Smyrne, où il enseignait, au lieu de consacrer au moins quelques instants à méditer son sujet (⁸).

Mais son talent suppléait au défaut de préparation: de partout

------

(¹) I, 25, 13 (p. 118 W.).

(²) I, 21, 13 (p. 86 W.). La somme de 500 talents a paru si forte que VALCKENAER, suivi par WRIGHT, a proposé de lire 50.

(³) I, 21, 2 (p. 72 W.).

(⁴) I, 21, 12 (p. 84 W.).

(⁵) I, 21, 9 (p. 82 W.).

(⁶) I, 21, 1 (p. 72 W.).

(⁷) I, 21, 9 et 11 (p. 82 W.).

(⁸) I, 21, 10 (p. 82 W.).

on accourait à Smyrne pour l'entendre et non seulement d'Asie et de Grèce mais aussi de Rome, d'Égypte et d'Assyrie (¹). Sa grandiloquence asiatique était particulièrement à l'aise dans les sujets tirés des guerres médiques qu'il excellait à développer (²).

Du récit de Philostrate, il semble résulter que ce qu'Hérode apprit de Scopélianos, c'est à improviser ou tout au moins, qu'il s'enhardit à le faire car, sans dispositions naturelles, l'improvisation n'est pas un art qui puisse s'acquérir en quelques leçons. Or, Scopélianos ne paraît pas avoir résidé à Athènes. Il a dû y passer, comme beaucoup d'autres sophistes, pour y donner une série de conférences. La rétribution même que lui donnent Atticus et son fils montre que ses leçons n'ont pas dû être de longue durée. Étant donnée la fortune d'Atticus la somme est relativement faible, surtout si on la compare aux 250.000 drachmes dont Hérode récompensera Polémon après l'avoir entendu à Smyrne.

Ce n'est que plus tard, lorsqu'il enseignait déjà lui-même, qu'Hérode entendra ce Polémon, qu'il considérait comme son maître. Nous y reviendrons plus loin, quand nous retrouverons Hérode *corrector* des cités d'Asie.

Hérode profita aussi de l'enseignement de Favorinus d'Arles qui lui laissera, en mourant, toute sa bibliothèque, sa maison de Rome et son esclave indien Autolèkythos, qui les amusait par son jargon mêlé d'attique (³).

Hermaphrodite à la face glabre et à la voix aiguë d'eunuque, Favorinus était un charmeur: lorsqu'il se produisait à Rome, ceux même qui n'entendaient pas le grec accouraient pour l'entendre, captivés par son regard expressif, par le son de sa voix, par la facilité de sa parole (⁴).

(¹) I, 21, 8 (p. 80 W.).

(²) I, 21, 8. — Sur Scopélianos, cf. DORNSEIFF, *R E*, III A₁ pp. 580 sq.; BOULANGER, *o.l.*, pp. 85 sqq.

(³) I, 8, 4. (p. 26 W.). Le nom de cet esclave n'est pas Autolykos (MÜNSCHER, p. 926 l. 45): le texte donne Αὐτοληκύθου. Sur Favorinus, cf. W. SCHMID, *RE*, V, pp. 2078 sqq. et la bibliographie qui est citée dans cet article.

(⁴) PHILOSTR., I, 8, 7 (p. 28 W.).

Peut-être Favorinus, qui appartenait au groupe des sophistes vulgarisateurs de la philosophie (¹), contribua-t-il avec Calvisius Tauros, à donner le goût de cette science à son disciple, en même temps que celui de l'érudition, érudition dont son œuvre débordait un peu trop, de même qu'elle caractérisera l'éloquence d'Hérode "orateur très nourri" et qui étudiait même pendant ses insomnies (²). En tout cas, Hérode, avant d'avoir entendu Polémon, prit déjà un avant-goût de l'asianisme non seulement avec Scopélianos mais aussi avec Favorinus dont le style et les clausules décèlent, semble-t-il, un asianiste (³).

Sous peine de déchoir, tel autrefois Ovide, un personnage du rang d'Hérode devait passer par les magistratures romaines réservées aux membres de l'ordre sénatorien. Sinon, il était considéré comme appartenant à l'ordre équestre (⁴). Hérode dut donc se préparer à la carrière à laquelle sa naissance lui donnait le droit et l'honneur et lui imposait le devoir, de prétendre,

Il n'y pouvait atteindre sans parler la langue latine. Qu'il la connût, on le peut déduire non seulement des fonctions qu'il a remplies mais aussi du texte d'Aulu-Gelle où il est dit qu'il parlait d'habitude le grec (⁵). ce qui laisse supposer qu'il se servait également d'une autre langue, la latine, cela va de soi.

C'est à Rome qu'il dut l'apprendre. On peut même préciser: ce fut dans la maison de P. Calvisius Tullus, personnage considérable, qui fut consul en 109 (⁶). Hérode vécut là dans un milieu

---

(¹) *Ibid.*, I, 8, 7 (p. 28 W.) : τῶν φιλοσοφησάντων ἐν δόξῃ τοῦ σοφιστεῦσαι.

(²) *Ibid.*, II, 1, 35 (p. 178 W.). Cf. aussi LIBAN., *Or.*, IV, 7, (p. 289 FOERSTER).

(³) NORDEN, *Die Antike Kunstprosa³*, pp. 297, 422 sqq., 919 ; SONNY, *Analect. ad Dion. Chrysost.*, pp. 211 sq. ; W. SCHMID, *RE*, V, p. 2083.

(⁴) ISID , *Orig.*, IX, 4, 12.

(⁵) GELL., *Noct. Att.*, I, 2, 6.

(⁶) FRONTON., *ad. M. Caesar.*, III, 2, p. 41 (NABER) : *scio illum* (Hérode) *quidem in avi mei P. Calvisii domo eruditum.* Le dernier mot ne doit pas être corrigé en *educatum.* (Cf. SCHULTESS, p. 26, n. 9 ; *RE*, III, p. 1413, n° 19) comme le veulent NABER et HAINES.

très cultivé et très favorable à ses études. La fille de son hôte (¹) s'intéressait aux lettres grecques; c'était Domitia Lucilla, la future mère de Marc-Aurèle (²); c'est là un détail dont il faudra se souvenir: il expliquera, tout au moins en partie, la faveur dont Hérode jouira auprès de cet empereur.

De quelle époque date ce premier séjour d'Hérode dans la capitale de l'Empire? On a supposé qu'il y dut accompagner son père quand il vint s'y établir pour exercer ses fonctions de consul (³). C'est fort vraisemblable mais cette hypothèse ne nous avance guère puisque nous ignorons les années où se placent les deux consulats d'Atticus. Ce qui paraît sûr, c'est qu'Hérode vint à Rome avant l'année où il fut chargé d'aller en Pannonie présenter l'hommage de ses concitoyens au nouvel empereur. Hérode commencera de bonne heure sa carrière politique à Athènes pour la continuer immédiatement après à Rome et il est improbable qu'il ait retardé l'étude de la langue latine jusqu'à l'époque d'Hadrien.

On a nié que ce fut pendant la jeunesse d'Hérode que la Boulè de Corinthe lui dédia une statue dans le sanctuaire d'Éleusis. Il y est qualifié de "fils de la Grèce" et son père d'ἀρχιερεὺς τῶν Σεβαστῶν (⁴). C'est précisément à cause de ce dernier titre qu'il faut s'en tenir à l'opinion de Dittenberger, qui place cette dédicace avant l'entrée d'Hérode dans la vie politique (⁵). Cette manière de voir a été contestée ou mise en doute par Schultess et Münscher (⁶),

____

(¹) *PIR*, II, p. 27, n° 158 ; *RE*, V, p. 1518, n° 105 ; J. SCHWENDEMANN, *Der historische Wert der Vita Marci bei den Scriptores historiae Augustae*, Heidelberg, 1923, p. 2. Deux lettres grecques de Fronton (pp. 239-243 NABER) lui sont adressées.

(²) SCHULTESS, p. 4 ; MÜNSCHER, p. 924.

(³) On peut même se demander si son échec n'est pas imputable au fait qu'il voulut s'exprimer dans une langue qui lui était moins familière que la grecque.

(⁴) *SIG³*, 854.

(⁵) *Ibid.*, n. 5.

(⁶) SCHULTESS, p. 5, adopte la manière de voir de Dittenberger, tandis qu'il émet des doutes, p. 27 n. 14 ; cf. aussi MÜNSCHER, p. 932. Si Hérode avait déjà été assez âgé quand on lui conféra ce titre, on aurait dû l'appeler plutôt, comme Hippodromos de Larissa, πατέρα τοῦ Ἑλληνικοῦ (PHILOSTR., II, 27, 5, p. 288W.). Sur le sens de Ἑλληνικόν, cf. WRIGHT, *Philostratus and Eunapius*, p. 569.

sous prétexte qu'Hérode est connu comme bienfaiteur de Corinthe
ce qui n'est pas le cas pour son père. Mais ces bienfaits, dont il
sera question plus loin, datent sûrement d'une époque où Hérode
devait disposer librement de sa fortune, c'est-à-dire du temps où il
n'était plus sous la *patria potestas* d'Atticus et où celui-ci était déjà
mort. Or, dans la dédicace de Corinthe, il est qualifié d' ἀρχιερεύς:
il était donc encore en vie. On oublie aussi que la statue d'Hérode
a pris la place de celle de Vibullia Alcia, qui avait été érigée lorsque
celle-ci était "initiée de l'autel", c'est-à-dire encore toute jeune. On
ne peut croire que la statue d'un homme fait ait remplacé celle
d'une fillette. D'ailleurs Hérode ne porte aucun autre titre que celui
de "fils de la Grèce", ce qui ne laisserait pas d'étonner s'il avait
déjà rempli des fonctions politiques et s'il était déjà assez âgé. Nous
devons en conclure que son père avait dû rendre à Corinthe des
services que nous ne connaissons pas. Il y possédait en tout cas
des propriétés dont son fils héritera (¹). D'ailleurs, remarquons-le,
le titre donné à Hérode suppose que les bienfaits qui en furent la
cause s'appliquaient non pas à Corinthe seulement mais aussi à
d'autres cités grecques. Et c'est pour cela sans doute que la statue
est érigée non pas à Corinthe mais à Éleusis, dans un sanctuaire où
les initiés venus de toutes les parties du monde grec pouvaient la
voir. Quand Hérode répandra ses générosités sur Corinthe, c'est dans
leur propre cité que les Corinthiens élèveront des statues sinon à
lui-même du moins à ses proches (²).

Est-ce d'ailleurs bien Corinthe qui lui avait décerné ce titre
d'υἱὸς τῆς Ἑλλάδος? On en peut douter. C'est comme l'extension à
toute la Grèce de la qualification d'υἱὸς τοῦ δήμου que pouvait
conférer une cité (³).

(¹) C'est ce qu'on peut déduire de la découverte récente de l'hermès d'Hérode Atticus à Corinthe. Cet hermès, d'après l'inscription, était érigé dans une
propriété du sophiste. Cf. A. PHILADELPHEUS, *BCH*, XLIV, 1920, pp. 170 sqq.

(²) *A J A*, VII, 1903, p. 43, n° 21.

(³) *S I G* ³, 854, n. 8.

C'est l'Hellade toute entière qui adopte un enfant d'Athènes, dont le père s'était montré généreux pour le pays (¹). Il se pourrait d'ailleurs que le sénat de Corinthe n'ait pas eu le droit de décerner ce titre: il émanait peut-être d'une assemblée, comme l'assemblée provinciale, qui avait qualité pour parler au nom de tous les Grecs d'Achaïe. Nous croirions volontiers que le rôle du sénat se borna à décider l'érection de la statue. En tous cas, il n'assuma même pas les frais du monument : ce fut, la dédicace nous le dit, un nommé Cocceius Censorinus qui les prit à sa charge (²).

(¹) C'est ce qu'avait vu déjà W. SCHMID, *Berl. philol. Woch.*, 1904, p. 1553. Mais, à notre avis, il a eu tort de supposer que c'est comme capitale de la Grèce que Corinthe a décerné ce titre : le texte ne dit rien de tel et il est douteux que le sénat d'une colonie romaine comme l'était Corinthe ait eu qualité pour parler au nom de la Grèce ; Schmid se trompe aussi, à notre avis, lorsqu'il croit que ce titre a été donné à Hérode en récompense de ses bienfaits envers les Grecs, ce qui suppose qu'il était déjà âgé.

(²) Κατὰ τὸ δόγμα τῆς Κορινθίων Βουλῆς Κοκκήιος Κησωρεῖνος. Rien n'autorise à croire que ce personnage ait été simplement l'épιμέλητε chargé de veiller à l'érection de la statue.

CHAPITRE IV

LA CARRIÈRE POLITIQUE D'HÉRODE

Bien qu'il n'y eût pas à Athènes de *cursus honorum* aussi rigoureusement fixé qu'à Rome, il semble cependant qu'il existait une certaine hiérarchie entre les magistratures et qu'on n'arrivait à être archonte ou stratège qu'après avoir passé d'abord par des fonctions inférieures (¹). Ce fut le cas d'Hérode. Il commença par être agoranome (²). Comme tel, il eut à s'occuper avec ses collègues, de la police des marchés d'Athènes ou du Pirée, du prix et de la qualité des vivres, percevoir les taxes et infliger au besoin des amendes. Nous ne savons rien des services particuliers qu'il put rendre à ses concitoyens en cette occasion. En tout cas, on ne peut plus croire que c'est en souvenir de ces fonctions qu'il aurait reconstruit ou restauré plus tard, sous Antonin le Pieux, l'agoranomion, le local des agoranomes : la dédicace qui mentionne le fait a été mal lue, nous l'avons montré ailleurs, et le nom d'Hérode n'y figure même pas (³).

On ne se tromperait pas de beaucoup en plaçant approximativement vers 122, l'année où Hérode exerça ces premières fonctions.

Ce qui est sûr, c'est que nous le retrouvons déjà archonte éponyme la troisième année de l'ère d'Hadrien, c'est-à-dire 126/7 (⁴).

(¹) Cf. Graindor, *Athènes sous Auguste*, Le Caire, 1927, pp. 124 sqq.

(²) *I G*, III, 160 ; Münscher, p. 925 ; Schultess, p. 5.

(³) Δελτίον ἀρχ., 1888, pp. 188 sqq. ; Judeich, *Topographie von Athen*, p. 333, n. 11 ; Graindor, *Rev. belge de Phil. et d'Histoire*, VI, 1927, pp. 754 sqq.

(⁴) Cf. notre *Chronologie*, p. 127, n° 92. Philostr., II, 1, 5 (p. 146 W.) ; *IG*, III, 69ᵃ, 735, 736. Dans 69ᵃ, Hérode est qualifié de νε(ώτεϱος), pour le distinguer de son père, qui portait le même nom, et non pas d'un archonte homonyme antérieur. Sur ce point, cf. notre *Chronologie*, p. 69, n. 3. et ci-dessus p. 36 n. 3.

Il devait évidemment à la fortune de son père d'avoir pu parvenir, vers 25 ans déjà, à la plus haute des magistratures d'Athènes. Pour cette haute dignité, on choisissait de préférence les citoyens les plus riches car l'archontat était devenu, sous l'Empire, une fonction élective et très onéreuse. Même, certaines années, on ne trouvait personne qui osât se risquer à en assumer les charges : de là, de nombreuses "anarchiaï", ou années sans archontes. Ces magistrats étaient, en effet, obligés à se montrer généreux envers leurs administrés pendant leur année de fonction (¹). Les lois, certes, ne les y obligeaient pas mais la tradition les y contraignait et il aurait été dangereux de ne pas s'en souvenir. Un des prédécesseurs d'Hérode dans cette charge se vante, notamment, d'avoir fait distribuer à chaque citoyen un médimne de blé et quinze drachmes (²). Par contre, un archonte d'Éphèse faillit être lapidé parce qu'il ne faisait pas chauffer les bains (³).

Hérode dut probablement rivaliser de générosité avec ses prédécesseurs: on peut l'affirmer maintenant que nous avons lu correctement une dédicace mal publiée, qui se trouve actuellement au théâtre de Dionysos (⁴). Elle n'émane pas de la Boulè, comme on le croyait, et Hérode n'y est pas qualifié de bienfaiteur mais d'archonte :

> Λ(ούκιον) Βιβούλλιο[ν Ἵππαρ]-
> χον Τιβέρ[ιον Κλαύδιον]
> ᾽Αττικοῦ Ἡρώ[δην Μαραθώ]-
> νιον, τὸν ἄρ[χοντα].

Cette dédicace laisse supposer qu'Hérode s'acquitta de ses fonctions à la satisfaction de tous: c'est encore par des largesses qu'on y arrivait le mieux à une époque où l'archontat était une magistrature avant tout honorifique.

(¹) *Ibid.*, pp. 11 sqq.

(²) *BCH*, XIX, 1895, p. 113.

(³) PHILOSTR., *Apol. Tyan.*, I, 16.

(⁴) *IG*, III, 675, d'après une copie défectueuse de KOUMANOUDIS, Φιλίστωρ, IV, p. 543, nº 3. Cf. *BCH*, LI, 1927, p. 279, nº 49.

Avait-il été élu cette année-là parce qu'on prévoyait une nouvelle visite à Athènes d'Hadrien qui y était venu une première fois comme empereur en 124/5 ? On l'a supposé en faisant valoir que la présence de l'empereur imposait des dépenses plus considérables à l'archonte et que nul n'était mieux à même de les supporter que le fils d'Atticus (¹). Mais nous savons aujourd'hui qu'il faut renoncer à une hypothèse peu compatible avec la chronologie des voyages d'Hadrien et de ses séjours dans sa cité préférée (²).

Après avoir terminé sa carrière municipale, comme c'était l'usage pour les provinciaux membres de l'ordre sénatorien, Hérode pouvait prétendre aux magistratures de la capitale. Aussi bien avait-il atteint l'âge minimum requis pour la première d'entre elles, à savoir la questure. Pour la briguer, il fallait être dans sa vingt-cinquième année (³). Né tout au début du IIe siècle, Hérode avait déjà cet âge au moment où il était archonte.

Un heureux hasard a fait récemment découvrir en Suède une dédicace latine qui énumère les magistratures occupées à Rome par Hérode jusqu'à la préture inclusivement (⁴):

> *L(ucium) Vibullium*
> *Hipparchum Ti(berium)*
> *Cl(audium) Ti(beri) f(ilium) Quir(ina) Atticum*
> *Heroden, q(uaestorem) imp(eratoris) Caesaris*
> *Hadriani Aug(usti), inter ami-*
> *cos, trib(unum) pleb(is), praetorem.*

On peut dater avec assez de précision cette dédicace et les magistratures qui y sont mentionnées. C'est après sa préture qu'Hérode dut être nommé *corrector* des cités libres d'Asie, fonction

---

(¹) Schultess, p. 6 ; Münscher, p. 925.

(²) Cf. W. Weber, *o.l.*, pp. 159 sqq., 205 sqq.—Christ-Schmid, *Gesch. d. gr. Litter.*, II⁶, p. 695 et Boulanger, *o.l.*, p. 99, n. 3, répètent encore une fois une erreur déjà ancienne, d'après laquelle Hérode aurait été hipparque. Cette fonction n'existait plus à Athènes sous l'Empire : on a pris pour un titre ce qui n'est, en réalité, qu'un des noms d'Hérode.

(³) *Dig.*, L, 4. 8.

(⁴) Communiqué par M. Nilsson aux éditeurs de *SIG³*, 863, n. 1.

prétorienne. Or, il l'exerça pendant que le futur empereur Antonin le Pieux était gouverneur de la province, c'est-à-dire entre 130 et 135 ou, suivant d'autres, entre 132 et 135 (¹). Il en résulte qu'Hérode a été préteur en 134 au plus tard. Comme il était archonte en 126/7, il n'a pu devenir questeur qu'en 128 au plus tôt (²). Comme il faut au moins un an d'intervalle entre cette magistrature et la suivante, dans l'occurence le tribunat de la plèbe, Hérode n'a pu occuper cette nouvelle fonction avant le 10 décembre 130 au plus tôt, pour en sortir le 9 décembre de l'année suivante. Entre le tribunat et la préture, il fallait de nouveau un an d'intervalle. Hérode n'a donc pas pu, sauf dispense que rien ne permet de supposer, être nommé préteur avant 133 et *corrector* avant 134. Mais comme, d'après la date du proconsulat d'Antonin, il a pu l'être également en 135, on a le choix entre les deux combinaisons suivantes (³) :

Questure:	129	130
Intervalle:	130	131
Tribunat:	131	132
Intervalle:	132	133
Préture:	133	134
Corrector:	134	135

Il faut éliminer la première. Voici pourquoi.

On n'a pas encore fait observer qu'Hérode ne se trouvait pas à Athènes en 132. C'était l'année de l'inauguration de l'Olympieion. Si Hérode avait été à Athènes cette année-là, il aurait entendu le discours que le sophiste Polémon fut chargé de prononcer à cette occasion. Or, Philostrate nous l'affirme, Hérode n'avait pas encore rencontré Polémon lorsqu'il était *corrector* en Asie, c'est-à-dire en 133

(¹) PHILOSTR., II, 1, 17, (p. 156 W). *RE*, II, p. 2495 (VON ROHDEN) : 130-135; *PIR*, I, p. 357 : 132-135.

(²) Plus exactement du 5 décembre 128 au 4 décembre 129.

(³) Hérode a dû avancer très rapidement dans la carrière des honneurs car il n'a exercé aucune de ces fonctions qu'on remplissait d'habitude entre les magistratures. C'est pour cela que nos deux combinaisons reposent sur l'hypothèse qu'Hérode y est parvenu dans les délais strictement légaux.

au plus tôt (¹). Hérode aurait-il manqué de venir à Athènes en 132
si ses fonctions à Rome le lui avaient permis?

Le *cursus honorum* d'Hérode appelle encore quelques observations. Il est devenu questeur sans être passé par la préparation
ordinaire, à savoir par le tribunat militaire et par une des charges
du vigintivirat. Il a dû en être dispensé par faveur impériale. Le fait
qu'il a été questeur de l'empereur montre qu'il était dans les bonnes
grâces d'Hadrien, non moins que le titre de *inter amicos*, qui n'est
pas purement honorifique mais signifie qu'Hérode était officiellement
inscrit parmi les amis de l'empereur et ses conseillers.

Lorsqu'Hérode était *corrector* des cités libres d'Asie se produisit un incident dont les contemporains semblent avoir exagéré
l'importance. Antonin était alors, nos l'avons dit, proconsul d'Asie.
Hérode le rencontra sur le mont Ida : c'était sans doute le moment
où le sophiste se préoccupait d'amener aux habitants d'Alexandria
Troas l'eau qui leur manquait. Une discussion surgit: on prétendit
même que l'irascible Hérode aurait porté la main sur celui qui
devait devenir peu après son empereur. Philostrate proteste à juste
titre contre ces calomnies. L'incident se réduisit à une altercation
un peu vive, dans un passage difficile et étroit de la montagne. Le
biographe fait très justement observer que l'ennemi d'Hérode, Dèmostratos ne songea même pas à lui en faire grief dans le réquisitoire haineux qu'il prononça lors du procès de Sirmium, dont il sera
question plus loin. Et cependant il y exagérait au point de déni-
grer, nous assure Philostrate, ce que l'on s'accordait à louer chez
Hérode (²).

Ajoutons qu'Antonin n'aurait probablement pas pardonné à
Hérode s'il s'était livré à des voies de fait sur sa personne. En

---

(¹) Philostr, I, 25, 13 (p. 118 W.) : τὸν Πολέμωνα δὲ οὔπω γιγνώσκων ἀφῖκτο
μὲν ἐς τὴν Σμύρναν ἐπὶ ξυνουσίᾳ τοῦ ἀνδρὸς κατὰ χρόνους οὓς τὰς ἐλευθέρας τῶν
πόλεων αὐτὸς διωρθοῦτο. Pour le discours prononcé par Polémon et sa date,
cf. Philostr., I, 25, 6 (p. 110 W.) et Weber, *o.l.*, pp. 268 sq. C'est par erreur
que Boulanger, *o.l.*, p. 89, affirme qu'Hérode entendit Polémon à Smyrne en
127, date impossible à concilier avec ce que nous connaissons de la carrière
d'Hérode et du proconsulat du futur empereur Antonin.

(²) Philostr., II, 1, 17 (p. 158 W.).

voici la preuve : Hadrien eut soin d'inscrire dans son testament que c'était Polémon qui lui avait conseillé de choisir Antonin pour son successeur. Il craignait en effet qu'Antonin, une fois sur le trône, ne tirât vengeance du sophiste qui l'avait offensé : il n'avait cependant commis à son égard qu'une offense bien moins grave que celle qu'on imputait à Hérode. Polémon, revenant de voyage, s'était borné à expulser de sa maison de Smyrne Antonin qui s'y était installé en son absence, pendant son proconsulat d'Asie. Aussi, Antonin devenu empereur se contenta de se venger comme peut le faire un homme d'esprit. Lorsque Polémon vint à Rome, Antonin s'écria, après l'avoir embrassé : "Qu'on héberge Polémon et que nul ne l'expulse" (¹). Quant à Hérode, il lui en voulut si peu qu'il le fit arriver au consulat et lui en offrit même un second ; bien plus, il conféra le patriciat à son fils.

C'est également pendant son séjour en Asie qu'Hérode eut l'occasion d'entendre pour la première fois Polémon, à Smyrne. Hérode, dès qu'il l'eut rencontré, lui demanda quand il aurait le plaisir de l'entendre et fut stupéfait de sa réponse : "Aujourd'hui même et à l'instant". Hérode, s'attendait à ce que Polémon, pris à l'improviste, s'excusât et remît la séance à plus tard, pour ne point risquer de produire une impression défavorable sur un sophiste déjà connu comme un maître. Nullement intimidé, il fit en cette circonstance, un long éloge d'Hérode, de son éloquence, de ses œuvres (²).

Il donna ainsi à Hérode l'occasion d'admirer la vivacité de sa pensée et de la facilité de sa parole. Après s'être retiré quelques instants pour méditer, il se présentait devant ses auditeurs le visage

---

(¹) PHILOSTR., I, 25, 7-8 (p. 112 W.).

(²) *Ibid.*, I, 25, 13-14 (pp. 118 sq. W.).—Sur Polémon, cf. H. JÜTTNER, *De Polemonis vita, operibus, arte, Breslauer philol. Abhandl.*, VIII, 1, 1898 ; *Polemonis declamationes, ed.* H. HINCK, Teubner, 1873 ; R. FOERSTER, *De Polemonis physiognomonicis*, Kiel, 1886 ; *Quaestiones physiognomonicae,* Kiel, 1890 ; *Prolegomena editionis scriptorum physiognomonicorum*, Leipzig, 1893 ; BOULANGER, *o.l.*, pp. 87 sqq. D'après JÜTTNER, pp. 21 sq., la vie de Polémon se place entre 88 et 145 ; H. VON ARNIM, *Leben und Werke des Dio von Prusa*, Berlin, 1890, p. 463, date sa naissance entre 82-87.

calme et rempli d'assurance. Plein de feu, il bondissait de sa chaire
au milieu de son discours et achevait ses périodes le sourire sur
les lèvres, pour marquer qu'il parlait sans effort. Son éloquence
était chaude, pathétique [1]; on comparait sa voix au son perçant
de la trompette des jeux olympiques [2]. A Marc-Aurèle qui lui
demandait son impression sur Polémon, Hérode répondit par le
vers d'Homère: "Le bruit de coursiers rapides frappe mes oreilles." [3] Pour la pensée, on comparait Polémon à Démosthène: il
en avait la gravité mais une gravité sans lourdeur, brillante et
inspirée "comme s'il parlait du haut du trépied prophétique." [4]
Voilà ce que vantaient de son talent Philostrate et Hérode dans une
de ses lettres [5].

Hérode passa trois jours à Smyrne et entendit Polémon développer successivement les trois thèmes d'improvisations suivants:
Démosthène se défend contre Démade d'avoir reçu 50 talents de
Darius; il faut détruire les trophées élevés pendant la guerre du
Péloponèse; l'orateur conseille aux Athéniens de retourner dans
leurs dèmes après la bataille d'Aegos-Potamos [6]. Hérode écouta,
nous dit-il, le premier de ces discours en juge, le second en amoureux, le troisième en admirateur.

Puis, pour se soustaire à l'obligation de parler après Polémon
et de crainte de provoquer des comparaisons peu avantageuses pour
lui-même, il quitta Smyrne la nuit.

Auparavant, il avait fait parvenir au sophiste 150.000 drachmes, somme que le plus célèbre représentant de l'asianisme refusa
comme indigne de lui. C'est alors qu'Hérode sur le conseil de
Munatius, le même qui avait été son maître, y ajouta encore 100.000

---

[1] *Ibid.*, I, 25, 15 (p. 120 W.).

[2] I, 25, 24 (p. 130 W.).

[3] I, 25, 18 (p. 124 (W.).

[4] I, 25, 24 (p. 130 W.).

[5] I, 25, 17 (p. 122 W.).

[6] I, 25, 15 (p. 122 W.). Le texte ne dit pas ce que furent des improvisations.
Mais cela résulte de tout évidence du contexte, où il est dit que Polémon sortait pendant quelques instants pour réfléchir à son sujet avant de le développer.

drachmes. (¹) Peut-être Polémon s'était-il souvenu qu'Atticus et son fils n'avaient pas donné moins de 30 talents, soit 180.000 drachmes à Scopélianos.

Ces exigences ne doivent en tout cas, pas trop nous étonner : outre que nul n'ignorait la colossale fortune d'Hérode, Polémon était un sophiste grand seigneur, occupant la plus somptueuse habitation de Smyrne (²), ayant l'habitude de voyager avec un faste qu'on lui reprochait, monté sur un bige luxueux, traîné par des chevaux aux mors d'argent et suivi d'un nombreux cortège de serviteurs, de meutes de chiens et de multiples bagages (³). Atteint d'arthritisme, il fit une fin théâtrale, digne de sa vie et de ses déclamations : il s'enferma vivant dans son tombeau, excitant même à la besogne les ouvriers qui en fermaient l'entrée, pour que le soleil ne le vît point réduit au silence. (Fig. 2) (⁴).

Que devait Hérode à l'influence de Polémon ? Il est malaisé de le deviner maintenant que nous ne possédons probablement plus une seule œuvre d'Hérode et que celle qui lui est attribuée diffère totalement des déclamations de Polémon.

Ce qui est sûr, c'est que Polémon ne représentait pas l'asianisme extrême Il cherchait même à donner une couleur attique à son style par l'emploi systématique de certaines formes propres à ce dialecte (⁵). Elles détonent d'ailleurs un peu au milieu d'un vocabulaire semé de mots de la langue commune (⁶) et dans le cadre d'une syntaxe plus hellénistique qu'attique (⁷). Même un texte tardif

---

(¹) I, 25, 16 (p. 122 W.). Philostrate, encore une fois, ne spécifie pas s'il s'agit de drachmes. Mais cf. ci-dessus, p. 32 n. 2.

(²) I, 25, 7 (p. 112 W.).

(³) I, 25, 4 (p, 110 W.).

(⁴) I. 25, 27 (p. 134 W.). Sur le portrait du Musée d'Athènes où nous avons proposé de retrouver les traits du sophiste, cf. nos *Marbres et Textes*, pp. 41 sqq. et CH. PICARD, *La sculpture antique*, II.

(⁵) JÜTTNER, pp. 65 sq. ; SCHMID, *Atticismus*, IV, pp. 577 sqq.

(⁶) JÜTTNER, pp. 60 sqq. ; SCHMID, I, pp. 56 sq. ; IV. pp. 634 sqq.

(⁷) JÜTTNER, pp. 66 sqq. ; SCHMID, I, pp. 49 sqq. ; IV, pp. 608 sqq.

Fig. 2.   Buste du Musée d'Athènes (Polémon).

et sûrement corrompu, semble dire qu'il aurait " purgé l'ancienne rhétorique du monstre de l'asianisme" (¹).

Mais les deux déclamations qui nous sont conservées sous le nom de Polémon protestent contre cette affirmation suspecte. Elles mettent aux prises les pères de Callimaque et de Cynégire, qui se disputent l'honneur de prononcer l'épitaphios des guerriers morts à Marathon. Elles sont bien asiatiques par l'enflure, l'emphase, l'abus des figures, surtout celles de Gorgias, dont l'auteur fait un usage immodéré. Il est impossible de pousser plus loin la préciosité, la recherche de l'effet, pour aboutir à une puérilité d'aussi mauvais goût. Par tous ses défauts, par ses rythmes même (²), Polémon est bien l'héritier d'Hégésias, du représentant par excellence de l'asianisme. Son style est celui d'un pédant complètement dépourvu d'idées et qui cherche à masquer l'indigence de son invention par de lamentables artifices, par le clinquant d'une imagination aux abois.

Si ce sont de pareilles pauvretés qu'entendit Hérode, il faut le plaindre d'avoir eu le mauvais goût de les admirer et de les encourager en les payant un si haut prix. Mais s'il les admirait, c'est que, avec ses contemporains, il les approuvait et qu'il imitait sans doute, à l'occasion, celui qu'il appelait le "Démosthène phrygien" (³). Et c'est peut-être à son exemple qu'il multipliait les figures comme l'affirme Philostrate, dans le jugement qu'il nous a laissé sur son style (⁴). On ne peut, en tout cas, avoir une très haute idée du talent d'Hérode, qui quittait Smyrne clandestinement pour ne pas être obligé de paraître en public après Polémon. Encore si sa fuite avait eu la modestie pour excuse. Mais la modestie était une vertu étrangère aux sophistes.

(¹) PROCOP. GAZ., *Epist.* 116 (*Epistolographi Graeci*, p. 578, HERCHER). Sur ce texte, cf. NORDEN, *Kunstprosa*, I³, p. 368 ; SCHMID, *Ueber die Kulturgeschichtlichen Zusammenhang und die Bedeutung der griechischen Renaissance in der Römer Zeit*, p. 43, n. 76 ; BOULANGER, *o.l.*, p. 91, n. 2.

(²) S. HEIBGES, *De Clausulis Charitoneis,* Diss. Münster, Halle, 1911, pp. 83 sqq. ; A. W. DE GROOT. *A Handbook of antique prose-rhythm,* Groningen-Leipzig, 1919, p. 196 ; *De numero oratorio Latino,* 1919, pp. 6 sq.

(³) PHILOSTR., I, 25, 17 (p. 124 W.).

(⁴) *Ibid.,* II, 1, 34 (p. 178 W.).

Après s'être acquitté de sa charge de *corrector*, vers .135, Hérode dut rentrer dans sa patrie. Avant son consulat de 143, il ne remplit, à notre connaissance, aucune autre fonction, du moins à Rome ou dans les provinces. Mais, d'après son biographe, il fut agonothète des Panhellènia et des Panathénées, après son archontat ([1]).

Ce ne fut évidemment pas tout de suite après, car les Panhellènia ne furent créés qu'à partir de l'inauguration du Panhellènion, c'est-à-dire en 131/2. Ces fêtes avaient lieu tous les ans mais elles étaient célébrées avec plus de solennité tous les cinq ans : c'est ce qu'on appelait les Grandes Panhellénies ([2]). Comme l'agonothésie ne se bornait pas à l'organisation et à la présidence des jeux mais comportait aussi de fortes dépenses pour le sacrifice, les prix et bien d'autres choses encore, on ne pouvait devenir agonothète sans posséder une grande fortune. Il est vraisemblable qu'Hérode fut agonothète lors des Grandes Panhellénies où les frais étaient plus élevés. Nous croirions volontiers qu'il remplit cette fonction lors de celles de 135/6. Hérode fut, en effet, également agonothète des Panathénées, après l'avoir été des Panhellénies, comme il résulte du texte de Philostrate. Or, nous le dirons, son agonothésie des Panathénées doit se placer peu après la mort de son père, survenue vers la fin du règne d'Hadrien.—C'est lorsqu'il était agonothète des Panathénées qu'Hérode promit aux Athéniens, qui l'avaient couronné, de les recevoir dans un stade tout de marbre blanc qui fut achevé quatre ans après ([3]). Ce stade fut ironiquement appelé panathénaïque parce qu'il avait été construit, disaient les médisants, avec l'argent de tous les Athéniens ([4]). Le père d'Hérode avait, en effet, laissé par testament une rente annuelle à tous ses concitoyens mais Hérode avait trouvé moyen d'éluder habilement les volontés

---

([1]) *Ibid.*, II, 1, 7 (p 146 W.).

([2]) W. WEBER, *o.l.*, pp. 208, 268, 272 ; GRAINDOR, *Chronologie*, p. 261 sq. ; JUDEICH, *Topographie von Athen*, p. 96, n. 13 ; TOD, *JHS*, XLII, 1922, pp. 175, n. 19 et sqq ; A. MOMMSEN, *Feste der Stadt Athen*, p. 168 ; COHEN, s.v. *Panhellenia, Dict. des ant. gr. et rom.*, IV, p. 314.

([3]) PHILOSTR., II, 1, 7 (p. 146 W.).

([4]) *Ibid.*, II, 1, 6 (p. 146 W.).

paternelles (¹). D'autre part, Hérode ne pouvait guère promettre d'édifier un monument aussi coûteux s'il n'avait pas disposé librement de sa fortune, si Atticus n'était pas encore mort à ce moment. Qu'on se rappelle l'histoire de l'adduction des eaux à Alexandria Troas: ce n'est pas Hérode lui-même mais son père qui donna les fonds nécessaires pour cette coûteuse entreprise.

Nous croirions donc volontiers que l'agonothésie des Panathénées date de 138/9 et l'achèvement du stade, de 142/3 (²). Cette agonothésie fut tellement remarquable qu'on en parlait encore un siècle après, du temps de Philostrate. Le péplos offert, suivant la tradition, à Athéna, était "plus beau qu'une peinture". Il était attaché, en guise de voile, au mât du navire panathénaïque. D'ordinaire, ce navire était traîné par des attelages. Cette fois, il était non seulement de dimensions inusitées, avec ses mille rameurs, mais il "glissait sur des machines souterraines", qui l'amenèrent du Céramique jusqu'au Pythion, c'est-à-dire au pied de l'Acropole. On l'y voyait encore à cet endroit du temps de Philostrate (³). Le récit du biographe a paru si invraisemblable à certain critique moderne qu'il a supposé que Philostrate avait mal compris ce qu'on lui avait raconté à ce sujet (⁴). Le navire n'aurait pas été tiré pas des machines placées sous le sol mais aurait avancé grâce à un méchanisme dissimulé à l'intérieur. C'est substituer une hypothèse à un texte fort clair et c'est douter d'un homme qui ne doutait de rien et aurait même fait percer l'isthme de Corinthe à ses frais s'il n'avait

---

(¹) II, 1, 5 (p. 144 W.).

(²) Sur l'ère des Panathénées, cf. DITTENBERGER, *Die attische Panathenaïdendăra, Commentationes in honorem Mommseni*, pp. 242 sqq. ; *RE*, I, p. 630 ; GRAINDOR, *Chronologie*, pp. 256 sqq., 264 sqq ; *BCH*, XXXVIII, 1915, pp. 236 sqq. Nous admettons avec DITTENBERGER, *o.l.*, p. 244, que les Panathénées se célébraient la 2e et non plus la 3e année de l'olympiade, depuis que les Athéniens avaient reporté le début de leur année d'Hékatombaion à Boédromion, en l'honneur du premier séjour d'Hadrien à Athènes. Sur cette question très controversée, cf. la bibliographie que nous avons donnée dans notre *Chronologie*, p. 20, n. 1 et ajouter KOLBE, *AM*, XXXXVI, 1921, pp. 128 sqq., et notre *Album*, pp. 5 sq.

(³) PHILOSTR., II, 1, 7 (p. 146 W.).

(⁴) SCHULTESS, *o.l.*, pp. 10 sq.

craint de se voir refuser l'autorisation par l'empereur (¹). On oublie aussi que le *diolkos* de l'isthme, qui transportait les navires du golfe de Corinthe au golfe Saronique avait à résoudre un problème autrement difficile et qu'il a sinon inspiré Hérode, en tout cas pu servir de modèle à son ingénieur.

C'est encore une fois à Rome qu'Hérode devait terminer sa carrière politique : il fut nommé consul ordinaire en 143 (²). Le consulat avait depuis longtemps perdu toute importance. Mais il continuait, quoique fort coûteux, à être très recherché non seulement parce qu'il était une fonction très honorifique mais surtout parce qu'il conduisait au gouvernement des provinces les plus importantes, à des proconsulats convoités comme ceux de l'Asie et de l'Afrique. Ce ne sera pas le cas pour Hérode : nulle part il n'est fait mention de fonctions consulaires qu'il aurait exercées ou même refusées (³). Mais il semble avoir renoncé à un second consulat, après la mort de sa femme (⁴) : ce n'étaient pas de vaines dignités qui pouvaient consoler un homme de son âge déjà saturé d'honneurs.

Ce n'est pas par hasard, on l'a déjà remarqué (⁵), que le consulat lui fut offert en 143, la même année qu'à Fronton : à ce moment, les deux plus illustres représentants des deux éloquences grecque et latine du temps ainsi que de l'archaïsme littéraire enseignaient la rhétorique au futur empereur. De plus, Hérode, nous l'avons dit, s'était créé de hautes et utiles relations dès sa jeunesse, lorsqu'il

---

(¹) Philostr., II, 1, 10-11 (p. 150 W.).

(²) Philostr., I, 25, 13 (p. 118 W.); *CIL*, VI, 32520 = 2379 ; Ἐφ. ἀρχ., 1885, p. 152, nº 28 = *SIG*³, 857 ; *IG*, XIV, 1055 *b*, (lettre impériale du 16 mai 143). Cf. *PIR*, I, p. 357, nº 655 ; Schultess, p. 12, n. 28 ; Münscher, p. 928 ; Liebenam, *Fasti consulares imperii Romani*, p. 22.

(³) On a interprété parfois *(PIR*, I, p. 357) le texte, peu clair, de Philostrate II, 1, 19, (p. 160 W.), δευτέραν κλήρωσιν τῆς ὑπάτου ἀρχῆς ἐπ' αὐτῇ (Régilla) ἀναβαλέσθαι, comme si Hérode avait refusé, à cause de la mort de sa femme, de participer à un tirage au sort pour les proconsulats d'Asie et d'Afrique. Mais il vaut mieux croire qu'Hérode a renoncé à un second consulat. Le mot κλήρωσιν est certes difficile à expliquer dans cette interprétation mais ὑπάτου l'est davantage encore s'il s'agit d'un proconsulat.

(⁴) Cf. la note précédente.

(⁵) Schwendemann, *Der historische Wert der Vita Marci*, p. 10.

avait été élevé dans la maison de la mère de Marc-Aurèle, sans compter que son mariage avec Régilla, qui dut précéder, nous le verrons, son consulat, l'avait uni à une dame de la plus haute aristocratie, apparentée à la famille impériale. Quand Hérode avait-il été chargé d'enseigner Marc-Aurèle ? On ne sait au juste. Ce qui est sûr, c'est que celui-ci était déjà depuis quelque temps son disciple en 143 (¹) et qu'il continua à l'être pendant les deux années suivantes (²).

Hérode dut rester à Rome, au plus tard, jusqu'en 146, année où Marc-Aurèle abandonne la rhétorique pour se consacrer à la philosophie (³). D'autre part, il dut y arriver vers 140, appelé sans doute par Antonin, car, selon son biographe, c'est pendant les années 140 à 143 que Marc-Aurèle *studia cupidissime frequentavit* (⁴), ce qui doit se comprendre de la rhétorique, étant donné ce que nous connaissons de la chronologie de ses autres études (⁵). Si nous rapprochons ces dates de celles auxquelles nous sommes arrivé plus haut (⁶), les débuts de l'enseignement d'Hérode, à Rome, seraient postérieurs à 138/139, année où le sophiste fut agonothète des Panathénées et, plus exactement à l'été de 139. Sinon, il faudrait admettre qu'Hérode dut interrompre son séjour à Rome, dans l'été de 139, pour aller présider les jeux : les Panathénées se célébraient en Hékatombaion, vers la fin (juillet) de l'année attique, qui commençait depuis la première visite d'Hadrien à Athènes, non plus en Hékatombaion mais en Boédromion (septembre) (⁷).

Hérode ne se consacra pas uniquement à l'instruction de Marc-

---

(¹) FRONT., I, 6, p. 17. (NABER) ; *Vit. Marci*, II, 4 (p. 48 HOHL) Cf. MOMMSEN, *Hist. Schrift.*, I, p. 481 ; SCHWENDEMANN, p. 9.

(²) FRONT., pp. 41-43. (NABER). Cf. MOMMSEN, *o.l.*, I, p. 432 ; SCHWENDEMANN, p. 10.

(³) Cf. FRONT., p. 75 (NABER) ; M. ANTON., εἰς ἑαυτόν, 1, 7 : Marc-Aurèle (né le 26 avril 121) avait alors 25 ans. Cf. *RE*, I, p. 2285 ; SCHWENDEMANN, pp. 10, 14.

(⁴) *Vit. Marc.*, VI, 5 (p. 52 HOHL).

(⁵) SCHWENDEMANN, p. 14.

(⁶) Pp. 64 sq.

(⁷) Cf. ci-dessus, p. 65, n. 2.

Aurèle (¹) et de L. Vérus (²) pendant son séjour à Rome. Il y exerça aussi la profession de sophiste. Même, selon Philostrate, c'est à Rome qu'Aristoklès de Pergame, qui jusque là s'était adonné à la philosophie péripatéticienne, se convertit à la sophistique, après avoir suivi les leçons d'Hérode et l'avoir entendu improviser (³). Ce fut sans doute l'un des premiers disciples du sophiste et en tout cas l'un des principaux : Hérode l'estimait tellement que, plus tard, lorsqu'il dut quitter Athènes pour un certain temps, il lui envoya à Pergame tous ses élèves (⁴).

C'est aussi pendant son séjour en Italie qu'Hérode dota Canusium, de l'eau qui lui manquait, comme il l'avait fait pour Alexandria Troas, lorsqu'il était *corrector* en Asie (⁵). Comment fut-il amené à s'intéresser à ce municipe ? Est-ce parce qu'il y possédait des propriétés ? Son père en aurait-il acheté en Apulie pour les acquérir à meilleur compte lorsque Trajan exigea des sénateurs qu'ils eussent un tiers de leur fortune en propriétés foncières en Italie (⁶) ? Mais Atticus était assez riche pour n'être pas obligé d'acheter des terres dans une contrée connue pour son aridité (⁷), d'autant moins que ce n'était pas l'étendue de ces terres qui entrait, en ligne de

---

(¹) Cass. Dio., LXXI, 35 ; *Vit. Marci*, II, 4 (p. 48 Hohl) ; M. Caesar *Frontoni*, I, 6, p. 17 (Naber). Cf. *PIR*, pp. 71, 357 ; Schultess, p. 13, n. 29 ; Münscher, p. 929. C'est sans doute lorsqu'Hérode était son maître que Marc-Aurèle lui écrivait jusqu'à trois fois par jour, comme le dit Philostr., II, 1, 30 (p. 174 W.).

(²) *Vit. Veri*, II, 5, (p. 75 Hohl). Cf. *PIR*, I, p. 329 ; *RE*, III, p. 1833 ; Schultess, p. 13, n. 31. C'est sans doute parce qu'il avait été maître de Marc-Aurèle et de L. Vérus et aussi comme ἀρχιερεὺς τῶν Σεβαστῶν qu'Hérode fut, en qualité d'épimélète, chargé de veiller à l'érection des statues de ces deux empereurs, à Éleusis. Cf. ʼΕφ. ἀρχ., 1890, p. 201, nᵒˢ 21 *a* et *b* : ἡ πόλις Ἡρώδου ἐπι[μελητεύοντος]. Sur l'identification de cet Hérode avec le sophiste, qui affectait d'omettre sa filiation et son dème, cf. nos *Marbres et textes*, p. 95.

(³) Philostr., II, 3, 1 (p. 184 W.) (=Synesius Dio, 35). Cf. *PIR*, I, p. 349, nᵒ 643 et Christ-Schmid, *Gesch. d. griech. Litt.*, II⁶, p. 697.

(⁴) *Ibid.*, II, 3, 2 (p. 184 W.). Cf. *RE*, II, p. 937, nᵒ 19 ; Münscher, p. 929.

(⁵) Philostr., II., 1, 9 (p. 148 W.).

(⁶) Schultess, p. 28, n. 34.

(⁷) Hor., *Sat.*, I, 5, 91 ; Philostr., *l.l.*

compte mais leur valeur. On a supposé aussi qu'Hérode s'était montré généreux envers Canusium parce qu'il avait peut-être été chargé de l'organiser en colonie: elle le devint en effet sous Antonin (¹). Mais la volonté impériale seule suffisait pour transformer un municipe de droit romain, comme l'était Canusium, en une colonie. Nous croirions plutôt qu'Hérode figurait parmi les *patroni* du municipe et qu'on avait dû lui proposer ce titre non seulement à cause de sa fortune et de son influence, mais probablement aussi parce que sa femme y possédait des propriétés (²). C'est même peut-être comme patron de ce municipe qu'il aurait obtenu de l'empereur qu'on l'élevât au rang de colonie (³).

Pour en terminer avec les fonctions dont Hérode fut chargé il nous reste à dire les sacerdoces qui lui furent confiés. Nous ne reviendrons pas sur son titre d'ἀρχιερεὺς τῶν Σεβαστῶν: héréditaire dans la famille, il ne fut cependant pas donné à Hérode immediatement après la mort de son père, nous l'avons constaté plus haut (⁴). Toutefois, Hérode le porte déjà sous Antonin (⁵).

Hérode fut également exégète (⁶). Il y avait plusieurs espèces d'exégètes, à Athènes: comme on ne spécifie pas et que l'inscription qui mentionne ce titre a été trouvée dans le sanctuaire d'Éleusis, il faut supposer qu'il s'agit de l' ἐξηγητὴς μυστηρίων. Cette fonction, il est vrai, était d'abord réservée aux Eumolpides mais elle avait, depuis longtemps, été usurpée par le "génos" des Kèrykès auquel appartenait Hérode. (⁷).

(¹) *CIL*, IX, 334. Cf. *RE*, III, p. 1502 ; SCHULTESS, p. 14 ; MÜNSCHER, p. 931.
(²) DIPTMAR, *Blätter f. Bayr. Gymnasialschulwesen*, XXIII, p. 660 et n. 7.
(³) Nous possédons, il est vrai, la liste des *patroni* de Canusium : Hérode n'y figure pas ; mais le document est d'une époque bien postérieure (223) à Antonin. *C I L*, IX, 338.
(⁴) Pp. 28, 36 sq.
(⁵) *SIG*³, 856.
(⁶) *SIG*³, 857.
(⁷) *Ibid.*, n. 2. Cf. toutefois FOUCART, *Les grands Mystères d'Éleusis, Mém. de l'Acad.*, XXXVII, p. 83, n. 3, qui croit qu'il s'agit non d'une fonction occupée par les Kèrykès, mais d'un sacerdoce de création récente. Nous avons dit ailleurs (*Musée belge*, 1912, p. 84) que cette opinion est invraisemblable : cette fonction,

Vers la fin de sa vie, Hérode (¹) sera aussi nommé prêtre d'une association religieuse, privée, de caractère orphique, celle des "Iobacchoi"; même le titulaire de la fonction se démit en sa faveur, "pour l'honneur et la gloire du Baccheion", en réalité sans doute parce que l'association avait intérêt à être présidée par le richissime Athénien: le prêtre était tenu par le règlement à offrir un sacrifice et à d'autres prestations (²) qui ne pouvaient manquer d'être généreuses avec un ἱερεύς comme Hérode. Aussi, lorsque celui-ci eut accepté, le Baccheion put-il se flatter d'être "le premier de tous" (³).

---

de création prétendument récente, aurait disparu de fort bonne heure car il n'en est déjà plus question dans un catalogue du temps des Sévères où elle devrait figurer, peu de temps après la mort d'Hérode (FOUCART, *ibid.*, p. 72 ; KERN, *RE*, VI, p. 1284).

(¹) Dans le règlement de cette association, le personnage en question est nommé Claudius Hérodès (*SIG*³, 1109, ll. 9 et 25) : c'est MAASS, *Orpheus*, p. 37, qui a eu le mérite de l'identifier avec le sophiste. Cf. MÜNSCHER, pp. 942 sq. Pour la date (162/3-175/6), cf. notre *Chronologie*, p. 179, n° 134 : nous avons eu tort de supposer que cette prêtrise lui avait été confiée postérieurement à son retour du procès de Sirmium, vers 174 (cf. *infra*). Il résulte de l'épigramme que nous avons publiée dans le *Musée belge*, 1912, p. 70, v. 6 (cf. *B C H*, L, 1926, p. 529) qu'Hérode était déjà prêtre de Dionysos avant ce procès.

(²) *SIG*³, 1109, l. 119.

(³) Nous nous sommes demandé plus haut (p. 31) si le père d'Hérode n'avait pas déjà fait partie de cette association.

CHAPITRE V

LE TESTAMENT D'ATTICUS.

Le père d'Hérode, nous l'avons dit, vivait encore vers 134. L'étude de son testament va nous montrer qu'il dut mourir avant la fin du règne d'Hadrien.

Ce n'est pas seulement pour donner une dernière preuve et la plus grandiose de toutes, de son habituelle munificence qu'Atticus léguait à tous ses concitoyens une rente annuelle d'une mine (¹); cette véritable fondation, la plus importante de toutes celles que nous connaissions dans l'antiquité (²), lui avait été suggérée par ses affranchis. C'était pour eux un moyen de se concilier la faveur des Athéniens et de se mettre sous leur protection car ils redoutaient Hérode qui les traitait fort mal, eux et les esclaves de son père (³).

Pour bien se rendre compte de l'importance du legs, il faut savoir qu'en évaluant, comme on l'a fait, à 6.000 le nombre des Athéniens à cette époque, on arrive à un total de 6.000 mines de rente: capitalisées à 5% (⁴), elles représentent 120.000 mines ou 12.000.000 de drachmes. Mais ce chiffre est manifestement trop faible.

Nous avons montré ailleurs, en nous appuyant sur des documents épigraphiques, que le nombre des chefs de familles aisées

---

(¹) Philostr., II, 1, 5 et 6 (p. 142 W.). Cf. nos *Marbres et textes*, pp. 88 sqq.

(²) Laum, *Stiftungen in der griech. und röm. Antike*, I. p. 143 ; II, p. 18, n⁰ 18.

(³) Philostr., II, I, 5 (p. 143 W.).

(⁴) Billeter., *Geschichte des Zinsfussés im griechisch-römischen Altertum*, pp. 106, 181.

devait se monter à environ 6.000 du temps d'Auguste (¹). Ce nombre n'avait certainement pas diminué au II⁰ siècle, on peut en juger d'après les listes d'éphèbes : elles prouveraient plutôt qu'il avait augmenté. Aussi croyons-nous qu'on resterait encore en dessous de la vérité en estimant à 12.000 le nombre des bénéficiaires du legs d'Atticus. Le capital nécessaire pour leur servir la rente se serait donc monté à 24.000.000 de drachmes au moins.

Hérode trouva le moyen d'éluder, tout au moins en partie, une clause aussi onéreuse. Il proposa à ses concitoyens de renoncer à leur rente contre une somme de cinq mines une fois versées. Ils acceptèrent, sacrifiant l'avenir au présent comme beaucoup de leurs descendants le feraient sans doute encore aujourd'hui. Cette imprudence coûta cher aux héritiers d'Atticus ou tout au moins à la plupart d'entre eux. Hérode n'avait proposé de transiger qu'après avoir compulsé les comptes paternels : presque tout Athènes avait emprunté aux parents d'Hérode qui conservait les contrats de prêt. Les débiteurs d'Hérode durent renoncer en tout ou en partie à leurs cinq mines, trop heureux encore lorsqu'ils ne lui devaient pas davantage. La mésaventure des héritiers d'Atticus nous éclaire en même temps sur la manière dont il faisait probablement fructifier ses capitaux: c'est lui, peut-être, qui était propriétaire des banques devant lesquelles, au dire de Philostrate, se présentèrent pour toucher leur dû, les Athéniens qui s'étaient laissés tenter par les propositions d'Hérode (²).

En paraphrasant le texte de Philostrate qui nous a conservé le souvenir de la ruse d'Hérode, Ziebarth écrit que c'est, *en droit grec*, le seul cas connu où une rente instituée par testament est remplacée par un capital une fois versé (³). Que le cas soit unique, c'est possible ; qu'il intéresse le droit grec, c'est ce que nous con-

---

(¹) GRAINDOR, *Athènes sous Auguste*, pp. 98 sq. — HERTZBERG, *Geschichte Griechenlands*, II, p. 385, n. 28, estime à 6.000 le nombre des citoyens à cette époque. BELOCH, *Die Bevölkerung der griechisch-römischen Welt*, p. 71 : 4.000 citoyens fortunés aux Iᵉʳ et IIᵐᵉ siècles. Cf. aussi B. KEIL, *Beiträge zur Geschichte des Areopags*, p. 88, n. 135. SCHULTESS, *o.l.*, p. 9.

(²) PHILOSTR., II, 1, 6 (p. 144 W.).

(³) *Zeitschrift für vergleich. Rechtswissenchaft*, XVI, 1903, pp. 270 sq.

testons. Atticus était citoyen romain, en même temps que citoyen athénien, le cumul des deux droits de cité étant permis, du moins depuis Auguste (¹).

Or, un citoyen romain ne pouvait tester valablement que dans les formes prescrites par le droit romain (²). Testant forcément à la manière romaine, Atticus ne pouvait instituer héritiers que des citoyens romains, sinon son testament eût pu être attaqué devant les tribunaux romains. C'est si vrai qu'Hérode n'aurait même pas pu hériter directement de son père si celui-ci avait reçu, comme c'était fréquemment le cas, le droit de cité romain à titre personnel.

Or, du temps d'Atticus, l'immense majorité des Athéniens ne possédait pas la *civitas* romaine. Pour s'en convaincre, il suffit de parcourir les catalogues éphébiques antérieurs à la constitution de Caracalla qui accorda, en 212, le droit de cité à tous les habitants de l'Empire, les *dediticii* exceptés. Dans ces listes, les porteurs de noms romains constituent une infime minorité (³).

Si Atticus a pu valablement inscrire tous les Athéniens non-romains au nombre de ses héritiers, ce n'est que par voie de fidéicommis. Il n'existait pas d'autre moyen de tester en faveur de pérégrins comme l'étaient la plupart des Athéniens par rapport à Atticus suivant le droit romain (⁴).

D'autre part, nous savons qu'à partir d'Hadrien, un sénatus-consulte interdit de léguer à des pérégrins par fidéicommis : les legs de l'espèce étaient confisqués (⁵).

(¹) Cf. notre *Athènes sous Auguste*, p. 133 et A. VON PREMERSTEIN, *Zeitschr. d. Savigny-Stiftung.*, XLVIII, 1928, p. 470.

(²) MITTEIS, *Reichsrecht und Volksrecht*, p. 153.

(³) *IG*, III, 1076 sqq. Cf. *BCH*, XXXVIII, 1914, p. 421, n. 2 (liste des catalogues éphébiques publiés postérieurement aux *IG*, III) ; LI, 1927, pp. 300 sqq. MITTEIS, *o.l.*, p. 149, évalue à ¹/₅ la proportion des Athéniens citoyens romains, chiffre qui paraît trop élevé.

(⁴) GAI *Instit.*, II, 285 : *perigrini poterant fideicommissa capere et fere haec fuit origo fideicommissorum.* Cf. LEONHARD, *RE*, VI, p. 2274 ; CUQ, *Manuel des institutions juridiques des Romains*, Paris, 1917, p. 792, n. 2.

(⁵) GAI *Inst.*, *l.l.* : *sed postea id prohibitum est et nunc ex oratione divi Hadriani senatusconsultum factum est ut ea fideicommissa fisco vindicarentur.* ULP., XXV, 6. CUQ, *o.l.*, p. 792, n. 2.

Le procédé employé par Hérode pour frustrer les Athéniens du legs paternel prouve que le testament était inattaquable. Il faut en conclure que l'acte était antérieur au sénatus-consulte qui supprima les fidéicommis en faveur des pérégrins et à l'*oratio* d'Hadrien qui le provoqua.

La date de ce sénatus-consulte n'est pas connue. Toutefois on semble avoir parfois supposé ([1]) qu'il est antérieur au rescrit par lequel Hadrien dut accorder, en 121, à Popillius Théotimos chef de l'école épicurienne, à la fois citoyen romain et athénien comme Atticus, le droit de choisir son successeur même parmi les pérégrins ([2]).

C'est là une erreur. En accordant l'autorisation qu'on lui demandait, Hadrien la motiva en faisant valoir que, souvent, les prédécesseurs de Théotimos n'avaient pas été à la hauteur de leur mission parce que le chef de l'école n'avait pu être élu que parmi les citoyens romains. De ce passage, il résulte de toute évidence que l'interdiction ([3]) de nommer comme chef de la secte une pérégrin existait bien avant Hadrien et n'a rien à voir avec la suppression des fidéicommis en faveur des pérégrins sous le règne de ce prince.

D'autre part, on ne peut supposer qu'Atticus aurait obtenu une faveur semblable à celle qui fut accordée à Théotimos pour des raisons scientifiques et sur l'intervention de l'impératrice Plotine elle-même. Comme le testament d'Atticus suppose l'existence du fidéicommis, il en résulte que le sénatus-consulte qui le supprima se place approximativement entre 134, date vers laquelle Atticus était encore patronome à Sparte ([4]), et le 10 juillet 138, jour de la mort d'Hadrien. C'est également entre ces deux termes que survint la mort d'Atticus.

On se plaît à croire que le sénatus-consulte en question fut voté à l'occasion même du testament du père d'Hérode. En faisant

---

([1]) DARESTE, *Nouvelle revue histor. du droit*, XVI, p. 263.

([2]) *IG*, II², 1099. Cf. notre *Album*, p. 29, pl. XXIX, n° 37.

([3]) Pour les raisons de cette interdiction, cf. TH. MOMMSEN, *Zeitschrift der Savigny-Stiftung*, 1892, p. 153.

([4]) Cf. ci-dessus, p. 28.

un emploi abusif du fidéicommis, Atticus, nous l'allons voir, jeta le trouble dans une grande cité comme Athènes et provoqua un procès retentissant. Le scandale qui en résulta suffisait à discréditer l'institution. Toutefois, la mesure prise par Hadrien fut trop radicale: elle allait même à l'encontre du droit naturel en empêchant un père citoyen romain de laisser ses biens à ses enfants, lorsqu'ils n'avaient pas reçu eux-mêmes le droit de cité, qui n'était pas nécessairement octroyé à titre héréditaire. Antonin s'en aperçut bientôt et apporta au sénatus-consulte d'Hadrien les correctifs nécessaires (¹).

Quant au fidéicommissaire qui fut chargé d'exécuter les volontés dernières d'Atticus au profit des Athéniens, il n'est pas difficile de deviner son nom. Ce fut certainement Hérode lui-même.

Lors du procès relatif au testament, l'un des griefs que l'on fera à Hérode fut "d'être un fils impie, oublieux les prières paternelles" (²). Or, nous savons précisément que le fidéicommis se faisait sous forme de prière (*verbis precativis*), de prières adressées par le testateur au fidéicommissaire (*commendationes mortuorum*) (³). Et il n'en pouvait être autrement : le fidéicommissaire n'était responsable que devant sa conscience de l'exécution des volontés de l'auteur du legs. La loi romaine ne pouvait le contraindre à s'y conformer (⁴).

C'est ce qu'Hérode n'ignorait pas plus sans doute que les bénéficiaires du fidéicommis d'Atticus et c'est probablement ce qui lui permit d'exercer une efficace pression sur eux pour les décider à renoncer à la rente pour une somme une fois donnée.

Si nous ne possédions que la biographie de Philostrate, nous ignorerions tout ou presque du procès auquel nous venons de faire

---

(¹) PAUS., VIII, 43, 5. Cf. MITTEIS, *o. l.*, p. 154, qui a donné à ce texte une portée trop générale.

(²) FRONT., *ad Marcum Caes.*, III, 3, p. 42 (NABER) : *dicendum est de filio impio et precum paternarum immemore*.

(³) CIC., *de fin.*, III, 64. Pour les textes et la bibliographie relative au fidéicommis, cf. LEONHARD, *RE*, VI, pp. 2272 sqq.

(⁴) GAI *Instit.*, II, 231, : *nullo vinculo iuris sed tantum pudore eorum qui rogabantur continebantur*.

allusion (¹). Ce silence étonne d'autant plus que le biographe d'Hérode se montre moins discret sur deux autres affaires qui ne firent pas plus de bruit mais où l'honneur du sophiste fut sans doute plus facile à défendre.

C'est dans la correspondance de Marc-Aurèle avec Fronton que nous avons conservé d'autres échos de ce procès. Encore n'est-il pas aisé d'en tirer des renseignements bien précis. On comprend qu'il eut lieu à propos du testament d'Atticus, puisqu'on accusait Hérode d'avoir manqué de piété filiale en ne respectant pas les volontés paternelles. On lui reprochait aussi son avarice et sa cruauté ; Fronton le traite même de bourreau : des hommes libres avaient été cruellement frappés, l'un d'eux même avait été tué (²). S'agit-il là des affranchis d'Atticus ? On l'a supposé, à tort croyons-nous (³) : dans la lettre où Fronton expose toute la gravité de l'affaire à Marc-Aurèle, qui intervient en faveur d'Hérode, il est parlé de *hominibus liberis* et non de *civibus Romanis*, comme on n'eût pas manqué de l'écrire s'il s'agissait réellement d'affranchis, ou d'eux seuls. Mais il est probable qu'Hérode, lors du procès, accusa les affranchis de son père d'être la cause principale de toute cette affaire : de là sans doute l'allusion faite par Philostrate, à propos du testament d'Atticus, au discours où Hérode dirigea contre eux "tout l'aiguillon de sa langue" (⁴). Nulle part il n'est question de voies de fait exercées sur les affranchis. On croirait plus volontiers que les violences reprochées au sophiste furent provoquées par la liquidation de la succession paternelle, au moment où les Athéniens vinrent retirer dans les banques les cinq mines auxquelles ils croyaient avoir droit (⁵) et surtout lorsque certains d'entre eux furent attraits en justice

---

(¹) PHILOSTR., II, 1, 5, (p. 144 W.), se borne à dire : ὁποῖα μὲν τῶν ἀπελευθέρων τὰ πρὸς τὸν Ἡρώδην, δηλούτω ἡ κατηγορία ἣν πεποίηται σφῶν πᾶν κέντρον ἡρμένος τῆς ἑαυτοῦ γλώττης.

(²) FRONT., *ad Marcum Caes.*, III, 3, p. 42 (NABER) : *dicendum est de hominibus liberis crudeliter verberatis et spoliatis, uno vero etiam occiso ; dicendum est de filio impio et precum paternarum immemore; saevitia et avaritia exprobranda: carnifex quidam Herodes in hac causa est constituendus.*

(³) Cf. SCHULTESS, p. 9, n. 23 ; MÜNSCHER, pp. 928, 930.

(⁴) PHILOSTR., II, 1, 5 (p. 144 W.).

(⁵) C'est ce qu'indique le *spoliatis* du texte cité ci-dessus, n. 2.

et se virent réclamer les sommes prêtées à leurs pères ou à leurs
grands-parents. A ce moment, nous assure Philostrate, la colère des
Athéniens fut à son comble et les plus grands bienfaits d'Hérode
ne parvinrent pas à leur faire oublier leur déception (¹). Ce que
est sûr, c'est que Marc-Aurèle s'entremit auprès d'Hérode et de
Fronton, dont il était le disciple et qu'il aimait tous deux (²),
pour essayer d'atténuer autant que possible le scandale (³). Fronton,
avocat des victimes d'Hérode, avec trois autres collègues obscurs (⁴),
promit toute la modération compatible avec sa conscience profes-
sionnelle : il plaida l'affaire au fond mais se garda de tirer argument
de tout ce qui était étranger à la cause notamment de la vie et du
caractère d'Hérode (⁵).

De son côté, Hérode s'était engagé à ménager Fronton (⁶).
Quelle fut l'issue du procès, nous l'ignorons. Sans doute Hérode
s'en tira-t-il à bon compte, grâce à son éloquence, à sa fortune et
à ses hautes relations. En tout cas, il dut encore une fois à l'intervention de Marc-Aurèle de renouer les relations d'amité qui l'unis-
saient à Fronton avant le procès (⁷). Même, il devint son meilleur
ami (⁸).

La date de ce procès nous est fournie, au moins approximativement, par celle du IIIᵉ livre de la correspondance de Marc-Aurèle

---

(¹) *Ibid.*, II, 1, 6 (p. 146 W.) : παρώξυνε ταῦτα τοὺς Ἀθηναίους.

(²) M. CAESAR *Front.*, III, 2, p. 41 (NABER) : *utrumque enim vestrum pro suis
quemque meritis diligo.*

(³) *Ibid.: uti quam honestissime negotium istud odiosissimum transigatur.*

(⁴) *Ibid.*, III, 4, p. 43 (NABER) : ces avocats sont Capreolus, Marcianus et
Villianus.

(⁵) FRONT., III, 3, p. 42 (NABER).

(⁶) *Ibid.*, III, 2, p. 41 (NABER).

(⁷) FRONT., I, 6, p. 17 (NABER). Nous reviendrons plus loin sur ce texte et
sur les corrections qu'y a apportées HAULER, *Wiener Studien*, XXIX, 1907, p.
328. Cette lettre où Marc-Aurèle prie Fronton d'écrire un billet à Hérode pour
le consoler, date de l'époque où l'empereur avait, au plus, 22 ans (cf. *ibid.*, I, 8,
lettre postérieure à I, 6) : elle date donc de 143/4 au plus tard.

(⁸) FRONT., *ad Anton. Imp.*, II, 8, p. 111 (NABER) et *ad Verum imp.*, II, 9
(p. 137): *Herodes summus nunc meus quamquam extet oratio* (il s'agit de la
plaidoirie de Fronton. Les deux lettres sont contemporaines et postérieures au
retour de Vérus de son expédition d'Orient, en 166. Cf. MOMMSEN, *Hist. Schriften*,
I, p. 485).

et de Fronton, où il en est question. Ce livre se place après le consulat de Fronton (juillet-août 143) et avant le mariage de Marc-Aurèle, en 145 ([1]). Il en résulte qu'il faut rapprocher autant que possible de la fin du règne d'Hadrien la mort d'Atticus et le procès qui fut la conséquence de son testament. Même réduit au minimum, l'intervalle qui sépare les deux événements est encore d'environ cinq ans : il faut croire que les négociations entre Hérode et les Athéniens pour la conversion de la rente en un capital une fois versé furent assez laborieuses et que l'instruction du procès fut longue et qu'il vint sans doute en appel à Rome après avoir été jugé à Athènes.

C'est à tort qu'on a cherché à rattacher à cette affaire un procès où Fronton défendit contre Asklèpiodotos un nommé Démostratus Petilianus ([2]). Si on a cru devoir le faire, c'est qu'on s'est rallié à une hypothèse de Klebs ([3]) qui identifie ce Démostratus avec Ti. Claudius Dèmostratos, l'un des ennemis d'Hérode à Athènes. Cette identification, qui nous avait séduit tout d'abord ([4]), nous paraît aujourd'hui impossible. Certes, il faut d'après la révision du palimpseste de Fronton, par Hauler ([5]), corriger en *Demostratus* le nom que les précédents éditeurs lisaient à tort *Demonstratus* dans les deux passages de la correspondance où il apparaît. Mais rien ne permet de supposer que ce Démostratus portât le gentilice de Claudius, comme l'ennemi d'Hérode, ni que le surnom de ce dernier fût Petilianus : il ne lui est donné dans aucun des nombreux textes attiques qui le concernent ([6]). Même si l'identification était plausible, il n'en serait pas moins certain que l'affaire de Démostratus Petilianus n'avait aucune connexion avec celle d'Hérode : il résulte du

---

([1]) MOMMSEN, *l.l.*, p. 482. Pour le consulat de Fronton (1 juillet au 31 août), cf. MOMMSEN, *Staatsrecht*, II³, p. 86, n. 1. SCHULTESS, *o.l.*, p. 13, n. 29, date le procès de 143 ou 144.

([2]) FRONT., *ad Antonin. imp.*, II, 8, p. 111 (NABER) ; *ad Verum*, II, 9, p. 137 (NABER).

([3]) *PIR*, I, p. 358 ; STEIN, *RE*, V, p. 192, n° 19 ; SCHANZ, *Gesch. der röm. Litteratur*³, III, p. 96. Cf. par contre SCHULTESS, *o.l.*, p. 30, n. 59.

([4]) GRAINDOR, *Chronologie*, p. 140, n° 104.

([5]) *Wiener Studien*, XXVIII, p. 169.

([6]) *IG*, III, 676, 679, 907, 1283 ; 'Eφ. ἀρχ., 1897, p. 62, n° 49.

texte de Philostrate que c'est seulement à partir de l'époque où Sextus Quintilius Condianus et son frère gouvernaient l'Achaïe, c'est-à-dire, vers 150, que Dèmostratos prit la tête du parti opposé à Hérode, à Athènes (¹). Il en était encore le chef tout à la fin de la vie du sophiste, lors du procès de Sirmium. Or, les lettres ou figure le nom de Démostratos sont de 166 ou plus tôt (²). Enfin, ce qui achève de ruiner l'identification, c'est que, dans ces mêmes lettres, Fronton écrit à Marc-Aurèle et à Vérus qu'*Hérode est son meilleur ami* : il compare même le cas d'Hérode à celui d'Asklèpiodotos. Comme Hérode, celui-ci pourrait peut-être devenir un de ses intimes, bien qu'il ne fût plus possible de retirer de la circulation les copies de la plaidoirie dirigée contre lui, de même qu'il était impossible d'effacer le souvenir de celle qu'il avait prononcée contre le sophiste(³).

Donc, si l'on n'avait pas détaché du contexte le nom d'Asklèpiodotos, on n'aurait guère songé à identifier Démostratus avec l'ennemi d'Hérode : devenu l'ami de ce dernier, Fronton n'aurait sûrement pas accepté de plaider pour un de ses adversaires, surtout si le procès était en rapport avec celui où Hérode fut accusé.

(¹) PHILOSTR., II, 1, 25 (p. 166 W.) : S. Quintilius Condianus et son frère transmettent à l'empereur les plaintes des Athéniens contre Hérode. II, 1, 26 (p. 166 W.) : μετ' ἐκείνην γὰρ τὴν ἐκκλησίαν Δημόστρατοι ἀνέφυσαν καὶ Πραξαγόραι καὶ Μαμερτῖνοι καὶ ἕτεροι πλείους εἰς τὸ ἀντίξοον τῷ Ἡρώδη πολιτεύοντες. Pour la date du proconsulat de Condianus, cf. *PIR*, II, p. 116, n° 19 et ci-dessous·

(²) Pour la date, cf. ci-dessus, p. 77, n. 8.

(³) FRONT., *ad Anton. imp.*, II, 8, p. 111 (NABER) : *curavi equidem abolere orationem: sed iam pervaserat in manus plurium, quam ut aboleri posset. Quid..... inquam fiat ? Nisi et Asclepiodotum, quia < tu > probasti, mihi quoque fieri amicissimum, tam hercle quam est Herodes summus nunc meus, quamquam extet oratio.* (Texte corrigé par HAULER, *Wiener Studien*, XXVIII, p. 169). Cf. aussi FRONT., *ad Verum imp.*, II, 9. p. 137 (NABER).

CHAPITRE VI

RÉGILLA

C'est pendant son second séjour à Rome, entre 139 et 146,
qu'Hérode dut épouser Régilla (¹). Fut-ce avant ou après son consulat (²), c'est ce qu'il n'est pas facile de déterminer: nous ne
connaissons en effet rien de la vie de Régilla avant l'époque où
elle vint s'installer en Grèce avec son mari. Ses deux enfants encore
survivants au moment de sa mort, survenue à l'extrême fin du règne
d'Antonin, sont bien qualifiés de νηπιάχω (³): mais en résulte-t-il que
son mariage ne puisse être antérieur à 143, même si cette épithète
doit être prise au pied de la lettre?

Deux faits nouveaux nous invitent à placer le mariage d'Hérode
le plus haut possible. Sa fille Athénaïs nous le savons aujourd'hui,
se maria, eut un fils, peut-être même deux et mourut avant sa mère,
c'est-à-dire en 160 au plus tard. Elle semble avoir eu une douzaine
d'années lorsqu'on lui érigea sa statue dans l'exèdre d'Olympie
qui date semble-t-il, de 153. Ce n'était pas l'aînée. Avant elle,
Régilla avait eu Elpinikè et Bradua, à en juger d'après les proportions de leurs statues à Olympie (⁴), et même peut-être le fils dont

---

(¹) Sur Régilla, cf. *PIR*, I, p. 179, n° 557 ; *RE*, I, p. 2315, n° 125 ; MÜNSCHER,
pp. 929 et 936 sqq. ; SCHULTESS, pp. 11 sq., 17, 20 ; *SIG³* 856, 859.

(²) DITTENBERGER, *Inschr. von Olympia*, p. 618 et *SIG³*, 856, n. 2 ; MÜNSCHER,
p. 929, placent cet événement avant le consulat tandis que SCHULTESS, p. 12,
croit plutôt que c'est aux hautes relations qu'Hérode s'était créées par son mariage qu'il dut d'arriver au consulat.

(³) *IGR*, I, 194, l. 17. SCHULTESS, p. 28, n. 27, s'attribue à tort le mérite
d'avoir corrigé ici ἀγνῶτε en ἀγνό τε.

(⁴) Pour tous ces détails, cf. le ch. VII. Pour la statue de Bradua, qu'on
avait prise pour celle de son frère, cf. le ch. X.

l'existence, jusqu'ici inconnue, nous a été révélée par une nouvelle lecture du palimpseste de Fronton. D'après cette lecture, Hérode, étant encore à Rome, perdit un fils qui mourut le jour même ou le lendemain de sa naissance, en 143/4, au plus tard (¹).

Admettons donc que Régilla dut se marier vers 140 plutôt que vers 144, à un moment où Hérode, qui avait déjà passé par la préture, pouvait prétendre au consulat, au moment aussi où la mort d'Atticus venait de le mettre en possession de la plus grosse fortune du temps : il n'en fallait pas plus pour faire d'Hérode un gendre enviable même pour les familles de la plus haute aristocratie romaine.

Régilla n'est que le nom abrégé d'Appia Annia Régilla Atilia Caucidia Tertulla(²). Par sa longueur, par les gentilices qui y figurent, ce nom trahit la noble lignée de celle qui le porte. Une audacieuse généalogie l'autorisait même, comme Jules César, à se proclamer la descendante d'Aphrodite et d'Anchise par Énée(³). Sans remonter jusqu'aux dieux, elle pouvait s'enorgueillir d'être fille, petite-fille et arrière-petite-fille de consuls (⁴).

(¹) Front., *ad M. Caes.*, 1, 6, p. 17 (Naber) : au lieu de *Horatius cum Pollione mihi emortuus est*, il faut lire (Hauler, *Wiener Studien*, XXIX, 1907, p. 328), comme l'avait déjà vu Studemund *(Epist. ad Klussmannum*, p. XIX) : *Herodi filius natus..... | emortuus est*. Comme l'emploi du verbe *emori*, à propos de la mort d'un enfant décédé sûrement en bas âge, serait tout à fait insolite, Hauler propose de restituer < *pridi* > *e* et mieux < *hodi* > *e*, qui comble plus exactement la lacune. Il va de soi que *pridie* ou *hodie* ne peuvent se rattacher qu'à *natus* qui serait inutile si ces adverbes portaient sur *mortuus est*. Il s'agit bien d'un fils mort peu après sa naissance.

Dans la même lettre, Marc-Aurèle prie Fronton d'envoyer quelques mots (lire *pauculorum* au lieu de *paucorum*, selon H.) de condoléances à Hérode. Il paraît évident maintenant que la lettre grecque de Fronton, 3, p. 243 (Naber) est précisément ce billet de condoléances et qu'il n'a pas été écrit, comme l'avait conjecturé Niebuhr, à l'occasion de la mort de Régilla.

La lettre de Marc-Aurèle, I, 6, p. 17 est de 143/4, au plus tard : elle est en effet antérieure à I, 8, qui a été écrite au moment où le futur empereur avait 22 ans.

(²) Pour le non complet, cf. *SIG³*, 857 ; Ἐφ. ἀρχ., 1885, p. 152, n⁰ 28.

(³) *IGR*, I, 194, 5 = *IG*, XIV, 1389 (Willamowitz, *Marcellus*, p. 9).

(⁴) Pour son père, consul vers le début du règne d'Antonin, cf. *RE*, I, p. 2278, n⁰ 88 ; *PIR*, I, p. 66, n⁰ 493.—Son grand-père fut probablement Appius Annius Trébonius Gallus, consul en 108 (*RE*, I, p. 2268, n⁰ 49 ; *PIR*, I, p. 70, n⁰ 531).

Par son père, Appius Annius Gallus, elle était apparentée à l'impératrice Annia Galéria Faustina (¹), dont le neveu M. Annius Vérus devint, par adoption, le fils de l'empereur et son successeur Marc-Aurèle (²). Et c'est encore une jeune fille de cette même famille, Annia Galéria Faustina (³), qu'épousera Marc-Aurèle.

C'est assez dire que le mariage d'Hérode lui apportait les relations les plus précieuses, sans compter, très probablement, de quoi arrondir sensiblement une fortune déja énorme. Parmi les biens qui constituaient la dot de Régilla, figurait la propriété située au troisième mille, à gauche, de la voie Appienne: c'est là que son mari lui élèvera un monument après sa mort (⁴). Peut-être y faut-il joindre des terres à Canusium, en Apulie (⁵).

On croirait volontiers que Régilla dut quitter Rome, avec son mari, vers l'été de 143, de manière à pouvoir assister à l'inauguration du stade où Hérode avait promis de recevoir lui-même les Athéniens (⁶). On devine qu'une aussi grande dame, qui unissait le prestige de la fortune à celui de la race, dut recevoir, à Athènes, un accueil digne de la générosité de son fastueux époux, malgré le souvenir encore cuisant de l'affaire du testament d'Atticus.

Quelques rares textes épigraphiques nous ont conservé le souvenir des honneurs accordés à Régilla pendant son séjour en Grèce.

Son mari lui avait érigé une statue dans le sanctuaire d'Éleusis, on ne sait à quelle occasion: on supposerait volontiers que c'est en

---

et son arrière-grand-père, Appius Annius Gallus, consul suffect entre 64 et 68 *(PIR*, I, p. 66, n⁰ 492). — Le grand-père maternel de Régilla, M. Appius (Atilius ?) Bradua fut aussi consul suffect, sous Trajan *(PIR*, I, p. 116, n⁰ 762).

(¹) *RE*, I. p. 2312, n⁰ 120 ; *PIR*, I, p. 76, n⁰ 552.

(²) *RE*, I, p. 2279, n⁰ 94 ; *PIR*, I, p. 71, n⁰ 537.

(³) *RE*, I, p. 2313, n⁰ 121 ; *PIR*, I, p. 77, n⁰ 553. Cf. le *stemma* de la famille *PIR*, I, p. 73 ; *RE*, I, p. 2290.

(⁴) *IGR*, I, 193 = *IG*, XIV, 1391 ; *CIL*, VI, 1343.

(⁵) Cf. ci-dessus, p. 64. On remarquera que Fronton fut consul suffect du premier juillet au 31 août (cf. ci-dessus p. 78, n. 1), peut-être en remplacement d'Hérode.

(⁶) PHILOSTR., II, 1, 7 (p. 146 W.) : ὑποδέξομαι σταδίῳ λίθου λευκοῦ.

souvenir de son initiation. Hérode y porte, en effet, par exception, le titre d'exégète, c'est-à-dire d'exégète des Mystères (¹).

Les hommes d'affaire du Pirée, Athéniens et étrangers, se chargèrent d'ériger à Régilla une statue qui lui avait été décernée par l'Aréopage. Cette statue se dressait sans doute à l'ouest du stade, sur la colline de l'Ardettos, près du temple de Tychè qu'Hérode avait fait édifier à cet endroit. La dédicace de la statue nous apprend en effet qu'elle fut élevée lorsque Régilla devint prêtressse, la première de toutes, de la Tychè de la cité (²). Cette Tychè, comme l'a vu Wachsmuth, est, à n'en pas douter, celle dont le sophiste avait fait construire le temple (³). Étant donné l'emplacement de cet édifice, on ne se tromperait sans doute pas en supposant qu'il est contemporain, ainsi que la statue chryséléphantine de la déesse, de la construction du stade, ou qu'il n'est postérieur que de peu.

Une des prêtrises les plus recherchées, dans le monde grec, fut confiée à Régilla: c'était celle de Dèmèter Chamynè, à Olympie : elle donnait à la prêtresse le droit d'assister aux jeux olympiques, faveur refusée à toutes les autres femmes grecques : il leur était interdit sous peine de mort, de franchir l'Alphée et de pénétrer dans l'enceinte sacrée pendant les fêtes. A la prêtresse de Dèmètèr était réservée, dans le stade, une place d'honneur, un autel de marbre placé en face de la tribune des "hellanodikai", des membres du jury des concours (⁴).

(¹) ᾿Εφ. ἀρχ., 1885, p. 152, n° 28 = *SIG³*, 857 (cf. ci-dessus, p. 69).

(²) KOEHLER, *AM*, VIII, 1883, p. 287 ; SKIAS, Νέος ῾Ελληνομνήμων, 1905, p. 259 ; *SIG³*, 856. Cf. PHILOSTR., II, 1, 8 (p. 146 W.).

(³) WACHSMUTH, *AM*, IX, 1884, p. 95 : cela résulte du fait que la première prêtresse est la femme du fondateur du temple de Τύχη ; d'autre part, il est invraisemblable que, du temps d'Hérode, deux temples aient été édifiés en l'honneur de la même déesse. Cf. aussi JUDEICH, *Topographie von Athen*, pp. 98, 370.

(⁴) PAUS., V, 6, 5 ; 13, 5 ; VI, 20, 9 ; *Inschr. v. Olymp.*, V, p. 619, n° 610. Cf. SCHULTESS, p. 17, n. 42 ; MÜNSCHER, p. 933. Pour Dèmètèr Chamynè, cf. E. N. GARDINER, *Olympia*, Oxford, 1925, p. 75 sq. ; CH. PICARD, *Journ. des Savants*, 1927, p. 167 ; VALLOIS, *REG*, XXVIII, 1926, pp. 306 sqq.

Cette faveur, Régilla ne la devait pas seulement à la fortune de son mari. C'est à Olympie que les savants, les écrivains, les artistes, les orateurs venaient chercher la consécration de leur renommée, en récitant leurs œuvres ou en les exposant devant les Grecs accourus de tous les points du monde hellénique. Régilla dut accompagner Hérode à Olympie lorsque, suivant une tradition déjà longue puisqu'elle remontait aux premiers sophistes comme Gorgias et Hippias, il y vint donner des conférences, fort appréciées, nous assure Philostrate : à Olympie, Hérode avait été acclamé et appelé l'un des Dix orateurs ([1]).

Nous ne savons si c'est à la même occasion qu'on lui cria : "Tu ressembles à Démosthène" et qu'il aurait répliqué : "Plût au ciel que ce fût au (Démosthène) phrygien", c'est-à-dire à Polémon([2]). En tout cas, nous connaissons au moins l'un des thèmes traités par Hérode à Olympie : c'était l'éloge de la juste mesure, thème souvent développé mais que le sophiste avait, semble-t-il, rajeuni par d'ingénieux rapprochements, avec les fleuves notamment, qui doivent se contenter de couler entre leurs rives ([3]).

Hérode enchanté de l'accueil qu'il avait reçu à Olympie et de l'honneur fait à sa femme ([4]), voulut en récompenser les Éléens et les Grecs d'une manière digne de sa fortune et de sa munificence. Il les gratifia de ce qu'ils pouvaient souhaiter de mieux dans un site comme celui d'Olympie où la sécheresse devenait une véritable calamité pendant les fêtes : elles avaient lieu pendant la période la plus chaude de l'année et les foules qu'elles attiraient mouraient de soif nous assure Lucien ([5]).

([1]) PHILOSTR., II, 1, 35, (p. 178 W.). Cf. SCHULTESS, p. 16 ; MÜNSCHER, p. 933.

([2]) PHILOSTR., I, 25, 17 (p. 124 W.).

([3]) *Ibid.*, II, 1, 20 (p. 160 W.).

([4]) C'est à tort que E. N. GARDINER, *Olympia*, Oxford, 1925, soutient qu'il est tout aussi vraisemblable que les Éléens aient nommé Régilla prêtresse de Dèmètèr, en récompense de la construction de l'exèdre. S'il en était bien ainsi, on ne comprendrait pas 1°) pourquoi le titre de prêtresse figure déjà dans la dédicace du monument et 2°) surtout pourquoi c'est Régilla qui dédie l'exèdre et non son mari.

([5]) LUC., *Peregr.*, 19.

Renouvelant ce qu'il avait fait pour Alexandria Troas et Canusium (¹), Hérode capta les eaux d'un affluent de l'Alphée, la rivière de Miraka, et l'amena par un aqueduc jusqu'au pied du mont Kronos, qui domine le sanctuaire d'Olympie. L'eau s'écoulait dans le réservoir d'une exèdre monumentale ornée de statues, qui se dressait entre le temple d'Héra et les Trésors. Nous la décrirons dans le chapitre réservé aux édifices construits par Hérode car c'est évidemment à lui qu'il faut en rapporter l'honneur, bien que la dédicace soit au nom de Régilla (²).

Chose incroyable, le bienfaiteur d'Olympie trouva au moins un détracteur en la personne de Pérégrinus-Proteus. Ce philosophe cynique qui poursuivit Hérode à Athènes aussi de ses injures et de ses malédictions en une langue demi-barbare, alla jusqu'à lui reprocher d'amollir les Grecs: il aurait mieux fait, selon lui, de les laisser continuer à avoir soif. C'était dépasser la mesure : les Grecs se montrèrent moins patients qu'Hérode qui ne s'émouvait guère des injures du philosophe, et Pérégrinus dut se réfugier dans le temple de Zeus pour n'être point lapidé. Aux jeux olympiques suivants, il se rétracta et prononça même "l'éloge de celui qui avait amené l'eau", en même temps qu'il fit l'apologie de sa fuite. Quatre ans après, ce même Pérégrinus, répétant, à Olympie, le théâtral suicide de Kalanos à Suse, devant Alexandre, et de Zarmaros, à Athènes, en présence d'Auguste, monta vivant sur le bûcher qui le consumma (³).

Si nous avons insisté sur ces points, c'est qu'ils nous permettent de déterminer avec assez de certitude la chronologie des rapports d'Hérode et de sa femme avec Olympie.

Mais avant d'entrer dans le détail, une discussion préalable s'impose : en quelle année de l'olympiade tombaient alors les jeux

---

(¹) PHILOSTR., II, 1, 9 (p. 148 W.). ; LUC., *Peregr.*, 19-20. Cf. *Olympia, Ergebnisse*, II, pp. 134 sqq., pl. LXXXIII sq. ; SCHULTESS, pp. 17 sq. ; MÜNSCHER, pp. 933 sqq. ; FOUGÈRES, *Grèce²*, p. 351 et ci-dessous, ch. X.

(²) *Ins. v. Olymp.*, V, p. 619, n° 610 : Ῥήγιλλα, ἱέρεια | Δήμητρος τὸ ὕδωρ | καὶ τὰ περὶ τὸ ὕδωρ | τῷ Διί.

(³) LUC., *l.l.* Pour Zarmaros, cf. STRAB., XV, p. 720 ; CAS. DIO, LIV, 9, 7 et notre *Athènes sous Auguste*, pp. 92 sq. Pour Kalanos, cf. PLUT. *Alex.*, 69.

olympiques ? Les avis sont partagés : les uns pensent que, depuis 67, année où Néron (¹) ordonna de célébrer les quatre grandes fêtes panhelléniques, les jeux olympiques étaient en retard de deux ans sur le cycle traditionnel (²). Les autres, dont nous sommes, estiment que la perturbation apportée par Néron ne continua pas longtemps ses effets après la mort de cet empereur. Ainsi, il semble bien résulter de la "Vie d'Apollonios de Tiane" par Philostrate (³), qu'il s'est écoulé deux ans au moins entre la mort de Domitien (18 septembre 96) et la 218ᵉ olympiade : celle-ci commencerait donc en 93 et non en 95, comme ce devrait être le cas si on avait continué à suivre le cycle créé par la volonté de Néron. De plus, d'après saint Jérôme, la mort de Pérégrinus, contemporaine d'une année de jeux olympiques date de 2181, c'est-à-dire de 165/6 et non de 167/8 comme on s'y attendrait dans l'hypothèse de Nissen et de ceux qui admettent qu'on suivait toujours le cycle nouveau.

D'après le récit de Lucien, l'éloge d'Hérode par Pérégrinus est de l'olympiade qui précède la mort du philosophe cynique (161/2) et il faut placer aux jeux immédiatement antérieurs (157/8) les critiques de Pérégrinus, d'où il résulte que l'exèdre était déjà terminée cette année-là. Donc, elle aurait été achevée en 157/8 au plus tard, et promise dès 153/4, sinon plus tôt. Ces déductions sont confirmées par le fait que, lors de la 234ᵉ olympiade (157/8), ce n'est plus Régilla mais Antonia Baebia, fille de Saimippos, qui est prêtresse de Dèmètèr Chamynè (⁴).

Nous croyons toutefois que l'achèvement de l'exèdre ne peut être postérieur à l'année 153/4 : à en juger d'après sa statue, la fille d'Hérode, Athénaïs, n'avait pas beaucoup plus de 10 ans au

---

(¹) SUET., *Ner.*, 23.

(²) NISSEN, *Rhein. Mus.*, XL, p. 358; XLIII, p. 254; GURLITT, *Ueber Pausanias*, p. 58; MÜNSCHER, p. 935.

(³) PHILOSTR., *Vit. Apol.*, VIII, 24 et 25 (p. 338 KAYSER). *RA*, 1917, VI, p. 19 n. 3. Cf. SCHULTESS, p. 29, n. 41. Les éditeurs de la publication d'Olympie n'ont pas tenu compte de l'opinion de Nissen. GINZEL n'y fait pas allusion dans son *Handbuch der mathematischen und technischen Chronologie*. Cf. notre *Chronologie*, p. 94 n. 1.

(⁴) *Ins. v. Olymp.*, V, 456, 1. Cf. SCHULTESS, p. 29, n. 12.

moment où l'exèdre fut terminée (¹). Or, nous le dirons, elle naquit après 140 et elle mourut avant 160/1, alors qu'elle était déjà mariée et avait eu au moins un fils. Il est donc impossible de placer l'achèvement du monument en 157/8 ce qui obligerait de supposer qu'Athénaïs n'était encore qu'une fillette d'une dizaine d'années, vers l'époque où elle dut se marier (²).

Le sénat de Corinthe avait érigé une statue à Régilla près d'une fontaine, comme le dit la dédicace. Cette fontaine c'était la Peirènè inférieure que le mari de Régilla avait probablement ornée d'un revêtement de marbre (³). En tout cas, il était le bienfaiteur de Corinthe où il possédait des propriétés (⁴) : dans cette cité, il avait édifié un odéon (⁵) Même, il aurait voulu percer l'isthme de Corinthe (⁶). Nous reviendrons plus loin sur ces travaux et sur les statues dont il orna le sanctuaire de l'isthme (⁷).

(¹) *Ins. v. Olymp.*, V. 625; *SIG³*, 864. *Olympia*, III, p. 275 et pl. LXVIII, 3 (cf. LXIX, 7). MÜNSCHER, p. 934.

(²) La statue de la fille aînée de Marc-Aurèle, née en 146 (*PIR*, I, p. 76, n° 551), montre qu'elle était un peu plus jeune qu'Athénaïs au moment où l'exèdre fut achevée (*Olymp.*, V, 615; MÜNSCHER, p. 934) et ne semble pas s'opposer à la date que nous proposons. Il en est de même de celle de la sœur aînée d'Athénaïs (624; *SIG³*, 863; MÜNSCHER, p. 934), Elpinikè qui paraît avoir environ 14 ans.

(³) *AJA*, IV, 1900, p. 235 (cf. p. 204); VI, 1902, p. 306 ; VII, 1903, p. 43, n° 21. La base de cette statue a été trouvée devant l'abside est de la cour de la fontaine Peirènè. Cf. MÜNSCHER, p. 932.

(⁴) C'est ce qui résulte de la découverte de l'hermès d'Hérode *BCH*, XLIV, 1920, pp. 170 sqq. C'est, en effet, à tort que l'éditeur a supposé (p. 173) que cet hermès proviendrait peut-être du Kroneion, le fameux parc de la cité. L'inscription Ἡρώδης ἐνθάδε περιεπάτει est trop originale (cf. *ibid.*) pour n'être pas d'Hérode lui-même. Il serait sans exemple qu'on ait érigé un simple hermès à un bienfaiteur tel qu'Hérode, dans un parc public, surtout sans y faire mention de l'autorité, dans l'espèce le sénat (cf. la dédicace de la Boulè de Corinthe à la femme d'Hérode, ci-dessus, n. 3) qui en aurait ordonné l'érection.

(⁵) PHILOSTR., II, 1, 9; PAUS., II, 3, 6. Cf. MÜNSCHER, p. 932 ; *Art and Archaeology*, XIV, p. 224; *AJA* XXXI, 1927, pp. 454 sqq; XXXII, 1928, pp. 447 sqq.

(⁶) PHILOSTR., II, 1, 10-11. Cf. MÜNSCHER, p. 933.

(⁷) PHILOSTR., II, 1, 9 (p. 148 W). Cf. MÜNSCHER, pp. 932 sq.

On a voulu retrouver un souvenir de l'époque où Hérode vivait
heureux au milieu de sa famille, dans la porte monumentale qui
s'élevait à Marathon, à l'entrée d'une de ses propriétés (¹). L'inscription nous apprend, il est vrai, que c'était "la porte de la Concorde
éternelle". Mais cette interprétation ne peut s'appuyer sur aucun
texte tandis que nous en proposerons plus loin une autre qui peut
s'autoriser de documents épigraphiques. D'ailleurs, il est fort invraisemblable que le sophiste ait éprouvé le besoin d'affirmer que la
concorde régnait dans sa famille, d'autant moins qu'il n'est pas sûr
que la bonne entente fût toujours parfaite entre Hérode et sa femme.

Si des échos de cette mésentente n'étaient pas parvenus jusqu'à Rome, le frère de Régilla, Appius Annius Atilius Bradua aurait-il
songé à traduire Hérode en justice et à l'accuser du meurtre de sa
sœur, morte dans des circonstances tragiques rapportées par Philostrate ? (²)

D'après l'acte d'accusation, Hérode aurait, pour une cause futile,
donné l'ordre à son affranchi Alkimédon, de frapper Régilla, alors enceinte de huit mois. Des coups qu'elle aurait reçus, elle avorta et en
mourut.

L'affaire fut portée devant le Sénat, juridiction tout indiquée pour
un procès dont les parties appartenaient toutes deux à cette assemblée. Mais elle aurait pu être soumise à l'empereur: ce n'est pas avant
Septime-Sévère que les sénateurs auront le droit d'être jugés au cri-
minel par leurs pairs.

Bradua, au dire de Philostrate, n'apporta aucune preuve à l'appui de son accusation. Il plaida en grand seigneur plus fier de ses
titres qu'animé du désir de faire triompher sa cause. Ce fut pour lui
une occasion moins de défendre sa sœur que de faire son propre
éloge.

Hérode eut facilement raison d'un adversaire aussi maladroit.
Sans doute l'interrompit-il plus d'une fois: d'après Philostrate, com-

---

(¹) *IG*, III, 403. Cf. Le Bas-Reinach, *Monuments figurés*, pl. 90 (texte pp. 90
sq. ; *Musée belge*, 1912, p. 75, n. 3; Münscher, p. 936.

(²) Philostr., II, 1, 18-19 (p. 158 W).

me Bradua vantait l'illustration de sa famille, Hérode lui répliqua: "Ta noblesse, tu la portes à la cheville", faisant allusion au croissant ou au disque d'ivoire qui ornait la chaussure des sénateurs patriciens (¹).

A un autre endroit de sa plaidoirie, Bradua se faisait gloire d'avoir été le bienfaiteur d'une cité italique. Hérode ne manqua pas de tirer parti de cette maladresse : "Je pourrais, lui rétorqua-t-il, "me vanter de beaucoup de bienfaits du même genre, quel que fût l'endroit où l'on me jugerait" (²).

Ce qui le servit dans sa défense, d'après Philostrate, c'est d'abord qu'il n'avait pas donné l'ordre de frapper Régilla ; c'est ensuite, qu'il avait éprouvé de sa mort, une douleur incroyable, dont il avait donné des preuves multiples et éclatantes. Évidemment, il ne manquait pas de malveillants pour prétendre qu'il avait joué la comédie : "Mais la vérité triompha," écrit son biographe." Il n'aurait pas, en mémoire de sa femme, édifié un tel théâtre (l'odéon), il n'aurait pas refusé un second consulat à cause de sa mort, s'il n'avait été innocent du crime ; il n'aurait pas consacré ses bijoux dans le sanctuaire d'Éleusis, s'il s'était souillé d'un meurtre. Car c'était exciter les désses à venger ce meurtre plutôt qu'à en accorder le pardon (³). En outre, en signe de deuil, il fit couvrir de tentures et de couleurs sombres ou de marbre noir de Lesbos les peintures de sa maison. Il allait si loin dans l'excès de sa douleur que le philosophe Lucius dut le rappeler à la juste mesure en invoquant notamment le discours que le sophiste avait prononcé sur ce thème à Olympie. Mais Hérode ne se consolait toujours pas. Comme Lucius s'éloignait, il vit dans la maison, des esclaves qui nettoyaient des radis à la fontaine. Il leur demanda pour qui ils préparaient ce

---

(¹) PHILOSTR., II, 1, 18 (p. 158 W.). Ce texte contredit formellement l'opinion de WILLEMS, *Le Sénat de la République Romaine*, I, pp. 123 sqq., qui prétend que le *calceus patricius* était la chaussure des sénateurs curules. Pour la bibliographie de la question, cf. WILLEMS, *Le droit public romain* ⁷, p. 169, n. 3 (ajouter WILAMOWITZ, *Marcellus von Side*, p. 14).

(²) PHILOSTR., *ibid*.

(³) *Ibid.*, II, 1, 19 (p. 160 W.).

repas. Is lui répondirent : "Pour Hérode." Alors Lucius leur dit : "Hérode fait injure à Régilla en mangeant des radis blancs dans une maison en deuil." On rapporta la plaisanterie à Hérode : il fit enlever le noir de sa maison pour ne plus donner occasion aux gens sérieux de se moquer de lui. Et c'est ainsi ", conclut Philostrate, "qu'il se consola de la mort de Régilla " (¹).

Hérode fut donc acquitté : le jugement du Sénat était sans appel. Non seulement l'empereur n'y fit pas opposition, comme il en aurait eu le droit (²), mais il alla même jusqu'à conférer le patriciat au fils aîné d'Hérode pour le consoler de la mort de sa femme (³). C'était en même temps marquer sa conviction de l'innocence d'Hérode. Il n'en reste pas moins que, si on avait pu l'accuser, c'est qu'on connaissait son caractère irascible et violent qui s'était révélé auparavant déjà et lui avait valu son premier procès. Alkimédon, son affranchi, dut également être acquitté : s'il avait été reconnu coupable, et surtout s'il avait frappé Régilla sans en avoir reçu l'ordre, nul doute qu'il eût été exécuté ou tout au moins exilé. Or, nous le retrouverons encore auprès de son patron tout à la fin de la vie d'Hérode, lorsque celui-ci sera une troisième fois mis en accusation et appelé à Sirmium pour se défendre (⁴). Si on avait pu accuser cet Alkimédon d'avoir frappé Régilla, c'est qu'on devait savoir qu'il jouissait d'un grand crédit auprès de son maître et qu'il avait beaucoup, peut-être trop, à dire dans la maison, comme c'était souvent le cas dans les familles anciennes (⁵), où les escalves

---

(¹) PHILOSTR., II, 1, 19-22 (p. 162 W.). Le texte dit ῥαφανίδας : on croirait volontiers qu'il s'agit de radis noirs que les esclaves lavaient et épluchaient. Ainsi la plaisanterie de Lucius aurait plus du sel. Sur les différentes variétés de radis connus dans l'antiquité, cf. ORTH, s.v. *Rettich, RE*, I A, pp. 700, qui ne paraît pas connaître le texte de Philostrate.

(²) WILLEMS, *Le droit public romain* ⁷, p. 468.

(³) *SIG* ³, 858, 862 ; *IGR*, 194, 23 sqq. —Le fait que cette distinction est mentionnée dans les inscriptions triopéennes montre qu'elle a dû suivre de près la mort de Régilla et que l'empereur qui l'a accordée ne peut être qu'Antonin.

(⁴) PHILOSTR., II, 1, 26 (p. 168 W.).

(⁵) Cf. à ce sujet, BOISSIER, *Cicéron et ses amis*, pp. 249 sqq. On pourrait rapprocher du cas d'Hérode et de Régilla, celui de Quintus, frère de Cicéron,

prenaient un grand ascendant. Toutefois, l'envie n'était peut-être pas étrangère aux propos qui couraient sur son compte. Il est vrai qu'il prêtait à la médisance par ses complaisances excessives et sans doute intéressées, du moins à une époque postérieure d'une douzaine d'années environ, lorsque ses filles, d'une remarquable beauté, servaient d'échansons au vieil Hérode, qui les embrassait en les appelant ses filles (¹).

A propos du procès, Philostrate qualifie le frère de Régilla de εὐδοκιμώτατος ὢν ἐν ὑπάτοις (²), de "très illustre parmi les consuls". L'affaire dut donc être plaidée soit sous le consulat de Bradua, en 160, soit après cette année, s'il faut, comme c'est possible avec un écrivain comme Philostrate, prendre ὑπάτοις dans le sens de ὑπατικοίς, de " consulaires." Mais on ne saurait descendre plus bas que le 7 mars 161, jour de la mort d'Antonin le Pieux : cet empereur, nous l'avons dit, octroya le patriciat au fils d'Hérode pour consoler le père de la mort de Régilla.

Il n'a dû le faire qu'après le procès. Même s'il était convaincu de l'innocence d'Hérode, il ne pouvait, sans avoir l'air d'exercer une pression sur les juges, accorder pareille faveur à un accusé. Selon toutes probabilités, l'affaire vint donc devant le Sénat en 160, sous le consulat de Bradua et moins probablement tout au début de 161.

La mort de Régilla dut survenir peu avant, soit én 159 soit en 160 (³). C'est l'année de sa mort qu'Hérode dut décider d'élever à sa mémoire le théâtre mentionné par Philostrate, c'est-à-dire l'odéon dont les ruines imposantes se dressent encore au pied de l'Acropole,

---

et de sa femme Pomponia : Statius, esclave favori de Quintus, "avait pris dans la maison un air de supériorité et d'arrogance qui le rendait insupportable à Pomponia, de plus en plus aigrie contre son mari„ (Cf. F. ANTOINE, *M. Tullii Ciceronis ad Quintum fratrem epistola prima*, Paris, 1888, p. XVI), si bien que le divorce devint inévitable.

(¹) PHILOSTR., II, 1, 26 (p. 168 W.).

(²) *Ibid.*, II, 1, 18 (p. 158 W.).

(³) Il est impossible de concilier avec les textes l'opinion de BURESCH, *Rhein. Mus.*, XLIV, 1889, pp. 496 sqq., qui fait descendre la mort de Régilla jusqu'en 170.

du côté sud (¹). D'après Philostrate, Hérode tira en effet argument
de la construction de cet édifice, pour montrer quelle douleur il
avait éprouvée de la mort de Régilla(²). L'odéon n'était pas achevé
et devait même être peu avancé au moment où Pausanias écrivit
son deuxième livre, les Korinthiaka c'est-à-dire après 165 : il n'en fait
pas mention comme on s'y attendrait à propos de l'autre odéon
construit par Hérode à Corinthe (³), alors qu'il le cite comme le
plus somptueux et le plus vaste des édifices du genre (⁴), lorsqu'il
décrit l'odéon de Patras, dans son septième livre, qui n'est pas
antérieur à 174 ni probablement postérieur (⁵).

A l'odéon, Philostrate aurait pu ajouter deux autres monuments
élevés par Hérode à la mémoire de sa femme, d'abord, un tombeau
en forme de temple; il avait été édifié à Athènes ou en Attique selon
l'une des épigrammes triopéennes (⁶). En réalité, il devait avoir été
construit à Képhissia ou dans les environs : Hérode possédait une
villa dans ce dème (⁷) et c'est près de Képhissia qu'a été trouvé

(¹) PHILOSTR., II, 1, 9, 19̄; (pp. 148, 160 W.) ; PAUS., II, 20, 3. Sur cet odéon,
cf. la bibliographie donnée par JUDEICH, *Topogr. v. Athen*, pp. 98, 291 sq., et
ci-après, ch. X.

(²) PHILOSTR., II, 1, 9, 19 (pp. 148, 160 W.).

(³) PAUS., II, 3, 6.

(⁴) PAUS., VII, 20, 3.

(⁵) D'après Pausanias lui-même (V, 1, 2), le cinquième livre date de la
217ème année de l'envoi d'une colonie à Corinthe (174) et l'œuvre du périégète, qui comporte 10 livres, fut achevée, semble-t-il, au plus tard vers 180.
Cf. HEBERDEY, *Arch.-epigraph. Mittheil.*, XIII, 1890, p. 191 ; *Die Reisen des Pausonias, Abhandl. d. arch.-ep. Semin. Wien.*, X, 1894, p. 144; C. ROBERT, *Pausanias
als Schriftsteller*, pp. 121 sq., 266 sq., date les livres V-VII de 174; VON PRE-
MERSTEIN, *Klio*, XII, 1912, pp. 150 sq., placerait le cinquième livre en 173 (en
comptant dans les 217 années, celle même de la fondation de la colonie de
Corinthe) et le VIIIème vers 174/5 (cf. PAUS., VIII, 43, 6).

(⁶) *IGR*, 194 A, v. 46: σῆμα [δὲ] οἱ νηῶι ἴκελον δήμωι ἐν Ἀθήνης.

(⁷) GELL., I, 2, 2; XVIII, 10, 1. Rappelons que c'est à partir de Marc-Aurèle
seulement qu'il fut interdit de construire des tombeaux près des villas. Cf.
Vit. Marci, XIII, 4: *ne quis villae adfabricaretur sepulchrum*. SCHWENDEMANN,
p. 61 (les mss. donnent *velle abfricaretur* ou *velle fabricaretur*. Le texte que
nous suivons est corrigé par MADVIG. HOHL, dans l'édition Teubner de 1927,
I, p. 59, n'admet pas cette conjecture mais adopte celle de JORDAN, *ut vellet
fabricaretur*, qui a le tort d'être trop vague et de s'éloigner davantage de la
tradition manuscrite).

un fragment de l'épitaphe métrique de Régilla (¹). Dans cette épitaphe, Hérode prenait le soleil, le ciel, la terre à témoins de sa douleur. Il y est également question d'arbres, sans doute ceux qui ombrageaient le tombeau, et des sources qui devaient murmurer tout autour. C'est aussi entre Képhissia et Amarousi qu'on a découvert, dans les ruines d'un temple, le texte où Régilla est qualifiée de "lumière de la maison" et qui est suivi des mêmes imprécations qui sont gravées sur les hermès des favoris d'Hérode, Polydeukion, Achille et Memnon (²). Peut-être ce prétendu temple n'est-il autre que le tombeau lui-même de Régilla, qui affectait précisément cette forme (³).

Le second monument omis par Philostrate est le temple commémoratif consacré en même temps aux déesses éleusiniennes, à Athéna et à Némésis (⁴), dans la propriété que possédait Régilla près de la voie Appienne (⁵). Hérode lui donna le nom de Triopion tiré de celui du sanctuaire de Dèmètèr assis sur le promontoire du Triopion, voisin de Cnide. Nous reviendrons plus loin sur ce temple, lorsque nous traiterons des édifices construits par le sophiste.

Nous possédons encore une série d'inscriptions qui en proviennent. L'une d'elle, perdue depuis le XVIIe siècle, n'est plus connue que par une copie (⁶) : on en a parfois suspecté l'authenticité ; elle n'est plus discutée aujourd'hui : Hérode y rappelle qu'il a élevé un cénotaphe, à l'endroit où se dressait l'inscription, le corps de sa

---

(¹) *IG*, III, 1333; Kaibel, *Epigr. Gr.*, 160.—Le Bas, *RA*, 1844, p. 52, mentionne aussi une inscription trouvée à Képhissia et où la 10ème ligne porte ΡΗΓΙΛΛΗΣ ΑΠΠΙΟΥ...ΤΟΥ...

(²) *IG*, III, 1417; *SIG*³, 1238.

(³) *IGR*, 194, v. 46: σῆμα [δὲ] οἱ νηῶι ἴκελον δήμωι ἐν ᾿Αθήνης. Diptmar, *Der Rhetor Herodes*, p. 665, a compris qu'il s'agissait de l'odéon où du stade : il a pris νηῶι dans le sens de vaisseau, bien que la même forme reparaisse, dans la même inscription, avec la même acception de temple (B, 31). Si Régilla avait été enterrée à Athènes même, Philostrate n'aurait pas manqué de nous en informer comme il le fait pour Hérode (II, 1, 37, p. 182 W) et sa fille (II, 1, 22, p. 164 W.), car c'était là un honneur exceptionnel.

(⁴) *IGR*, 194.

(⁵) *IGR*, 193.

(⁶) *SIG* ³, 858.

femme reposant dans l'Hellade, la patrie de son mari. Il ajoute que le Sénat, sur la proposition d'Antonin, avait accordé le patriciat à son fils.

C'est à tort que Hiller von Gaertringen (¹) prétend que le texte est incomplet par en haut, que le début était gravé sur une autre pierre, aujourd'hui perdue et que le document a été rédigé après la mort d'Hérode, par un rhéteur qui le fit inscrire sur le monument de Régilla. Son opinon est basée sur le fait que la première phrase Ἡρώδης μνημεῖον καὶ τοῦτο εἶναι τῆς αὐτοῦ συμφορᾶς ne comporte pas de verbe, sur le καί qui ferait allusion à un monument, l'odéon, dont il aurait été question dans la partie prétendument perdue du texte ; enfin, sur la manière dont il y est parlé d'Hérode qui a l'air de n'être pas l'auteur de la dédicace.

Mais c'est mal connaître les habitudes du sophiste, la concision voulue de son style imitée de celle de Kritias (²). La même ellipse, la même manière de commencer par son propre nom se retrouvent dans d'autres textes qui émanent sûrement d'Hérode (³). Quant au καί, il renvoie non à l'odéon mais au tombeau de Régilla : c'est ce qu'on doit déduire des mots ἔστιν δὲ οὗ τάφος qui suivent. Il faut donc s'en tenir à l'opinion de Dittenberger, qui avait très bien vu qu'il s'agit d'un texte rédigé par Hérode lui-même.

A l'entrée du Triopion se dressaient deux colonnes portant chacune sur la face et le revers, deux inscriptions identiques et archaïsantes (⁴), suivant un usage fort en faveur à cette époque mais dont rien n'autorise à attribuer la paternité à un archaïsant comme Hérode : il existait, semble-t-il, déjà avant lui. D'ailleurs, le sophiste n'emploie ici que par exception les caractères des textes épigraphiques archaïques (⁵).

(¹) *SIG* ³, 858, n. 1.

(²) Philostr., I, 16, 4 (p. 50 W.). Cf. aussi le début du texte *SIG* ³, 909 : ἔργον καὶ τοῦτο τοῦ μεγαλοπρεπεστάτου κόμητος Διογένους.

(³) *BCH*, XXXVIII, 1914, p. 362, n° 4 : Ἡρώδης Ἀχιλλεῖ ; XLIV, 1920, p. 172 : Ἡρώδης ἐνθάδε περιεπάτει.

(⁴) *IGR*, 195 ; *IG*, XIV, 1390.

(⁵) La liste des inscriptions archaïsantes a été dressée par A. Wilhelm, *Beiträge zur griechischen Inschriftenkunde*, p. 23. Il semble que la mode a dû

L'une de ces inscriptions est une défense de rien enlever dans le Triopion "qui est au troisième mille de la voie Appienne, dans le domaine d'Hérode". L'inscription du revers consacre les deux colonnes à Dèmètèr, à Korè et aux divinités chthoniennes. C'était sans doute aussi à l'entrée du Triopion que se dressait la colonne portant, avec la statue de Régilla, le texte suivant "Annia Régilla, femme d'Hérode, lumière de la maison, à qui ce domaine appartint" (¹).

C'est sans raison plausible qu'on a douté de l'authenticité de cette inscription, à cause du faux archaïsme d'une forme comme τινος au lieu de ἥστινος (²). La pierre, transformée en milliaire vers 311, fut retrouvée en 1698, encastrée dans un mur, sur l'Esquilin et transportée au Musée du Capitole. Son état-civil bien établi suffirait à en garantir l'authenticité.

Mais les documents qui nous renseignent le mieux sur le Triopion sont deux épigrammes, l'une de 59, l'autre de 39 vers, aujourd'hui au Musée du Louvre (³). Elles célèbrent, en hexamètres et dans la langue de l'épopée, la gloire de la famille d'Hérode, et lancent des imprécations contre les sacrilèges qui oseraient porter atteinte aux monuments du Triopion.

La première de ces épigrammes est précédée du nom du poète, Marcellus ; la seconde est anonyme mais doit être du même auteur,

---

commencer dès l'époque d'Auguste. Cf. notre *Album d'inscr. att. d'époque impériale*, p. 14, n° 7. — C'est par erreur que BOULANGER,*o.l.*, p. 100, affirme que les lettres des inscriptions archaïsantes d'Hérode sont disposées κιονηδόν.

(¹) *IGR*, 193; *IG*, XIV, 1391; *CIL*, VI, 1342.

(²) BURESCH, *Rhein. Mus.*, XLIV, p. 489. Cf. par contre HÜLSEN, *Rein. Mus.*, XLV, p. 284: MÜNSCHER, p. 938.

(³) *IGR*, 194 ; WILAMOWITZ, *Marcellus von Side*, p. 9 ; *IG*, XIV, 1389; KAIBEL, *Epigr. Gr.*, 1046 ; SALMASIUS, *Duarum inscriptionum veterum Herodis Attici rhetoris et Regillae conjugis honori positarum explicatio*, Paris, 1619 ; E. Q. VISCONTI, *Iscriz. gr. triopee Borghesiane, Opere varie*, I, pp. 237-362 ; FROEHNER, *Inscrip. gr. du Louvre*, pp. 9-24. Cf. aussi la traduction en vers de LEOPARDI avec préface et traduction littérale de P. PELLEGRINI dans *Epistolario di G. Leopardi*, Florence, 1849, I, p. 239. Il existe également une traduction française de DEHÈQUE, *Anthologie grecque*, Append., II, p. 214.

à en juger d'après le mètre et le style. Depuis Visconti, on identifie ce Marcellus avec son homonyme de Sidé, auteur d'un περὶ ἰχθύων, identification plausible sans être absolument certaine (¹).

Dans ses vers, Marcellus vante les origines lointaines de Régilla et d'Hérode, déplore la mort de deux de leurs enfants et exalte la haute distinction accordée par Antonin au fils aîné du sophiste.

Il nous apprend aussi que, dans l'édifice construit par Hérode, édifice que l'on identifie généralement avec l'église actuelle de Saint-Urbain (²), se dressait la statue de Régilla, en même temps que celles de Δηώ τε νέη Δηώ τε παλαιή, de l'ancienne Dèmètèr et de la nouvelle, c'est-à-dire de Faustine, femme d'Antonin le Pieux (³).

Tandis que Faustine était divinisée en Cérès, comme elle l'est sur les monnaies du temps, Régilla était simplement assimilée aux héroïnes, suivant un usage constant en Grèce pour les défunts. Mais en plaçant sa statue à côté de celles de Dèmètèr et de Korè, Hérode cherchait, semble-t-il, à l'élever aussi près que possible des honneurs de l'apothéose, réservés à la famille impériale, de même qu'il rivalisait, par ses constructions multiples, avec des empereurs comme Hadrien. C'est pour cela aussi qu'il avait fait édifier, à sa femme, en Attique, un tombeau en forme de temple (⁴). Certes, ce

---

(¹) Cf. MÜNSCHER, p. 938 ; CHRIST-SCHMID, *Gesch. d. gr. Litt.*, II⁶ p. 678, n. 6. L'identification n'est pas certaine : l'ethnique du poète des inscriptions triopéennes n'est pas donné et nous ne savons si Marcellus de Sidé, qui était un (médecin ?)-poète fut en rapport avec Hérode. D'ailleurs, WILAMOWITZ, *Marcellus von Side*, qui reprend l'hypothèse de VISCONTI, n'a pu s'empêcher (p. 20) de reconnaître que la technique des vers des inscriptions triopéennes n'est pas la même que celle des Ἰατρικά de Marcellus.

(²) Cf. *infra*, ch. X.

(³) P. RIEWALD, *De imperatorum Romanorum cum certis dis et comparatione et aequatione, Dissertationes philologicae Halenses*, XX, 3, p. 3C8, n° 75, admet l'opinion de KAIBEL, *Epigr. Gr.*, 1046, d'après qui il s'agit ici de Faustine l'aînée, parce que l'inscription date d'une époque où la femme d'Antonin était déjà morte, tandis que Faustine jeune était encore en vie. Il arrive fréquemment que des impératrices vivantes soient assimilées à des déesses mais comme Faustine est qualifiée, au v. 5, de Θεὰ οὐρανιώνη, il s'ensuit qu'il s'agit d'une impératrice déjà morte. Cf. aussi MÜNSCHER, p. 938 ; SCHULTESS, p. 21.

(⁴) *IGR*, 194, v. 46: σῆμα [δὲ] οἱ γηῶι ἴκελον δήμωι ἐν Ἀθήνης. Sur l'emplacement probable de ce tombeau, cf. ci-dessus, p. 94.

n'était pas là une innovation : l'hérôon-temple était fréquent dans l'antiquité, surtout pour les personnages importants (¹). Mais c'était encore
une façon, sinon de diviniser le mort, du moins de marquer qu'il s'élevait au-dessus des simples mortels. Toutefois, comme les ambitions
d'Hérode auraient pu porter ombrage à la famille impériale ou aux
contemporains, le poète Marcellus a pris soin d'ajouter, dans son
épigramme, que Régilla n'est pas "semblable aux dieux" et que
ce n'est pas un temple qu'on lui a consacré (²).

La seconde épigramme nous apprend qu'Athéna et Némésis
de Rhamnonte avaient, elles aussi, leurs statues dans le Triopion (³).
De même qu'elles sont séparées de Dèmètèr, de Korè et de Faustine, dans les poèmes de Marcellus, de même elles devaient avoir
leur temple distinct dans le Triopion. En tout cas, les deux déesses étaient spécialement chargées de veiller sur le Triopion et de
punir les sacrilèges qui porteraient atteinte à l'inviolabilité du sanctuaire, malgré les pressantes objurgations du poète. De plus, Athéna,
nous assure le poète, saura récompenser ceux qui respecteront le
Triopion : ainsi fit-elle jadis pour le roi Érichthonios qui mérita
d'être associé au culte qu'elle reçoit à Athènes, sur l'Acropole (⁴).

La fin de l'épigramme nous donne aussi la vraie raison du
choix du nom de Triopion. Ce n'est pas, comme on l'a prétendu,
parce que Régilla avait été prêtresse de Dèmètèr (⁵). Cette déesse
avait bien son temple sur le Τριόπιον ἀκρωτήριον voisin de Cnide.
Mais pourquoi Hérode n'avait-il pas préféré un nom en rapport avec
celui du sacerdoce dont Régilla avait été revêtue à Olympie ou
avec le sanctuaire d'Éleusis auquel son appartenance au γένος des
Kèrykès le rattachait étroitement ?

La vraie raison du choix de ce nom c'est que le héros thessalien Triopas passait pour avoir ravagé le temple de Dèmètèr et

---

(¹) DAREMBERG-SAGLIO-POTTIER, *Dict. des ant. gr. et rom.*, IV, pp. 1227 sqq.
(²) *IGR.* 194, vv. 43 sqq.
(³) *IGR,* 194 B, vv. 1-2.
(⁴) *Ibid.*, 30-31.
(⁵) MÜNSCHER, p. 939.

en avoir été puni (¹). Appliqué au sanctuaire de la voie Appienne, son nom est une menace dirigée contre ceux qui seraient tentés d'imiter sa conduite sacrilège.

Il n'est pas nécessaire de supposer que c'est Théagénès de Cnide qui a fait connaître à son disciple Hérode le Triopion de Carie (²). Même si le sophiste n'avait pas résidé en Asie, lecteur assidu des œuvres de la littérature grecque, il ne pouvait ignorer des poèmes comme ceux de Callimaque (³), qui lui en auraient révélé l'existence, si tant est qu'un membre d'une des grandes familles sacerdotales éleusiniennes pût ignorer un épisode aussi important de la légende de Dèmètèr. Hérode pouvait aussi l'avoir connu par Kritias, qu'il avait remis à la mode : la légende est d'origine thessalienne et Kritias avait écrit une Πολιτεία Θετταλῶν (⁴).

N'insistons pas davantage sur ces épigrammes d'où nous avons eu l'occasion de tirer déjà de nombreux renseignements sur Hérode et sa famille. Nous y reviendrons d'ailleurs lorsqu'il s'agira d'étudier l'ensemble des monuments élevés par le richissime athénien.

Malheureusement, ces épigrammes, pas plus que les autres textes relatifs à Régilla, ne permettent de se faire une idée de son caractère, de sa personnalité.

Malgré son immense fortune, elle ne dut pas toujours connaître le bonheur auprès du despote irascible que fut son époux : sa fin tragique permet de le supposer. Hérode n'en fut sans doute pas responsable puisque la justice du temps, mieux informée que nous, l'acquitta. Mais le fait même qu'il ait pu en être accusé n'autorise pas à croire qu'il ait toujours été pour sa femme ce qu'elle était en droit d'attendre d'un homme de sa naissance, de son éducation, de sa haute culture. L'excès même de sa douleur a tout l'air d'un remords.

Si les inscriptions triopéennes ne nous parlent guère que de la noblesse de Régilla et de sa famille, alors qu'on attendrait une sorte

---

(¹) *IGR*, 194, B, 36-37.
(²) KAIBEL, *Epigr. Gr.*, 1046.
(³) CALLIM., *Hym.*, VI, 24-117. Cf. aussi OVID, *Met.*, VI. 738 sqq.
(⁴) DIEHL, *RE*. XI, p. 1908.

d'éloge funèbre de la défunte, c'est probablement qu'il n'y avait rien d'autre à en dire et que Régilla se contenta d'être une femme effacée mais vertueuse, comme l'affirme un texte cité plus haut. La destinée ne l'avait pas épargnée de son vivant : quatre de ses enfants l'avaient précédée dans la mort et le seul qui survivra ne lui fera guère honneur. Et il n'est pas sûr que nous conservions un portrait de la noble romaine à qui tant de statues furent érigées (¹).

(¹) On a supposé qu'une tête de femme trouvée dans l'odéon d'Hérode Atticus pourrait être celle de Régilla. (SCHILLBACH, *Ueber das Odeion des Herodes Attikos*, Iéna, 1858, p. 25. Cf. BERNOULLI, *Griechische Ikonographie*, II, p. 210). Mais cette identification ne repose que sur l'endroit de la découverte de ce portrait: comme les pupilles et l'iris y sont gravés, il n'est en tout cas pas antérieur à Hadrien et probablement à Antonin. Il faudrait d'ailleurs être sûr que ce buste provient bien de l'odéon où l'on a découvert d'autres sculptures d'époque certainement antérieure à la construction de ce monument.

Pour les mêmes raisons, il n'est pas plus sûr qu'il faille identifier avec le fils d'Hérode le buste d'un enfant de 9 à 11 ans trouvé au même endroit (SCHILLBACH, p. 25). Il est d'ailleurs fort invraisemblable qu'on ait érigé de simples bustes aux parents du fondateur d'un édifice aussi somptueux que l'odéon.

Quant à la statue de Régilla, à Olympie, elle est presque sans intérêt pour l'iconographie de la femme du sophiste. Outre que l'identification de la tête n'est pas absolument certaine, les traits du visage ont à peu près complètement disparu (*Olympia, Ergebnisse*, III, p. 276, fig. 304). Cf. ci-dessous, ch. X.

D'après les dernières recherches de Sotiriadis à Marathon, ce serait également une statue, d'ailleurs aujourd'hui décapitée, de Régilla qui aurait été adossée avec celle d'Hérode, à la porte de Marathon dédiée à l' "Immortelle concorde„. M. Sotiriadis a découvert, en effet, à cet endroit, une inscription semblable à *IG*, III, 403, mais, où le nom d'Hérode est remplacé par celui de Régilla. Cf. *Proïnos Télégraphos*, 21 oct. 1926 ; *Messager d'Athènes*, 30 oct. 1926 ; *AJA*, 1926, p. 507 ; *BCH*, L, 1926, p. 546. Nous reviendrons, au ch. X, sur cette porte monumentale.

CHAPITRE VII .

LES ENFANTS ET LES DESCENDANTS D'HÉRODE

———

De l'épigramme de Marcellus, qui ne tient pas compte du fils du sophiste mort peu après sa naissance, il ressort qu'Hérode eut quatre enfants de Régilla, que deux moururent avant leur mère et que les deux survivants étaient encore tout jeunes et même ne parlaient pas encore (νηπιάχω), au moment de la mort de leur mère (¹).

Du texte de Philostrate, il appert qu'une des filles du sophiste, Athénaïs, décéda avant sa sœur aînée Elpinikè (²) et nous savons par ailleurs que le fils aîné d'Hérode survécut à sa mère (³). Il en résulte qu'Athénaïs fut l'un des deux enfants du sophiste qui précédèrent leur mère dans la tombe.

En ce qui concerne la mort d'Elpinikè et du fils cadet d'Hérode, le doute est permis. La biographie de Philostrate semble dire que le sophiste éprouva un très vif chagrin de la perte de ses filles parce qu'il ne lui restait alors que son fils aîné, Bradua, qui faisait son désespoir (⁴). Mais Philostrate paraît ignorer totalement l'existence du second fils, Régillus Hérode, ainsi que de celui qui périt en bas âge ; c'est par les inscriptions que nous connaissons Régillus et c'est Lucien qui nous apprend qu'un fils d'Hérode, qui ne peut être que le même (⁵) Régillus, mourut avant son père.

———

(¹) *IGR*, 194, vv. 13 sqq.—Pour le fils mort aprés être né, cf. ci-dessus, p. 82 et n. 1.

(²) Philostr., II, 1, 22, (p. 164 W.).

(³) Nous verrons plus bas qu'il fut consul quelques années après la mort d'Hérode.

(⁴) Philostr., II, 1, 21-23 (p. 164 W.).

(⁵) Luc., *Dem.*, 25. Cf. *infra*.

Nous croyons que Philostrate s'est trompé en plaçant la mort d'Elpinikè après celle de Régillus et qu'il s'est laissé induire en erreur par le vers de l'Odyssée (¹) qu'Hérode aurait appliqué, en le parodiant, à son fils Bradua, paresseux et débauché (²) :

Εἷς δ᾽ ἔτι που μωρὸς καταλείπεται εὐρέϊ οἴκῳ.

Il semble, en tout cas, impossible que Marcellus ait pu dire d'Elpinikè qu'elle était νηπίαχος à l'époque de la mort de Régilla, même en ne prenant pas cette épithète au pied de la lettre. A en juger d'après sa statue, elle devait avoir une quatorzaine d'années déjà au moment où fut achevée l'exèdre d'Olympie (³), c'est-à-dire en 157/8 au plus tard et probablement en 153/4, et était certainement alors plus âgée que sa sœur et ses frères (⁴).

Le nom complet du fils aîné d'Hérode fut Ti. Claudius Appius M. Atilius Bradua Régillus Atticus (⁵). D'après les dimensions de son portrait de l'exèdre d'Olympie, qui n'est pas perdu, contrairement à ce qu'on a cru jusqu'ici, il faut placer la naissance de Bradua entre celle d'Elpinikè et d'Athénaïs (⁶).

(¹) *Odys.*, IV, 498: εἷς δ᾽ ἔτι που ζωὸς κατερύκεται εὐρέϊ πόντῳ.

(²) PHILOSTR., II, 1, 23 (p. 164 W.). Cf. MÜNSCHER, p. 943. — Philostrate, il est vrai, raconte la mort d'Elpinikè après celle de Régilla (II, 1, 22) mais il fait de même pour celle d'Athénaïs (*ibid.*) qui a sûrement précédé celle de sa mère.

(³) *Olympia, Ergebnisse, Textband,* III, p. 274: l'identification n'est toutefois que probable; *Insch. v. Olympia,* n° 624; *SIG³,* 863.

C'est donc à tort, nous semble-t-il, que VON ROHDEN et DESSAU, *PIR,* I, p. 359 placent la mort d'Elpinikè après celle de Régilla, et celle de Régillus (I, p. 403, n° 833) avant. Cf. aussi DITTENBERGER, *Hermes,* XIII, 1878, p. 83 et *SIG³,* 865, n. 3 qui croit à tort que Régillus mourut le premier et SCHULTESS, p. 23, qui émet l'hypothèse qu'Elpinikè mourut dans la peste de 167.

(⁴) C'est ce qui résulte de la hauteur des statues de l'exèdre d'Olympie : celle d'Elpinikè avait 1 m. 80; celle d'Athénaïs 1 m. 23; celle de Bradua (qu'on avait prise pour celle de son jeune frère), 1 m. 35. Celle de Régillus est perdue. Sur ces statues, cf. SCHULTESS, p. 19; MÜNSCHER, pp. 934 sq., et notre chapitre X, où nous rectifions certaines erreurs de la publication d'Olympie.

(⁵) *SIG³,* 862; *AM,* VI, 1881, p. 309; *Insch. v. Olympia,* n° 623. Sur ce personnage, cf. *PIR,* I, p. 348, n° 640; nous ignorons comment VON ROHDEN et DESSAU (*ibid.*, p. 349) ont pu croire que la lettre de Fronton (p. 42 N.) où il est question du procès de 143 (*dicendum est de filio impio et precum paternarum immemore*), puisse faire allusion au fils d'Hérode, qui n'était probablement pas né à cette époque !

(⁶) Cf. ci-dessus, n. 4 et p. 103 n. 7 (pour le second prénom) et notre ch. X.

Bradua ne fit pas honneur à son père, qui lui en voulait d'être un ivrogne et un débauché, incapable même d'apprendre son alphabet, lorsqu'il était jeune, si bien qu'Hérode dut lui donner 24 compagnons portant chacun le nom d'une des lettres, pour le forcer à les étudier (¹).

Stupide et paresseux comme un fils de famille qui compte sur la fortune paternelle, de mémoire lente, il finit par lasser son père qui le déshérita et ne lui laissa que les biens de sa mère (²).

C'est lui qu'Antonin le Pieux éleva au patriciat pour consoler Hérode de la mort de Régilla (³) et c'est postérieurement à la collation de ce privilège que les citoyens du Pirée lui érigèrent une statue pour ses bienfaits (⁴).

Un texte de Sparte (⁵) nous apprend qu'il fut éphèbe en cette cité à une date qu'il n'est pas possible de déterminer. On peut, en tout cas, en deviner les raisons. Son père possédait des terres en Laconie et son grand-père avait été patronome à Sparte (⁶); il semble aussi que Sparte conservait son prestige à cette époque, du moins pour la culture physique : ainsi s'explique sans doute qu'on rencontre parfois des noms de forme dorienne dans les listes d'éphèbes attiques. C'était comme une sorte d'anglomanie du temps.

Ses vices et son ignorance n'empêchèrent pas Bradua de parvenir au consulat, en 185, à l'archontat, sous Commode, et au proconsulat d'Asie, sous Septime-Sévère (⁷). N'insistons pas sur ce

---

(¹) PHILOSTR., II, 1, 22-23 (p. 164 W.).

(²) PHILOSTR., *ibid.*, 23 (p. 164 W.).

(³) *IGR*, 194, vv. 23 sqq.; *SIG*³, 858, 862. Rien n'autorise à supposer comme on l'a fait (MÜNSCHER, p. 937; SCHULTESS, p. 21), que cette distinction fut accordée lors d'un nouveau voyage qu'Hérode aurait fait à Rome après la mort de Régilla. Il ne semble pas qu'il y soit retourné après le procès. C'est après son acquittement que l'empereur dut élever son fils au patriciat (cf. *supra* p. 92).

(⁴) *SIG*³, 862.

(⁵) *IG*, V, 1, 45.

(⁶) Cf. ci-dessus, p. 28.

(⁷) Pour l'archontat (entre 186/7 et 191/2), cf. notre *Chronologie*, p. 201, n° 152. Une dédicace de Smyrne au proconsul M. Atilius Atticus Bradua est sûrement en l'honneur du fils aîné d'Hérode (*CIG*, 3189; *SIG*³, 862, n. 2). Celui-ci devait porter deux prénoms, comme c'était fréquemment le cas à cette

personnage peu intéressant sinon pour ajouter qu'il eut peut-être pour fils un Claudius Atticus de Marathon, qui porte le titre de héraut du Conseil et du Peuple, dans un décret d'Athènes de 208/9 ou 209/10 (¹).

Quant au second des fils d'Hérode, L. Claudius Vibullius Régillus Hérodès, nous en savons peu de chose car il dut mourir encore tout jeune. Les Éléens joignirent sa statue à celles qu'ils érigèrent dans l'exèdre d'Olympie, à ses parents et aux membres de la famille impériale (²). A cette époque, il était encore un tout jeune garçon en âge d'école comme le montre la boîte à livres placée près du pied gauche. La ville de Delphes lui rendit le même honneur, ainsi qu'à ses parents, sans doute à cause des bienfaits paternels envers le sanctuaire (³). Nous savons encore qu'à sa mort, qui suivit, semble-t-il, celle de sa mère, Hérode éprouva une si violente douleur qu'il s'enferma dans une chambre obscure, refusant toute consolation. Seul le philosophe Démonax réussit à le calmer en lui montrant que son sort était celui de tous les hommes et en lui promettant de faire apparaître l'ombre de son fils s'il pouvait lui citer trois personnes qui n'avaient pas pris le deuil (⁴).

L'aînée des filles et même des enfants d'Hérode et de Régilla fut certainement Appia Annia Atilia Régilla Elpinikè Agrippina

époque (cf. par ex., le cas d'un des consuls suffects de 119 et de 138, LIEBE-NAM, *Fasti consulares*, pp. 20, 22) et la dédicace de l'exèdre d'Olympie lui donne le nom abrégé de M. Atilius Atticus Bradua. Depuis Vespasien jusqu'à Alexandre Sévère, il s'écoulait 10 et d'ordinaire même 15 ans au moins entre le consulat et le proconsulat d'Asie (CHAPOT, *La province... d'Asie*, p. 291). Bradua y est donc arrivé à l'extrême fin du IIᵉ siècle, au plus tôt.

(¹) *IG*, III, 10=II², 1077. Cf. notre *Chronologie*. p. 236, n⁰ 169.

(²) *Insch. von Olympia*, n⁰ 626; *SIG³*, 865. Sur ce personnage, cf. *PIR*, I, p. 403, n⁰ 833; SCHULTESS, p. 19; MÜNSCHER, p. 936; *RE*, III, p. 2884, n⁰ 374.

(³) *BCH*, I, 1877, p. 409, n⁰ 2; *SIG³*, 860 A.

(⁴) LUC., *Dem.*, 25. C'est DITTENBERGER, *Hermes*, XIII, 1878, p. 83, qui a eu le mérite de montrer qu'il s'agissait sûrement là du fils cadet d'Hérode (Cf. aussi *Insch. von Olympia*, V, p. 635). Dans A. GELL., *Noct. Att.*, XIX, 12, 2, il est question d'un philosophe stoïcien qui reproche à Hérode l'excès de sa douleur à la mort de son fils; inutile d'ajouter que ce n'est pas le même, Démonax étant un cynique.

Atria Polla (¹) : les dimensions seules de sa statue du monument d'Olympie, qui n'est guère moins haute que celle de sa mère, suffiraient à le prouver (²). D'ailleurs, c'est en sa qualité de fille aînée qu'elle a emprunté à Régilla son prénom, ses deux gentilices et son surnom (³).

Un socle de statue trouvé près du temple d'Apollon Ptoïos, en Béotie, conserve les restes d'une dédicace à Elpinikè (⁴). Son père a dû être le bienfaiteur du sanctuaire de ce dieu, de même qu'Atticus le fut des Grecs qui se réunissaient dans la même région, à Platées (⁵). Delphes avait également érigé une statue à Elpinikè, près de celles de ses parents (⁶). Son inscription funéraire, que nous conservons, ne nous apprend rien de nouveau : elle ne nous donne que son nom complet et sa filiation (⁷).

Mais comme elle a été trouvée à Képhissia, avec celle de Régilla, on peut supposer que c'est là qu'Elpinikè a été inhumée.

C'est probablement à tort, nous l'avons dit plus haut, qu'on a placé la mort d'Elpinikè après celle de sa mère et supposé qu'elle avait péri dans la peste de 167 (⁸).

Ce qui est sûr c'est que, lorsqu'elle mourut, son père ressentit

---

(¹) *PIR*, I, p. 74, n° 545; *RE*, I, p. 2310, n° 107; *SIG³*, 863.

(²) *Insch. von Olympia*, n° 624, p. 633.

(³) Quant au nom d'Agrippina, elle le doit à sa grand'mère paternelle. Celui d'Elpinikè a dû être choisi par des parents en souvenir de la lointaine parenté qui unissait la famille à la sœur de Cimon (cf. ci-dessus p. 2). Elle tient sans doute d'un parent de sa mère, d'ailleurs inconnu, les noms d'Atria Polla.

(⁴) *BCH*, XVI, 1892, p. 464, n° 7. Cf. Schultess, p. 15.

(⁵) Cf. ci-dessus, p. 34. *IG*, IV, 2509.

(⁶) *SIG³*, 860 *B*. Cf. *BCH*, XX, 1896, p. 724.

(⁷) *IG*, III, 1333 *B*. Cf. Foucart, *Revue de Phil*, 1901, p. 90 sq. ; Dittenberger, *Ind. Hal.*, p. XV; *Insch. von Olympia*, p. 637, n° 627.

(⁸) Schultess, p. 23.—C'est à tort que Münscher, p. 935, continue à admettre, malgré les observations de Foucart, *Rev. de Phil.*, XXV, 1901, p. 91, que le L. Vibullius Hipparchos de l'exèdre d'Olympie (*Insch. von Olympia*, n° 627) fut le mari d'Elpinikè. Il résulte de la dédicace que nous avons publiée *RA*, 1917, VI, p. 23, n° 12, que ce personnage est le fils d'Athénaïs et le neveu d'Elpinikè. Même erreur *PIR*, III, p. 431, n° 433.

une si violente douleur qu'il se jeta sur le sol et qu'il frappait la terre, en criant : " Que vais-je te sacrifier ? Que vais-je enterrer avec toi ? " Il fallut l'intervention du philosophe Sextus pour le calmer ; il parvint à le rappeler à la modération en lui disant : " Tu donneras beaucoup à ta fille en la pleurant sans excès ([1]) ".

Quant à la seconde des filles d'Hérode, que Philostrate nomme par erreur Panathénaïs ([2]), elle s'appelait en réalité Marcia Claudia Alcia Athénaïs Gavidia Latiaria ([3]).

Nous savons que les Éléens joignirent sa statue à celles de l'exèdre d'Olympie ([4]) et que Delphes lui en éleva une autre à côté de celles de son frère cadet et de sa sœur ([5]).

D'une dédicace d'Athènes que nous avons publiée, il résulte qu'elle avait épousé un de ses cousins, L. Vibullius Rufus, dont elle avait eu un fils, Hipparchos ([6]). Il est infiniment probable qu'elle fut également mère du L. Vibullius Claudius Hérodès dont il sera question plus bas.

Comme elle mourut certainement avant sa mère, nous l'avons dit plus haut, c'est-à-dire avant 160 ([7]), il en faut déduire que le

---

([1]) PHILOSTR., II, 1, 22 (p. 164 W.). Sur Sextus de Chéronée, cf. en dernier lieu O. SCHISSEL, *Die Familie des Minukianos, Klio*, XXI, 1927, pp. 361 sq.

([2]) PHILOSTR., *ibid.*

([3]) *Insch. von Olympia*, p. 635, n° 625; *SIG*³ 864 (cf. aussi 860 *C*); *RE*, III, p. 2889, n° 400. *PIR*, II, p. 341, n° 191; SCHULTESS, p. 19; MÜNSCHER., p. 936.

([4]) *SIG*³, 864.

([5]) *SIG*³, 860 *C* : la dédicace donne par erreur Annia au lieu de Claudia, tandis que, pour sa sœur Elpinikè, le lapicide a remplacé Annia par Claudia (860 *B*).

On se demande s'il ne faut pas rapporter à Athénaïs l'épigramme gravée sur la base d'une statue d'Éleusis, en l'honneur d'une initiée (*IG*, III, 914) :

Κούρην υἱῆος περιώνυμον Ἱεροφάντις

Θῆκε θεαῖς ἰδίαις μύστιν Ἀθηναΐδα.

Le περιώνυμον indique qu'il s'agit d'une jeune fille très connue de l'aristocratie athénienne. Si c'est bien la fille d'Hérode, la dédicante serait Vibullia Alcia, mère du sophiste qui aurait alors appartenu à la famille des Eumolpides (cf. FOUCART, les *Grands Mystères d'Éleusis*, Mém. Acad., XXXVII, 1900, p. 64). Mais il ne me paraît nullement démontré que les deux hiérophantides fussent recrutées dans cette famille.

([6]) *RA*, 1917, VI, p. 24.

([7]) Cf. *supra*, p. 101.

mariage de celle-ci est antérieur à 143 et doit se placer plutôt vers 140. Il faut admettre aussi qu'Athénaïs se maria très jeune et dut mourir peu après la naissance de son second fils, sinon en lui donnant le jour.

Sa statue, à Olympie, montre qu'elle était un peu plus âgée que la fille aînée de Marc-Aurèle, née en 146: cette dernière semble avoir eu tout au plus dix ans lorsque l'exèdre fut achevée. Il en faut conclure, encore une fois, que le monument fut certainement terminé en 153 et non en 157, comme on l'a supposé avant nous : sinon, on serait obligé d'admettre, comme on l'a dit plus haut, qu'Athénaïs, morte en 160 au plus tard, après avoir eu un ou deux fils, se serait mariée vers 10 ans, âge quelle paraît avoir à Olympie ([1]).

Les honneurs extraordinaires que les Athéniens lui décernèrent après sa mort feraient croire que ce fut elle qui mourut la première des enfants d'Hérode : elle fut enterrée dans la ville même, faveur tout à fait exceptionnelle ([2]), et l'on décida par décret, de supprimer du calendrier le jour où elle décéda ([3]).

Ces honneurs, dont l'un sans précédent, donnent au moins à penser qu'Athénaïs était celle des enfants du sophiste qui était la

---

([1]) Cf. *supra,* p. 88.

([2]) Il résulte de la lettre de CICÉRON, *ad famil.,* IV, 12 3 (ed. SJÖGREN) qu'en 45, les Athéniens n'avaient jamais encore accordé cette faveur à personne. Plus tard, ils se montreront moins rigoureux : ils permettront d'élever sur la colline du Musée un tombeau comme celui de Philopappos (113/4-117). Hérode lui-même sera inhumé près du stade.

([3]) PHILOSTR., II, 1, 22 (p. 164 W.). SCHULTESS, p. 29, n. 45 suppose que le jour supprimé appartenait au mois intercalaire Hadrianion ; ainsi la perturbation apportée au calendrier aurait été moindre. Rien ne nous permet de vérifier la valeur de cette hypothèse. D'après MÜNSCHER, p. 936, on se borna à placer ce jour parmi les *dies nefasti.* Cette interprétation est difficile à concilier avec le texte de Philostrate: ἐξαιρεῖν τοῦ ἔτους ne peut signifier qu'une chose, c'est que ce jour fut réellement supprimé, quitte à en ajouter un de plus au mois intercalaire ou à modifier le cycle des intercalations.

Pour l'inhumation dans la ville même, rappelons qu'en 45 avant J.-C., Servius demanda vainement aux Athéniens de pouvoir enterrer Marcellus dans la cité *quod religione se impediri dicerent neque tamen id antea cuiquam concesserant.* Tout ce qu'on lui permit, c'est de choisir, pour lieu de sépulture, le gymnase qu'il voudrait (CIC., *ad fam.,* IV, 12, 3).

plus sympathique aux Athéniens : par son nom même, elle est un peu comme la fille de l'illustre cité. Cette hypothèse semble trouver confirmation dans le fait que nous possédons encore deux bases de statues qui avaient été érigées à Athénaïs par deux disciples d'Hérode, Domitianus (¹) et Flavius Macer, qui s'intitule en même temps l'ami de son maître (²). Cette seconde statue avait été votée par l'Aréopage et se dressait dans l'Asklèpieion : peut-être Athénaïs était-elle déjà malade lorsqu'on la lui décerna.

Le fils d'Athénaïs est le même que ce L. Vibullius Hipparchos (³) dont la statue avait été ajoutée après coup à celles de l'exèdre d'Olympie, comme on l'avait vu depuis longtemps, d'après les caractères de la dédicace qui trahissent une époque plus récente (⁴). Il en est de même de celle d'Athénaïs, fille d'Hipparchos, qui doit sûrement être identifiée avec la petite-fille d'Athénaïs (⁵).

Une dédicace de Képhissia, depuis longtemps connue mais qui avait été mal lue et mal comprise, nous apprend qu'Hérode avait adopté Lucius Vibullius, fils de Rufus (⁶). Après son adoption ce personnage s'appela L. Vibullius Claudius Hérodès. Que le père adoptif soit le sophiste, c'est ce qui résulte du second gentilice et du surnom de ce Vibullius, en même temps que du style de la dédicace, qui cherche à éviter les formules consacrées et à être personnel (⁷), comme d'autres inscriptions qui émanent d'Hérode.

(¹) Nachmanson, *AM*, XXXIII, 1908, p. 210, n⁰ 4. Cf. *SIG*³, 864, n. 1.

(²) *IG*, III, 894*a*. Cf. *SIG*³, 864, n. 1.

(³) Cf. *RA*, 1917, VI, p. 24.

(⁴) *Insch. von Olympia*, n⁰ 627. Sur ce personnage, cf. la notice erronée de *PIR*, III, p. 431, n. 423.

(⁵) *Olymp.*, n⁰ 628. Cf. *RA*, 1917, VI, p. 25, n. 2. Il faudra corriger en ce sens la notice *PIR*, III, p. 432, n⁰ 426.

(⁶) Publiée d'abord par Skylitsès, dans le Δελτίον Ἑστίας, 1885, n⁰ 440, p. 2 (2 juin) sans transcription ni commentaire. La copie fautive du premier éditeur a été reproduite sans correction, dans la *Berl. phil. Woch.*, 1885, n⁰ 27 (verso du feuillet non paginé qui suit la p. 864) et par Larfeld, *Bursians Jahresb.*, 1887, 3, p. 427. Cf. Graindor, *BCH*, XXXVIII, 1914, pp. 365 sqq., n⁰ 5.

(⁷) C'est ce qu'avait déjà remarqué S. Reinach, *Traité d'épigraphie grecque*, p. 510, qui cite les deux dernières lignes Ῥούφου | γνήσιος υἱός, Ἡρώδου εἰσποιητός, On attendrait γόνῳ μὲν Ῥούφου υἱός, καθ' ὑοθεσίαν δὲ Ἡρώδου,

En republiant ce texte, nous avons proposé de placer l'adoption de Vibullius après la mort de Régilla, au moment où Hérode, déjà âgé et qui ne se remaria du reste point, n'avait plus d'espoir d'avoir un fils qui le consolât de la perte de trois de ses enfants et du malheur de n'avoir conservé qu'un rejeton indigne de lui.

Nous avions, d'ailleurs sans y insister, émis l'hypothèse que ce Vibullius était le fils de P. Aelius Rufus, archonte en 155/6. Mais il pourrait aussi avoir eu pour père L. Vibullius Rufus, mari d'Athénaïs. Il est même plus vraisemblable qu'Hérode ait adopté son petit-fils.

Outre les deux fils d'Athénaïs et le Claudius Atticus héraut de la Boulé et du Peuple, qui pourrait être le fils de Bradua, nous l'avons dit plus haut, on a parfois proposé de compter parmi les descendants d'Hérode un Ti. Claudius Hérodianus, légat de la province de Sicile, patron de Panhormos. Mais, à part son nom, rien n'autorise à le rattacher à la famille du sophiste. L'on ignore d'ailleurs si c'est le même que le Claudius Hérodianus qui fut *praetor tutelaris* en 203 [1]; en tout cas, son identification avec l'historien Hérodien n'a paru possible qu'à Borghesi [2] et semble aujourd'hui abandonnée.

Claudius Hérodianus, si tant est qu'il appartienne à la famille, pourrait avoir été un fils de Bradua. On a proposé aussi de reconnaître une fille de celui-ci dans la Claudia Régilla, qui fut femme de M. Antonius Antius Lupus, mis à mort sous Commode, et mère d'Antia Marcellina [3]. Encore une fois c'est son nom seul qui autorise cette hypothèse difficile à contrôler. Il en est de même pour Tib. Claudia Eupatoris Mandanè Atticilla: il est vrai que cette dernière était en outre petite-fille et arrière petite-fille de consuls, ce qui ajoute à la vraisemblance de l'hypothèse [4].

---

[1] *CIL*, X, 7286. Cf. *RE*, III, p. 2725, n° 175. Cette identification n'est pas proposée dans *PIR*, I, p. 380, n° 710.

[2] *Oeuvres*, III, p. 120; V, p. 228.

[3] *CIL*, VI, 1343 ; *RE*, III, p. 2900, n° 436 ; *PIR*, I, p. 410, n° 876. Pour son mari, cf. *RE*, I, p. 2614, n° 37; *PIR*, I, p. 94, n° 644. Pour sa fille, cf. *PIR*, I, p. 90, n° 622.

[4] *BCH*, XVIII, 1894, p. 7. n° 3 (dédicace de Tralles). Cf. *RE*, III, p. 2890, n° 416; *PIR*, I, p. 406, n° 861.

Ce qui est sûr, car Philostrate nous l'affirme dans la préface de ses "Vies des sophistes", c'est que la proconsul Antonius Gordianus, à qui cet ouvrage est dédié, se rattachait à la famille d'Hérode (¹). Ce consul n'est autre que celui que deviendra, en 238, l'empereur Gordien I (²). Nous ignorons d'ailleurs quel degré de parenté l'unissait au sophiste dont la postérité semble s'être éteinte ou du moins n'avoir plus fait parler d'elle après le IIIᵉ siècle.

(¹) PHILOSTR., *Vit. soph.*, *Praef.* (p. 2 W.): γιγνώσκων μέν, ὅτι καὶ γένος ἐστί σοι πρὸς τὴν τέχνην ἐς Ἡρώδην τὸν σοφιστὴν ἀναφέροντι. Le καὶ suffit à montrer qu'il ne s'agit pas seulement de parenté intellectuelle, comme on l'a parfois supposé (cf. CHRIST-SCHMID, *Gesch. d. Griech. Litt.*, II⁶ p. 695, n. 6). Que l'expression ἐς Ἡρώδην ἀναφέροντι signifie bien que Gordien était un descendant d'Hérode, c'est ce que montre un autre passage de PHILOSTRATE (I, 16, 2, p. 46 W.) Δρωπίδην δ' ἀναφέρων, où il est question de Kritias qui avait pour ancêtre un archonte du nom de Drôpidès.

(²) *PIR*, I, p. 96, n° 664 (cf. p. 97).

CHAPITRE VIII

L'OPPOSITION À HÉRODE.

LA MORT DU SOPHISTE.

———

Malgré toutes les largesses de son père, malgré les bienfaits dont il n'avait lui-même cessé de combler les Athéniens, Hérode n'était pas populaire dans tous les milieux à Athènes. Même il finit par se créer un parti qui lui était nettement hostile et où se rangèrent tous ceux qu'indisposaient ses allures de despote, tous les envieux aussi, pouvons-nous ajouter, que son talent et son immense fortune reléguaient au second plan.

D'après Philostrate, l'opposition commença à l'époque où les deux Quintilii gouvernaient l'Achaïe et elle fut encouragée par eux ([1]).

Ces Quintilii étaient deux frères, Sextus Quintilius Condianus et Sextus Quintilius Valerius Maximus, originaires d'Alexandria Troas. Ces deux frères, unis dans l'amitié comme dans les honneurs, parvinrent tous deux au consulat en 151 ; ils gouvernèrent ensemble l'Achaïe, peu de temps avant, sans doute vers 148-150, Condianus au titre de proconsul, Maximus comme légat de son frère ou comme *corrector*, on ne sait au juste ([2]).

Ce qui est sûr, c'est que les deux frères qui s'entendaient si bien, s'arrangeaient fort mal avec Hérode([3]), qui savait d'ordinaire

———

([1]) PHILOSTR., II, 1, 25 (p. 166 W.): τῶν δὲ Κυντιλίων παθόντων τι πρὸς τὸν δῆμον καὶ ξὺν ὁρμῇ ἀναπεμψάντων ἃ ἤκουσαν.

([2]) *PIR*, II, pp. 116, n° 19, 117, n° 24. C'est VON PREMERSTEIN, *RE*, IV, p. 1646, qui suppose que Maximus fut *corrector* des cités libres d'Achaïe.

([3]) PHILOSTR., II, 1, 24-25 (p. 166 W.).

flatter les gouverneurs de la province pour en obtenir ce qu'il voulait (¹).

Du temps de Philostrate, on ne connaissait déjà plus très bien les causes de ce dissentiment. La plupart prétendaient qu'il était issu d'une discussion qui avait surgi lors des jeux Pythiques, entre Hérode et les Quintilii, qui n'avaient pas les mêmes goûts en musique (²). Il faut entendre, sans doute, qu'ils firent tous trois partie du jury chargé de décerner les prix du concours musical et qu'ils ne s'accordèrent point à ce sujet. Nous ne savons si ces jeux Pythiques eurent lieu pendant le proconsulat de Condianus. Philostrate n'en dit rien mais c'est vraisemblable : tout ce que nous connaissons des démêlés du sophiste avec les Quintili se place dans ce proconsulat. Il s'agirait alors des jeux de 147, l'année Pythique la plus rapprochée de la date approximative de ce proconsulat quⁱ serait ainsi d'une année plus ancien qu'on le supposait (³). C'est alors sans doute qu'Hérode, pour écraser ses adversaires de toute la

---

(¹) *Ibid.*, 29 (p. 172 W.) : τοὺς ἄρχοντας τῆς Ἑλλάδος ὑποποιουμένου πολλῷ τῷ μέλιτι. WRIGHT, p. 173, continue à traduire τοὺς ἄρχοντας par "magistrats„. Mais on ne voit pas quel intérêt Hérode aurait eu à corrompre les magistrats des cités grecques, tandis qu'il lui était indispensable de gagner les faveurs des gouverneurs de la province. Philostrate évite d'employer les termes courants pour les magistrats romains. Cf. d'ailleurs ὁπότε ἦρχον τῆς Ἑλλάδος, employé à propos des Quintilii lorsqu'ils gouvernaient l'Achaïe (II, 1, 24 p. 166 W.) et ἄρχων dans le sens de "gouverneur„ (II, 10, 6, p. 228 W.).

(²) PHILOSTR., II, 1, 25 (p. 166 W.). SCHULTESS, p. 28, n. 38, suivi par MÜNSCHER, p. 931, a supposé qu'Hérode, en sa qualité d'archaïsant, préférait en musique, l'ἀρχαῖος τρόπος (PLUT., *de Mus.*, 32), tandis que les Romains (?) aimaient les airs modernes à effet (FRIEDLÄNDER, *Sittengeschichte*⁸, pp. 359 sqq). Mais les Quintilii ne sont pas romains du moins d'origine et l'hypothèse n'est que plausible sans être certaine. Sur l'importance prise, à cette époque, par les jeux musicaux, cf. BOULANGER, *Aelius Aristide*, pp. 29 sqq., (bibliographie, p. 29, n. 3).

(³) C'est ce qui résulte aussi du fait que les Quintilii reprochèrent à Hérode d'élever de nombreuses statues à ses trois disciples préférés, (cf. *infra*). L'une d'elles, érigée en l'honneur de Polydeukion, est datée de l'archontat de Dionysios (*IG*, III, 810). Or, cet archontat, contemporain du temps où les Quintilii gouvernaient la Grèce (PHILOSTR., II, 1, 10), ne peut être placé après 147/8 : les années 148/9 à 150/1, les seules où l'on pourraient placer avec quelque vraisemblance, leur proconsulat, ne sont pas disponibles. Elles sont occupées par deux archontes contemporains des 10ᵉ et 11ᵉ années du pédotribat

supériorité de sa fortune, dut promettre de faire construire le stade de Delphes (¹).

D'autres prétendaient que les Quintilii en voulaient à Hérode d'avoir, par une allusion homérique très transparente, reproché à Marc-Aurèle de les combler d'honneurs : " Je blâme, aurait-il dit, le Zeus d'Homère d'aimer les Troyens (²)." Mais cette raison n'est sûrement pas la vraie. Ce mot d'Hérode accentua peut-être la brouille, elle ne la provoqua pas. La chronologie interdit pareille supposition : il est sûr que les deux frères devaient être mal disposés pour Hérode avant 161, avant l'accession au trône de Marc-Aurèle, et l'on ne peut, sans solliciter le texte de Philostrate, supposer que Marc-Aurèle, n'était encore qu'héritier présomptif au moment où Hérode le blâma. Outre que la comparaison avec Zeus ne prend toute sa valeur que si Marc-Aurèle était déjà empereur, Philostrate dit expressément qu'il était déjà monté sur le trône à cette époque non seulement en lui appliquant le titre de βασιλεύς mais en ajoutant qu'il avait accordé de grands honneurs aux deux Troyens (³).

Pour Philostrate, la vraie raison serait la suivante. Lorsque les Quintilii gouvernaient l'Achaïe, les Athéniens, réunis en assemblée, se plaignirent d'être tyrannisés par Hérode, qui avait, semble-t-il, hérité du caractère de son grand-père, et demandèrent que leurs doléances fussent transmises " aux oreilles impériales. " Les deux frères s'empressèrent de leur donner satisfaction, par commisération pour le peuple athénien, nous assure le biographe mais sans doute plutôt parce qu'ils haïssaient déjà Hérode et qu'ils ne voulaient pas laisser échapper cette occasion de se venger, s'ils ne l'avaient pas eux-mêmes provoquée sous main, comme l'affirmait le sophiste. Originaires d'Alexandria Troas, ils jalousaient sans doute depuis

---

d'Abaskantos (qui n'a pu débuter, selon nous, qu'en 139/40 ; cf. notre *Chronologie*, pp. 152, n° 110 et 153, n° 111 et notre réponse à KOLBE, *AM*, XLVI, 1921, pp. 131 sqq., dans notre *Album*, pp. 6 sqq.) et par un archonte en charge la 27ᵉ année de l'ère d'Hadrien à Athènes (150/1. Cf. notre *Chronologie*, p. 153, n° 112). Les deux frères ayant été consuls en 151, cette année Pythique est exclue.

(¹) PAUS., X, 32, 1 ; PHILOSTR., II, 1, 9 (1. 148 W.).
(²) PHILOSTR., II, 1, 25 (p. 166 W.).
(³) *Ibid.*: ὁρῶν γὰρ αὐτοὺς Τρῶας μέν, μεγάλων δὲ ἀξιουμένους παρὰ τοῦ βασιλέως.

longtemps le richissime athénien qui avait amené à ses frais, dans leur propre patrie, l'eau qui lui manquait. Pour qui connaît le caractère grec, son extrême φιλοτιμία, c'est là une hypothèse qui n'a rien d'invraisemblable.

En tout cas, ajoute Philostrate, c'est après cette assemblée que surgirent les Dèmostratos, les Praxagoras et les Mamertinus et beaucoup d'autres qui constituèrent un parti politique opposé à Hérode [1].

Les Quintilii ne perdaient d'ailleurs aucune occasion de critiquer Hérode en s'immiscant même dans des affaires d'ordre privé où ils n'avaient rien à voir. Le sophiste avait trois τρόφιμοι, trois disciples préférés, Achille, Memnon et Polydeukès, suivant Philostrate et Lucien, Polydeukion, selon les textes épigraphiques. Lorsqu'il les perdit, on ignore comment, il les pleura comme ses fils parce qu'ils étaient dignes en tous points de son affection, par leurs qualités physiques et intellectuelles, par leur désir de s'instruire. Il leur avait élevé un peu partout dans ses propriétés, dans les bois, dans les champs, près des fontaines, à l'ombre des platanes, des statues les représentant en chasseurs partant pour la chasse, chassant ou revenant de la chasse, avec des imprécations contre ceux qui endommageraient ou enlèveraient leurs images [2], imprécations qui témoignent " plutôt de son goût d'antiquaire que d'une mode courante " [3] en Attique.

Nous n'avons pas conservé de ces statues d'Achille, de Memnon et de Polydeukion mais il nous est parvenu une série d'hermès

---

[1] PHILOSTR., II, 1, 26 (p. 160 W.) : μετ' ἐκείνην γὰρ τὴν ἐκκλησίαν Δημόστρατοι ἀνέφυσαν καὶ Πραξαγόραι καὶ Μαμερτῖνοι καὶ ἕτεροι πλείους ἐς τὸ ἀντίξοον τῷ Ἡρώδῃ πολιτεύοντες.

[2] PHILOSTR., II, 1, 24 (p. 166 W.). SCHULTESS, pp. 10 et 27, n. 25, a eu raison d'affirmer qu'il n'y avait rien d'immoral dans cette affection d'Hérode pour ses τρόφιμοι. Sinon, on ne comprendrait guère pourquoi la mère d'Hérode élève une statue à l'un d'entre eux, Polydeukion "très cher à son fils Hérode" (*IG*, III, 815. Cf. Ἐφ. ἀρχ., 1906, p. 189. Cf. ci-dessous). D'ailleurs, les Quintilii, si malveillants pour Hérode, ne lui reprochent rien de tel mais le blâment seulement d'élever à ces τρόφιμοι des statues qu'ils jugent inutiles. Cf. PHILOSTR., II, 1, 24 (p. 166 W.).

[3] SEVRIG, *BCH*, LI, 1927, pp. 149 sqq.

Fig. 3.   Portrait de Memnon (face).

Fig. 4. Portrait de Memnon (profil).

décapités portant leurs noms et des imprécations semblables à celles que mentionne Philostrate (¹). Même, nous avons réussi, croyons-nous, à identifier avec Memnon, qui était éthiopien, comme le disent les textes et son nom, une magnifique tête de nègre du Musée de Berlin, trouvée dans une des propriétés d'Hérode, en Cynurie. (Fig. 3) (²).

(¹) Nous avons dressé la liste de ces hermès dans le *BCH*, XXXVIII, 1914, p. 358: *IG*, III, 813 (complété dans *AJA*, XXXIII, 1929, pp. 402 sqq.), 814, 1418-1422, [3839-3841 : fragments suspects édités par Fr. Lenormant] ; Ἀθή-ναιον, X. p. 538; *AM*, XII, 1887, pp. 308, nᵒ 341; 314, nᵒ 384; 315, nᵒ 387; *BCH*, XVII, 1893, p. 630 (= Ἀθηνᾶ, XI, 1899, p. 298, nᵒ 23); WILHELM, *Beiträge zur griech. Inschriftenkunde*, p. 97, nᵒ 82; Ἀθηνᾶ, 1906, p. 443. Il faut y ajouter ceux que nous avons publiés *BCH*, XXXVIII, 1914, pp. 355, nᵒ 2; 360, nᵒ 3 (= *Album*, p. 40, nᵒ 58, pl. XLII); *RA*, 1917, VI, p. 25 nᵒ 13; *Album*, p. 39, nᵒ 57, pl. XLVI.

C'est à tort que MÜNSCHER, p. 927, d'après SCHULTESS, p. 10, affirme que le récit de Philostrate n'est confirmé par les inscriptions que pour Polydeukion. Deux des hermès cités ci-dessus *(AM*, XII, 1887, p. 387: texte corrigé par nous *BCH*, XXXVIII, 1914, p. 362, nᵒ 4 ; *BCH*, *l.l.*, p. 355, nᵒ 2) portent le nom d'Achilleus, un autre (Ἀθήναιον, X, p. 538) celui de Memnon. Les autres sont en l'honneur de Polydeukion ou sont incomplets.

Ces monuments nous permettent de dresser, au moins partiellement, la carte des propriétés d'Hérode dans lesquelles ils avaient été érigés. La plupart ont été trouvés à Képhissia et à Marathon où le sophiste possédaient ses deux domaines préférés. Les autres proviennent de Ninoï, de Souli (région de Marathon), de Varnava et de Masi, dans le nord de l'Attique, de Loukou, en Cynurie, de l'Eubée (au milieu de l'île, à Tragounera, "εἰς ἀπόστασιν 15′ ἀπὸ τῶν χωρίων Βρύσεως καὶ Ἐπισκοπῆς„. Cf. Ἀθηνᾶ, XI, p. 298). A cette liste des propriétés d'Hérode, il faut ajouter, outre celle de la voie Appienne devenue le Triopion, le domaine qu'il devait posséder près de Corinthe, d'après l'hermès du sophiste qu'on y a trouvé, avec l'inscription Ἡρώδης ἐνθάδε περιεπάτει (*BCH* XLIV, 1920, pp. 170 sqq.), enfin le groupe de maisons que son père possédait près du théâtre de Dionysos (PHILOSTR., II, 1, 3, p. 140 W.) et dont il avait dû hériter.

(²) H. SCHRADER, *Ueber den Marmorkopf eines Negers in den königlichen Museen* (60ᵉ Winckelmanns-Programm, Berlin, 1900) ; ARNDT-BRUCKMANN, *Griech. und röm. Porträts*, 689/90; VON BISSING, *AM*, XXXIV, 1909, p. 31; HEKLER, *Portraits antiques*, pl. 281, pp. XXXVI et 335; *Bullet. Acad. Danemark*, 1913, pp. 418 et 427. Pour l'identification que nous avons proposée cf. *BCH*, XXXIX, 1915, pp. 402 sqq. Cf. aussi R. KEKULE VON STRADONITZ, *Die griechische Skulptur*³, bearbeilet von B. SCHRŒDER, Berlin, 1922, p. 369, qui veut bien reconnaître la grande vraisemblance de notre hypothèse. Pour Memnon, cf. PHILOSTR., *Vit. Soph.*, II, 1, 24 (p. 164 W.) et *Apoll. Tyan.*, III, 11 : dans ce dernier passage, Memnon est appelé, par erreur, Μένων, à corriger en Μέμνων. Nous n'avons pu consulter G. H. BEARDSLEY, *The Negro in Greek and Roman civilisation*, Baltimore, 1929.

9

Aux reproches que lui adréssaient les Quintilii au aujet de ces statues, qu'ils trouvaient inutiles, Hérode se borna à répondre; "Que vous importe si je m'amuse avec mes pierres ? " (¹)

Ces hermès n'avaient pas été placés au hasard : ils rappelaient à Hérode les endroits où il s'était arrêté avec ses disciples pour converser avec eux (²), pour se baigner (³), pour chasser (⁴), pour manger et pour boire.

La plupart étaient dédiés à Polydeukion (⁵) : comme il résulte de textes de Lucien ce fut le préféré du sophiste et aussi de sa mère, Vibullia Alcia, comme l'écrit la dédicace de la statue qu'elle lui érigea à Képhissia (⁶). S'il lui était très cher, comme elle l'affirme, ce n'est pas seulement parce que son fils lui portait la plus vive affection. C'est sûrement aussi parce qu'il était son parent. Son gentilice l'atteste non moins que sa filiation (⁷) : il avait pour père

(¹) PHILOSTR., II, 1, 24 (p. 166 W.).

(²) *IG*, III, 1418.

(³) *IG*, III, 814 == KAIBEL, *Epigr. Gr.*, 1091.

(⁴) *IG*, III, 813; ᾿Αθήναιον, X, p. 538: Μέμνων | ΤΟΠΑΔΕΙΝ | ᾿Αρτέμιδος φίλος. La seconde ligne est d'une lecture certaine. Nous avions cru d'abord qu'il fallait y chercher le nom éthiopien de Memnon *(BCH*, XXXIX, 1915, p. 406 n. 3). Nous estimons maintenant qu'il faut plutôt y retrouver l'infinitif absolu τοπά-ζειν, destiné à atténuer l'affirmation de la l. 3 : "Memnon, ami, je le pense, d'Artémis„. L'erreur du lapicide proviendrait sans doute de ce qu'à cette époque déjà le son du Δ se rapprochait, comme aujourd'hui, de celui du Z.

(⁵) *IG*, III, 810, 811, 814, 815, 816 (add., p. 505), 818, 1418.

(⁶) LUC., *Demon.*, 24 et 33 ; le philosophe Démonax se présenta devant Hérode comme s'il venait de l'Hadès et lui dit que Polydeukion lui reprochait de ne pas l'y rejoindre. *IG*, III, 815 : publiée d'après une copie de FOURMONT. Retrouvée par DRAGOUMIS, ᾿Εφ. ἀρχ., ¹906, p. 189 : au lieu de φίλτατον τῷ [ἑαυτῆς ἀνδρὶ] ῾Ηρώδῃ, il faut lire [ἑαυτῆς υἱῷ] maintenant que nous savons d'une façon certaine que Vibullia Alcia était la mère et non la femme d'Hérode. Une autre base de statue érigée par Vibullia Alcia a été trouvée entre Vrana et Marathon *(IG*, III, 816. Cf. *add.*, p. 505). De ces monuments, il faut déduire qu'Alcia avait survécu à son mari et vivait encore vers 150.

(⁷) *IG*, III, 811 : Πολυδευκίωνα ῾Ιππ[άρχου υἱόν]. C'est donc sans raison que DITTENBERGER, *IG*, III, 810, add. p. 505, pense après KEIL, *RE*, I¹, p. 2103, que Polydeukion pourrait être un affranchi de Vibullia Alcia. C'est évidemment par erreur que BOULANGER, *o.l.* p. 101, n. 1, considère Polydeukion comme l'affranchi d'Hérode, auquel cas son gentilice serait *Claudius*, Sur Polydeukion, cf, aussi *PIR*, III, p. 431, n° 424,

Hipparchos. Ce ne peut être que le frère de Vibullia Alcia, celui qui fut archonte en 117/8 (¹). Polydeukion aurait donc été le cousin d'Hérode mais un cousin probablement plus jeune (²). Sinon, on ne s'expliquerait pas pourquoi Hérode dit qu'il l'aima comme un fils, dans la dédicace de la statue, votée par le dème de Rhamnonte et consacrée à Némésis, qu'il érigea à son disciple, en souvenir d'un sacrifice qu'ils avaient offert en commun à cette déesse (³).

Hérode, écrit Lucien, ne pouvait oublier Polydeukion, mort prématurément (⁴). Pour se donner l'illusion qu'il était encore en vie, il continuait à faire atteler son char et à lui faire servir ses repas. Le philosophe Démonax, le même qui viendra consoler Hérode lorsqu'il perdra son fils (⁵), vint alors trouver le sophiste et lui dire qu'il était porteur d'une lettre de Polydeukion. Hérode, croyant que le philosophe lui apportait, après beaucoup d'autres,

---

(¹) Cf. ci-dessus, p. 28.

(²) Cf. le *stemma*, ci-dessus, p. 29.

(³) *IG*, III, 811. — Quatre autres monuments furent élevés à Polydeukion après sa mort, par Delphes *(SIG³ 861)* et par des amis d'Hérode: 1°) par L. Octavius Restitutus de Marathon *(IG*, III, 817: actuellement à Képhissia, où nous avons revu cet hermès acéphale, dans le jardin de M. Christomanos. Le buste est drapé dans un chiton et une chlamyde dont les bouts, lestés par des balles de plomb, sont rejetés dans le dos et pendent symétriquement à droite et à gauche, pa derrière) ; 2°) par Asiaticus, Lamptreus *(IG*, III, 818), petit autel qui provient d'Athènes ou de Képhissia; 3°) par les ῥαβδοφόροι en fonctions sous l'agonothète Vibullius Polydeukès, l'année de l'archonte Dionysios *(IG*, III, 810), Képhissia; vers 147/8. Cf. notre *Chronologie*, p. 151, n° 109). De ce que ces monuments se dressaient tous à Képhissia, il faut déduire que c'est là que Polydeukion avait son tombeau, de même que la femme et l'une des filles d'Hérode. L'agonothète Vibullius Polydeukès est sans doute un parent de Polydeukion, sans qu'on puisse préciser le degré de parenté. — Pour en terminer avec Polydeukion, ajoutons encore qu'il avait consacré à Dionysos, une statue dont la base a été retrouvée (*AM*, 1885, p. 279. Cf. FRAZER, *Pausanias's description of Greece*, II, p. 436) à l'est de Pyrgos, en Attique.

(⁴) LUC., *Dem.*, 24 : ἐπεὶ δὲ Ἡρώδης ὁ πάνυ ἐπένθει τὸν Πολυδεύκην πρὸ ὥρας ἀποθανόντα καὶ ἠξίου ὄχημα ζεύγνυσθαι αὐτῷ καὶ ἵππους παρίστασθαι ὡς ἀναβησομένῳ καὶ δεῖπνον παρασκευάζεσθαι, προσελθών, παρὰ Πολυδεύκους ἔφη, κομίζω σοί τινα ἐπιστολήν. Ἡσθέντος δὲ ἐκείνου καὶ οἰηθέντος ὅτι κατὰ τὸ κοινὸν καὶ αὐτὸς συντρέχει τοῖς ἄλλοις τῷ πάθει αὐτοῦ καὶ εἰπόντος, Τί οὖν ὦ Δημῶναξ, Πολυδεύκης ἀξιοῖ; Αἰτιαταί σε, ἔφη, ὅτι μὴ ἤδη πρὸς αὐτὸν ἄπει.

(⁵) LUC., *Dem.*, 25.

ses condoléances, lui demanda : "Dis-moi Démonax, ce que Poly-deukês désire. — Il te reproche de n'être pas encore allé le rejoindre", lui fut-il répondu, spirituelle répartie qui dut calmer la douleur d'Hérode ou tout au moins en réfréner l'excès.

Qu'Hérode pleurant la mort de Polydeukion et lui élevant de nombreux hermès ait imité Hadrien après la mort d'Antinoüs ([1]), c'est fort possible. Mais le rapprochement ne nous autorise pas à douter de la sincérité des sentiments d'Hérode. Ils sont bien confor-mes à sa nature dont la sensibilité réagissait à l'extrême aux jours de deuil. Nous voyons reparaître les mêmes excès de douleur lors-qu'Hérode perdit ses deux filles, son fils, sa femme et les deux filles de son affranchi Alkimédon qu'il chérissait comme ses enfants.

Il est étrange que les textes ne nous renseignent pas sur les circonstances de la mort des trois disciples préférés d'Hérode, alors qu'il semble résulter de ces textes qu'ils moururent à peu près en même temps. Ce qui est sûr, c'est que la mort de Polydeukion date de l'archontat de Dionysios, c'est-à-dire, semble-t-il, de 147/8 ([2]).

Après cette digression sur les trois τρόφιμοι d'Hérode, reve-nons-en au. parti politique qui se constitua à cette époque, avec l'encouragement des Quintilii. Les chefs de ce parti nous sont connus non seulement par Philostrate mais aussi par les textes épigraphi-ques.

Pour ce qui concerne Dèmostratos, nous avons déjà dit plus haut qu'on avait eu tort de l'identifier avec le Démostratus Petilia-nus défendu par Fronton ([3]). Les inscriptions l'appellent Tib. Clau-dius. Dèmostratos de Mélitè ([4]). Elles nous apprennent aussi que Dèmostratos avait été archonte, vers le début du règne d'Antonin

---

([1]) SCHULTESS, *o.l.*, p. 10.

([2]) *IG*, III, 810. Cf. notre *Chronologie*, p. 151, n° 109.

([3]) Cf. *supra*, p. 78.

([4]) *IG*, III, 676, 679, 907, 1283; *BCH*, VI, 1882, p. 437 + 'Εφ. ἀρχ., 1895, p. 108, n° 21 les deux fragments ont été rapprochés. 'Εφ, ἀρχ., 1897, p. 62, n° 49. Sur ce personnage, cf. DITTENBERGER, *IG*, III, 676; STEIN, *RE*, V, p. 192, n° 13; *PIR*, I, p. 358 et II, p. 7, n° 43; GRAINDOR, *Chronologie*, p. 140, n° 104; SCHULTESS, p. 23.

.selon nous. Elles nous disent encore qu'il avait occupé les charges de stratège des hoplites, de héraut de l'Aréopage, de gymnasiarque, d'agonothète des Panathénées et des Éleusinies, d'exégète des Mystères et de prêtre de Poseidôn Érechtheus (¹). Autant dire que c'était un personnage d'importance et probablement très riche : il avait été chargé des fonctions les plus hautes et les plus coûteuses de la cité.

Que ce Dèmostratos soit bien le même que l'ennemi politique d'Hérode, on n'en peut guère douter : il vivait à l'époque où l'opposition au sophiste commença à se manifester, et il était apparenté à deux autres personnages qui jouèrent un rôle en cette occasion, à savoir Praxagoras et Théodotos.

On a même prétendu qu'il était le gendre de cet Aelius Praxagoras qui fut archonte, en 157/8, selon nous (²). Nous l'avons cru nous-même un instant avec Dittenberger. Puis nous avons émis des doutes à ce sujet : Dèmostratos avait épousé la fille de Praxagoras mais ce Praxagoras est qualifié de dadouque, ce qui n'est pas le cas pour l'archonte homonyme (³). Comme il est possible mais non vraisemblable que Dèmostratos ait été plus jeune que son beau-père, il vaut mieux supposer que ce beau-père n'a pas été l'archonte Praxagoras mais le père de celui-ci. Dèmostratos aurait alors été le beau-frère et non le gendre de cet archonte.

Ce qui est sûr, c'est qu'il était son parent, de même qu'il était également apparenté au sophiste Julius Théodotos que Philos-

---

(¹) *IG*, III, 676, 679. 907, 1283.

(²) *IG*, III, 1121. Cf. notre *Chronologie*, p. 160, n° 119 et notre *Album*, pp. 6 sqq., où nous réfutons la théorie de KOLBE, AM, XLVI, 1921, pp. 131 sqq., suivant qui le pédotribat d'Abaskantos, dont Praxagoras occupe la 19e année, aurait débuté en 136/7 et non en 139/40, comme nous le croyons. Sur Praxagoras cf. SCHULTESS, p. 23; MÜNSCHER, p. 943; *PIR*, III, p. 94, n° 689.

(³) Cf. notre *stemma* de la famille *BCH*, XXXVIII, 1914, p. 428 et les doutes que nous avons émis ensuite dans notre *Chronologie*, p. 141, n. 3: les archontes qui ont été en même temps détenteurs de sacerdoces éleusiniens ne manquent généralement pas d'en faire mention (cf. *IG*, III, 1126, 1156, 1175, 1279). Il ne faut pas confondre ce Praxagoras, comme on l'a fait plus d'une fois, avec l'archonte homonyme de 138/9 (*Chronologie*, p. 137, n° 101).

trate cite parmi les disciples de Lollianos (¹) et d'Hérode et parmi les ennemis de ce dernier. Éphèbe vers 145, ce Théodotos mourut à 50 ans passés, après avoir occupé le premier mais sans éclat, pendant deux ans, la chaire de sophistique, au traitement de 10.000 drachmes. Marc-Aurèle, qui l'avait créée, la lui avait confiée à cause de la renommée qu'il s'était acquise dans l'éloquence d'apparat. Avocat en même temps que sophiste, Théodotos était à la tête du peuple athénien lorsque celui-ci entra en conflit avec Hérode, nous dit Philostrate. Cette expression vague ne nous permettrait pas de deviner les fonctions que Théodotos remplit à Athènes, si les inscriptions ne nous apprenaient qu'il y fut βασιλεύς, stratège des hoplites et héraut de l'Aréopage. Mais ce ne fut certainement pas à l'époque où les Quintilii gouvernaient la Grèce : il sortait alors à peine de l'éphébie. Ce fut plutôt vers la fin du règne de Marc-Aurèle. vers le moment du procès de Sirmium dont il sera question plus loin. Philostrate ajoute que Théodotos était un homme habile à profiter des circonstances et qu'il évita d'attaquer ouvertement Hérode. Mais il était tellement lié avec Dèmostratos qu'il collabora au réquisitoire qu'il prononça contre le sophiste dans le procès susdit (²).

Quant au quatrième des ennemis d'Hérode cité par Philostrate, Mamertinus, c'est évidemment le même que le Marcus Valérius Mamertinus, qui fut archonte en 167/8, selon nous (³). C'est à peu près tout ce que nous en savons.

Si les Quintilii s'empressèrent de transmettre à Antonin les plaintes de l'ecclésie Athénienne, il ne semble toutefois pas que

---

(¹) Sur Lollianos, cf. en dernier lieu O. SCHISSEL, *Lollianos aus Ephesos. Philol.*, LXXXII, (*NF*. XXXVI), pp. 181 sqq., et *RE*, *s.v.*, p. 1373, n° 15.

(²) Sur Julius Théodotos, cf. la brève notice de PHILOSTRATE, II, 2 (p. 182 W.) Il est cité parmi les éphèbes de la liste Ἐφ. ἀρχ., 1893, p. 71, col. I, l. 39, que Lolling place en 143 (mais cf. nos observations *Musée belge*, 1922, p. 201, n. 5). Cf. aussi DITTENBERGER, *IG*, III, 676, 680, 775 et la dédicace que nous avons publiée *BCH*, XXXVIII, 1914, p. 429, n° 29, avec *stemma* de la famille, p. 428 ; SCHULTESS, p. 23; MÜNSCHER, p. 943; *PIR*, II, p. 216, n° 390.

(³) *IG*, III, 1029. Cf. notre *Chronologie*, p. 172, n° 126 (date contestée par KOLBE, *AM*, XLVI, 1921, pp. 134 sqq. Mais cf. notre *Album*, pp. 6 sqq.) ; SCHULTESS et MÜNSCHER, *ibid.* ; *PIR*, II, p. 326, n° 91.

l'empereur s'en émut. Ce n'est pas avant la fin du règne de Marc-Aurèle, nous le verrons, que les démêlés du sophiste avec ses concitoyens trouveront leur dénouement. Car, après cette assemblée mémorable, les adversaires d'Hérode ne désarmèrent pas : cela résulte du texte de Philostrate qui nous assure qu'après cette assemblée se constitua le parti d'opposition à Hérode dont Dèmostratos prit la tête avec ses amis Praxagoras, Mamertinus et Théodotos (¹).

Mais Hérode trouvait moyen de se concilier les gouverneurs de la province (²). De plus, il était l'ami personnel de Lucius Vérus qui avait été son disciple et qu'il avait reçu chez lui (³) lorsqu'il se rendait, sans empressement, en Orient, pour y combattre les Parthes, accompagné de chanteurs et de musiciens, s'arrêtant partout en route et notamment à Corinthe et à Athènes (⁴). Les ennemis d'Hérode ne songèrent sans doute pas à l'attaquer trop ouvertement du vivant de Lucius Vérus : on le savait très lié avec cet empereur, si bien que Marc-Aurèle alla même jusqu'à soupçonner Hérode d'être de connivence avec Vérus pour intriguer contre lui (⁵).

Ce n'est que plusieurs années, nous l'établirons, après la mort de Lucius Vérus, survenue au début de 169 (⁶), qu'Hérode se vit obligé de porter l'affaire devant la justice, les attaques de ses ennemis ayant sans doute redoublé de violence, après la disparition de l'impérial ami du sophiste (⁷).

(¹) PHILOSTR., II, 1, 26 (p. 166 W): μετ' ἐκείνην γὰρ τὴν ἐκκλησίαν Δημόστρατοι ἀνέφυσαν.

(²) PHILOSTR., II, 1, 29 (p. 171 W.) : καθαπτόμενοι τοῦ Ἡρώδου ὡς τοὺς ἄρχοντας τῆς Ἑλλάδος ὑποποιουμένου πολλῷ τῷ μέλιτι..

(³) PHILOSTR., II, 1, 28.

(⁴) *Vit. Ver.*, 6, 9: *apud Corinthum et Athenas inter symphonias et cantica navigabat.* Sur le voyage de Vérus, cf. en dernier lieu SCHWENDEMANN, *Der historische Wert der Vita Marci*, pp. 143 sqq.

(⁵) PHILOSTR., II, 1, 26 (p. 168 W.) : ὧν γὰρ ὑπώπτευσε (Μάρκος *scil.*) Λούκιον κοινωνὸν αὐτῷ τῆς ἀχχῆς γενόμενον, οὐδὲ τὸν Ἡρώδην ἠφίει τοῦ μὴ οὐ ξυμμετέχειν αὐτῷ.

(⁶) Il dut mourir en janvier. Cf. SCHWENDEMANN, *o.l.*, p. 176.

(⁷) C'est à tort, nous avons essayé de le montrer plus haut (p. 78) que STEIN, SCHANZ et MÜNSCHER, p. 943, ont admis l'identification proposée *PIR*, I, p. 358, de Dèmostratus Petilianus avec Dèmostratos et supposent que le procès où Fronton fut son avocat contre Asklèpiodotos, était dirigé contre un ami d'Hérode.

Donc Hérode intenta un procès à Dèmostratos et à ses amis, les accusant d'exciter le peuple contre lui (¹). La plainte fut adressée au gouverneur de la province (²), qui dut la transmettre à l'empereur comme les Quintilii l'avaient fait autrefois pour les doléances des Athéniens. En tout cas, nous dit Philostrate, les accusés prirent les devants et quittèrent secrètement Athènes, pour devancer Hérode auprès de l'empereur : Dèmostratos, écrit le biographe, escomptait les sentiments démocratiques de Marc-Aurèle et sa défiance envers le sophiste, à la suite des intrigues dont il l'avait soupçonné du vivant de Vérus.

L'empereur avait alors son quartier général à Sirmium, en Pannonie. Dêmostratos et ses amis habitaient près du palais. L'empereur, dans l'audience qu'il leur accorda, leur témoigna la plus grande bienveillance et leur demanda à plusieurs reprises s'ils désiraient quelque chose (³). Déjà bien disposé envers les ennemis d'Hérode, l'empereur était encore influencé par l'impératrice et même par sa fillette, âgée de trois ans, qui se jeta aux pieds de son père et, avec des câlineries d'enfant qui balbutie encore, le supplia de

---

(¹) Toute cette affaire est racontée par PHILOSTR., II, 1, 26-29 (pp. 168 sqq. W.) auquel nous renvoyons une fois pour toutes. Nous citerons en note deux autres allusions faites par le même auteur à ce procès.

(²) PHILOSTR., II, 1, 26 (p. 168 W.) : γραψάμενος δὲ αὐτοὺς Ἡρώδης ὡς ἐπισυνιστάντας αὐτῷ τὸν δῆμον ἦγεν ἐπὶ τὴν ἡγεμονίαν. Cf. *PIR*, I, p. 357. MÜNSCHER, p. 944, comprend à tort que l'affaire fut portée devant le préteur, dont la compétence est cependant limitée aux affaires civiles. Τὴν ἡγεμονίαν est évidemment l'équivalent de τὸν ἡγεμόνα, terme général employé pour désigner les gouverneurs de province. C'est également devant le gouverneur de la province (παρὰ τῷ τῆς Ἑλλάδος ἄρχοντι) que fut portée l'accusation de meurtre contre le sophiste Hadrien (II, 10, 6, p. 228 W.). C'est donc à tort que ARNOLD, *The Roman system of provincial administration to the accession of Constantine the Great*, 3ᵉ éd., p. 229, affirme encore que les cités libres étaient exemptes de la juridiction des gouverneurs de provinces.

SCHULTESS, p. 24, écrit que la plainte fut adressée à l'empereur. Cette opinion ne peut se concilier avec le texte de Philostrate : il est impossible qu'il ait employé ἡγεμονίαν pour désigner l'empereur. Il aurait vraisemblablement écrit ἐπὶ τὸν βασιλέα. Ce qui est sûr, c'est que le texte de Philostrate manque de précision et de clarté sur la manière dont le procès arriva finalement devant l'empereur.

(³) PHILOSTR., II, 1, 26 (p. 168 W.).

sauver les Athéniens (¹). Démostratos avait bien manœuvré et pouvait affronter sans crainte le procès, d'autant plus qu'un coup imprévu allait enlever, à son redoutable adversaire, toute maîtrise de lui-même.

Hérode était descendu dans l'un des faubourgs de la ville. Il avait emmené avec lui les deux filles de son affranchi Alkimédon, le même sans aucun doute qu'on avait accusé d'avoir causé la mort de Régilla. Ces deux filles, deux sœurs jumelles, d'une remarquable beauté et en âge de mariage, servaient d'échanson à Hérode et faisaient la cuisine au vieillard qui les habillait en fillettes (²), les appelait ses petites filles et les embrassaient comme si elles l'eussent été. Une nuit qu'elles dormaient sur l'une des tours du château où habitait Hérode, elles furent frappées par la foudre et moururent (³). Ce nouveau malheur accabla Hérode au point qu'il se présenta devant le tribunal de l'empereur fou de douleur et désirant la mort. Il parla sans retenue et se laissa même entraîner à accuser ouvertement Marc-Aurèle : "Voilà, dit-il, la récompense de l'hospitalité que j'ai accordée à Lucius (Vérus), que tu m'as toi-même envoyé : tu me juges en me sacrifiant à ta femme et à une enfant de trois ans" (⁴).

C'en était trop : le préfet du prétoire, Bassaeus (⁵), le menaça

---

(¹) II, 1, 27 (p. 168 W.).

(²) Le texte porte ἃς ἐκνηπιώσας ὁ Ἡρώδης οἰνοχόους ἑαυτῷ καὶ ὀψοποιοὺς ἐπεποίητο θυγάτρια ἐπονομάζων. WESTERMANN traduit ἐκνηπιοῦμαι par *quas excultas pincernas sibi... fecerat*, WRIGHT, (p. 169), par *Herodes had brought them up from childhood*. Tous les lexiques omettent ce verbe et ne donnent que ἐκνηπιοῦμαι avec le sens de "retomber en enfance„. A l'actif, il ne peut guère signifier ce que lui font dire Westermann et Wright mais bien "rajeunir„. La traduction que nous proposons explique en outre mieux pourquoi Hérode appelle θυγάτρια des jeunes filles en âge de mariage (πρὸς ἀκμῇ γάμων). Ἐκνηπιῶ est l'équivalent de ἐκνεάζω, rajeunir, qu'emploie notamment un contemporain d'Hérode (LUC., *Am.*, 33).

(³) II, 1, 27 (pp. 168 sq. W.).

(⁴) II, 1, 28 (p. 170 W.).

(⁵) Sur ce personnage, M. Bassaeus Rufus, cf. *PIR*, I, p. 230, n⁰ 57; *RE*, III. p. 103, n⁰ 2; LESQUIER, *L'armée romaine d'Egypte*, Mém. Inst. franç. d'Arch, orient. du Caire, t. XLI, p. 514, n. 1; SCHWENDEMANN, *o.l.*, p. 175.

de mort et Hérode lui répliqua : "Mon cher, un vieillard craint peu de chose." Puis il sortit sans achever sa plaidoirie, alors que la clepsydre lui permettait de continuer à parler longtemps encore. Quant à l'empereur, il se comporta en cette occasion comme on pouvait l'attendre d'un philosophe : il ne fronça même pas le sourcil et son visage resta impassible alors qu'un simple arbitre, remarque Philostrate, n'aurait pas montré sa patience. Marc-Aurèle se contenta de se tourner vers les Athéniens, et de leur dire : "Présentez votre défense, Athéniens, même si Hérode ne le veut pas". Ce fut un véritable réquisitoire que prononça Dèmostratos. Il est fort regrettable que nous n'ayons pas conservé sa plaidoirie : elle eût comblé bien des lacunes de la biographie de Philostrate, qui est plutôt une apologie d'Hérode et qui laisse dans l'ombre bien des points qu'il serait si intéressant de connaître. Nous le regrettons d'autant plus que Philostrate ne marchande pas ses éloges à cette plaidoirie. Il nous assure qu'on l'admirait et ajoute quelques renseignements généraux sur sa valeur. Il souligne la gravité du ton qui se soutenait depuis l'exorde jusqu'à la péroraison, gravité que se conciliait avec une variété et même une certaine inégalité d'expression (¹), où se trahissaient peut-être les manières différentes des collaborateurs de Dèmostratos. Aidé par Théodotos (²), il avait accumulé tous les griefs possibles. Même, dans sa haine, il dépassa la mesure et alla jusqu'à reprocher à Hérode ce que les autres louaient chez lui (³). Il fit notamment lire le décret où les Athéniens accusaient ouvertement Hérode "d'engluer les gouverneurs de la Grèce dans beaucoup de miel". "Miel amer," ajouta la défense, et "heureux ceux qui meurent de la peste," allusion à la terrible épidémie qui désolait la Grèce et l'Italie depuis plusieurs années (⁴).

(¹) PHILOSTR., II, 1, 32 (p. 176 W.).

(²) *Ibid.*, II, 2, 1 (p. 182 W.).

(³) *Ibid.*, II, 1, 17 (p. 158 W.).

(⁴) Cette peste avait débuté en 167. Mais on n'en peut tirer argument pour rapprocher le procès de cette date car elle sévissait encore à la fin du règne de Marc-Aurèle (*Vit. Marc.*, 38, 4), sinon plus tard. Cf. SCHWENDEMANN, *o.l.*, p. 55 et les références citées dans la n. 3. Y ajouter BOULANGER, *o. l.*, pp. 146 et 480 sq.

Jusque-là, Marc-Aurèle s'était contenu, il avait refoulé ses sentiments intimes de commisération pour les Athéniens. Mais, à ces
passages pathétiques de la plaidoirie, l'excellent empereur ne put
s'empêcher de verser des larmes en plein tribunal (¹).

La cause de Dèmostratos et de ses amis était gagnée. Non
seulement il fut acquitté, mais l'empereur, ne voulant pas atteindre
Hérode, tourna du moins sa colère contre ses affranchis. Une fois
encore, ces affranchis étaient impliqués dans l'affaire comme ils
l'avaient été lors des deux premiers procès plaidés à Rome. C'est eux
qui avaient les instruments de la tyrannie qu'on reprochait à Hérode :
sans doute abusant de leur qualité de citoyens romains, se mon-
traient-ils plus insolents encore que leur patron, en trop fidèles
serviteurs d'un maître autoritaire et qu'ils s'imaginaient tout puissant.
Toutefois, Marc-Aurèle rendit un jugement digne d'un philosophe.
Il épargna Alkimédon, le jugeant assez puni par la mort de ses
filles (²).

Ainsi se termina cette retentissante affaire. Il nous reste à
essayer d'en préciser la date. Les opinions varient considérablement
à ce sujet (³). Ce qui est sûr, c'est qu'elle se place après la mort

---

(¹) PHILOSTR., II, 1, 28-29 (p. 170 W.).

(²) II, 1, 29 (p. 172 W.).

(³) HERTZBERG, *Geschichte Griechenlands unter der Herrschaft der Römer,*
II, p. 403 et p. 401, n. 75a, choisit 168 avec CLINTON, *Fasti Rom.*, I, p. 161 et
d'autres qu'on trouvera cités dans sa note; TILLEMONT, *Histoire des empereurs,*
II, p. 403 et KEIL, *RE*, I¹, p. 2103 préfèrent 171; KLEBS, *PIR*, I, p. 357 (170 ?) ;
VIDAL-LABLACHE, *Hérode Atticus,* pp. 128-130 (172) ; GAGNAT-GOYAU, *Chronologie de l'Empire romain*, p. 223 (172) ; SCHULTESS, p. 30, n. 61 (170 ou 173) ;
MÜNSCHER, p. 944 (169/0 ou 173/5), p. 1310 (173) : MÜNSCHER a changé d'avis
après avoir eu connaissance de notre article du *Musée belge*, 1912, pp. 77 sq.,
où nous proposions fin de 174 ou début de 175. MÜNSCHER, p. 1310, estime à
tort que la date proposée par nous est en contradiction avec le texte de Philostrate (II, 1, 30 p. 172 W.) où il est dit qu'après le procès, Hérode avait
repris son enseignement à Képhissia et à Marathon et que c'est de là qu'il é-
crivit sa lettre à Marc-Aurèle. Mais Münscher ne nous dit pas en quoi consiste
cette contradiction que nous ne voyons pas. Hérode vivait sûrement encore en
176, année où Marc-Aurèle vint à Athènes, et il put, après le procès et son
séjour à Orikon, recommencer ses leçons dès 175. Le procès date de l'été de
174, ou de celui de 175, s'il faut le placer, ce qui est moins probable, cette
année-là plutôt qu'en 174.

de Lucius Vérus, au début de 169 (¹), et avant 176, année où Faustine mourut (²). En outre, la guerre contre les Marcommans et les Quades était terminée : l'empereur avait déjà transporté son quartier général de Carnuntum, où il était resté 3 ans, c'est-à-dire jusqu'en 173, à Sirmium, pour combattre les Sarmates (³). On ne saurait, en tout cas, descendre plus bas que juillet ou août 175, moment où Marc-Aurèle quitte Sirmium pour l'Orient (⁴). Enfin, il résulte de la correspondance de Marc-Aurèle et d'Hérode que le procès fut de peu antérieur à 176.

Après ce procès, Hérode était tombé malade et avait dû s'arrêter à Orikon, en Épire. Il y séjourna pendant quelque temps : non seulement il agrandit Orikon (⁵) mais son absence se prolongea au point qu'on répandit le bruit qu'il avait été exilé par l'empereur (⁶). Rentré à Athènes, il écrivit à Marc-Aurèle non pour s'excuser de ses intempérances de langage au cours du procès mais pour reprocher à Marc-Aurèle son silence : il lui écrivait jusqu'à trois fois par jour, lorsqu'il était son disciple (⁷). L'empereur ne lui tenait cependant pas rancune : dans sa réponse, de peu postérieure à la mort de Faustine, en 176, il lui écrit non comme un juge mais comme un ami. Il regrette d'avoir été obligé de condamner les excès commis

---

(¹) Philostr., II, 1, 26 (p. 168 W.): ὧν γὰρ ὑπώπτευσε (Marc-Aurèle) Λούκιον κοινωνὸν αὐτῷ τῆς ἀρχῆς γενόμενον, οὐδὲ τὸν Ἡρώδην ἡφίει τοῦ μὴ οὐ συμμετέχειν αὐτῷ (Cf. le commentaire de Kayser, *Philostrati vitae sophistarum*, Heidelberg, 1838) ; *Vit. Veri*, 9, 1-2. Cf. Schwendemann, p. 155. L'aoriste ὑπώπτευσε montre bien que Lucius Vérus était déjà mort à ce moment. Pour la date de cette mort, cf. *PIR*, I, p. 330; *RE*, I, p. 2297 (fin janvier 169) ; *RE*, III, p. 1853 (après le 1er février); Schwendemann, *o.l.*, p. 176 (janvier).

(²) Philostr., II, 1, 31. C'est à tort que Cagnat-Goyau placent la mort de Faustine en 175. Cf. *RE*, I, p. 2314; *Musée belge*, 1912, p. 77, n. 3; *PIR*, I, p. 78 n° 553; von Domaszewski, *Gesch. der röm. Kaiser*, II³, p. 227; Schwendemann, pp. 182 sqq.

(³) *RE*, I, p. 2298; von Domaszewski, II³, p. 227; Schwendemann, pp. 99 sq. Les monnaies prouvent qu'en 173 on s'attendait à Rome, à voir revenir Marc-Aurèle (*Adventus Augusti*. Gnecchi, *I medaglioni romani*, II, Marcus, 2) après ses victoires sur les Germains et avant la guerre contre les Sarmates. Ce n'est donc pas avant 173 qu'il transporta son quartier général à Sirmium.

(⁴) Cf. von Domaszewski, *Neue Heidelberger Jahrbücher*, V, 1895, p. 125; Schwendemann, p. 109.

(⁵) Philostr., II, 1, 30 (p. 172 W.). Cf. ci-dessous, ch. X.

(⁶) Philostr., II, 1, 30 (p. 172 W.).

(⁷) *Ibid.*, II, 1, 30 (p. 174 W.).

par les affranchis du sophiste et il ajoute : "Donc, ne sois pas fâché
contre moi. Si je t'ai causé et te cause encore de la peine, demande
m'en raison dans le temple d'Athéna à Athènes, lors des mystères.
Car j'ai fait le vœu, au plus fort de la guerre, de m'initier. Et je
souhaite de t'avoir pour mystagogue" (¹).

On ne peut croire que la lettre qui lui valut cette réponse ait
été écrite par Hérode bien longtemps après le procès. Celui-ci n'est
sûrement pas postérieur, nous l'avons dit, à 175 : nous croirions volontiers qu'il eut lieu l'été de cette année ou plutôt de la précédente ;
les circonstances de la mort des filles d'Alkimédon, foudroyées lorsqu'elles couchaient au sommet d'une tour ne permettent pas de croire
qu'elles périrent en hiver. D'autre part, il faut laisser entre le procès
et 176, année de la reprise des relations épistolaires entre Hérode et
l'empereur, un intervalle assez long pour y placer le séjour pro-
longé du sophiste à Orikon.

Les Athéniens ne tardèrent pas à regretter l'absence d'Hérode ;
sa gloire et ses largesses manquaient à ses concitoyens: il faut croire
que la plupart d'entre eux ne lui tenaient pas rigueur d'avoir été
tyrannisés et que l'opposition ne groupait guère que quelques grandes
familles jalouses du sophiste car ils lui firent une réception vraiment
triomphale lorsqu'il se décida à rentrer à Athènes. Philostrate, chose
étrange, n'en dit rien. Mais nous avons eu la chance de publier
l'épigramme qui relate ce mémorable retour du sophiste dans sa
patrie (²). Tout Athènes se porta à sa rencontre sur la voie Sacrée:

(¹) II, 1, 31 (p. 174 W.).

(²) *Musée belge*, 1912, pp. 69 sqq. On vient de retrouver l'inscription que
nous ne connaissions que par un estampage fort médiocre. Cf. N. SVENSSON,
BCH, L, 1926, pp. 527 sqq. Le nom d'Hérode, dont nous avions deviné l'identité, ne figurait pas sur l'estampage mais nous est maintenant donné à la l. 32.
Aux vv. 30 sq., on peut restituer, selon nous :

    Οὐδέ τις οἰκοφύλαξ λείπε[τ' ἐνὶ μεγάροις]
    οὐ παῖς, οὐ κούρη λευ[κώλενος, στεῦντο δὲ πάντες]
    δέγμενοι Ἡρώδην.

WILAMOWITZ, *Marcellus von Side*, pp. 26 sqq, reproduit ce texte sans avoir
eu connaissance de l'article de SVENSSON. Sinon, il aurait évité quelques conjectures comme ἔνθα δύω (v. 11), au lieu de ἔνθ' ἁλίῳ (il s'agit de la plaine de
Thria qui est en bordure de la mer), σ<α>όφρονα (v. 15); Ὀλυμπίω ἵμασι κυδροὺς
(v. 17) ne donne pas de sens satisfaisant et a le tort de supposer une omission
de l'ι adscrit, qui n'est gravé nulle part dans l'épigramme. Cf. d'autres restitu-
tions du même, *Hermes*, LXIV, 1929, pp. 489 sq.

il n'est pas douteux que ce fut officiellement, à la suite de décrets votés par le Peuple, le Sénat et l'Aréopage.

En tête du cortège venaient les statues des dieux, Athéna, Aphrodite, et les prêtres aux longs cheveux et en costume d'apparat. Puis c'était un chœur de jeunes garçons (¹) et les éphèbes vêtus des chlamydes blanches que le sophiste leur avait données; ils étaient suivis par les membres de l'Aréopage et de la Boulé tous en vêtements blancs. La foule des citoyens et des étrangers résidant à Athènes fermait le cortège. Tous, y compris les femmes et les enfants, avaient tenu à se porter au-devant du sophiste qui arrivait d'Éleusis précédé des statues de Dionysos, dieu des triomphes, et des deux déesses éleusiniennes. La déroute des ennemis d'Hérode était complète: Hérode l'emportait, à Athènes comme à Éleusis, quoique Dèmostratos appartint à une famille sacredotale où les fonctions de dadouque étaient héréditaires et que le fils de Théodotos devint même archonte des Kèrykès (²).

La rencontre des deux cortèges eut lieu, nous dit encore l'épigramme, en avant d'Éleusis, dans la plaine de Thria, à l'endroit où les Rheitoi se jettent dans la mer.

Après cette réception grandiose, digne d'un souverain (³), qui

---

(¹) M. SVENSSON, *l.l.*, p. 531, croit que ces παῖδας ἀοιδοπόλους n'étaient pas des chanteurs de profession mais des enfants de bonne famille dirigés par leur παιδονόμος. Si leurs fonctions avaient été provisoires, comme le prétend M. S., on ne nous dirait probablement pas, au vers suivant, qu'ils étaient spécialement attachés au culte de Zeus Olympios. De plus, l'existence du παιδονόμος n'est pas attestée à cette époque à Athènes. Mais on y connaît un διδάσκαλος ἐφήβων τῶν ἀσμάτων Θεοῦ Ἀδριανοῦ (*IG*, III, 1128, l. 30). Il s'agit vraisemblablement d'ὑμνῳδοὶ comme ceux qui sont fréquemment cités dans les textes épigraphiques du temps, notamment en Asie. Cf. CHAPOT, *La province... d'Asie*, p. 402; *AM*, 1907, p. 323, *Die hymnoden in Hadrianischer Zeit*.

(²) Cf. *IG*. III, 676, 680.

(³) Sur les ἀπαντήσεις ou ὑπαπαντήσεις de ce genre, cf. *Musée belge*, 1912. p. 80 et *BCH*, *l.l.*, pp. 534 sq. Nous avons supposé (*Musée belge*, 1912, p. 74) que la statue (*IG*, III, 165) Ἀθηνᾶς δημοκρατίας a été érigée par Hérode à l'occasion de cette réconciliation solennelle du sophiste avec les Athéniens. On a objecté (MÜNSCHER, *RE*, VIII, p. 1309) que le nom d'Hérode pouvait être celui du sculpteur. Mais, à cette époque, les sculpteurs gravaient souvent leur nom sur leurs statues non sur les bases (Cf. HARTWIG, *Röm. Mit.*, XVI, p. 368 ; GRAINDOR, *Athènes sous Auguste*, pp. 209 sq.).

a tout l'air d'une protestation officielle contre le jugement de Sirmium, Hérode se retira dans ses propriétés à Marathon et à Képhissia. Malgré son âge avancé,—il avait alors dans les 75 ans—, le sophiste reprit son enseignement: de tous les points du monde antique, la jeunesse accourait pour l'entendre (¹).

C'était à peu près le moment où Avidius Cassius se posa en compétiteur de Marc-Aurèle (²). Hérode lui écrivit alors ce laconique billet : "Hérode à Cassius. Tu es fou" (³).

On ne s'était guère demandé à quel propos cette lettre avait été écrite. Pourquoi cette brève épître d'une si brutale concision? On ne s'exprime pas de la sorte sans y avoir été provoqué, fût-on un homme de caractère aussi violent que semble l'avoir été Hérode. Ce ne peut être qu'une riposte du sophiste à l'usurpateur malheureux. Celui-ci avait dû écrire à Hérode, comme il avait écrit à beaucoup d'autres (⁴), pour tenter de rallier à sa cause un personnage également puissant par sa fortune et son talent.

La révolte de Cassius coïncidait précisément avec le moment ou Hérode semblait brouillé avec le souverain, où l'on prétendait même qu'Hérode avait été exilé. Cassius ne devait pas ignorer qu'on accusait Hérode d'avoir été de connivence avec Lucius Vérus contre Marc-Aurèle. Hérode lui-même n'avait-il pas fait publiquement allusion à ces calomnies pendant le procès de Sirmium?

L'usurpateur dut donc écrire à Hérode qu'il croyait en disgrâce, sans doute après la triomphale réception par laquelle Athènes n'avait pas craint de montrer qu'elle gardait toute sa sympathie pour

---

(¹) PHILOSTR., II, 1, 30 (p. 172 W.).

(²) Approximativement d'avril à juillet 175. Cf. SCHWENDEMANN, pp. 102, 104, 181. A la bibliographie, ajouter HARRER, *Studies in the history of the Roman province of Syria*, Princeton, 1915, pp. 35 sq.

(³) PHILOSTR., II, 1, 30 (p. 176 W.) : Ἡρώδης Κασσίῳ· ἐμάνης. Sur cet épisode, cf. nos *Marbres et textes*, pp. 92 sqq.

(⁴) AMMIAN., XXI, 16, 11 signale tout un paquet de lettres envoyées par Cassius à des complices et qui furent interceptées. Cassius, à l'imitation de l'empereur, s'était empressé de s'adjoindre deux secrétaires, l'un pour la correspondance en latin, l'autre pour la correspondance en grec. CASS DIO, 72, 7, 4. Cf. HIRSCHFELD, *Die kaiserl. Verwaltungsbeamten* ², p. 321, n. 4.

le sophiste, au risque de mécontenter l'empereur qui l'avait condamné sinon lui-même du moins dans la personne de ses affranchis.

Mais si Cassius écrivit à Hérode, il se trompa en escomptant son appui. Hérode montra qu'il n'avait pas cessé d'être fidèle à celui qui avait été son disciple, avant de devenir son souverain. Et il ne se risqua pas dans l'aventure où Cassius voulait l'entraîner.

Peu de temps après, Marc-Aurèle tenant la promesse qu'il avait faite à Hérode, passait par Athènes avant de rentrer à Rome (176). Mais, s'il se fit initier, ce ne fut pas Hérode qui fut son mystagogue, comme il le désirait dans la lettre que nous avons citée (¹). Cependant la réconciliation entre le maître et son illustre disciple fut complète. Ce fut Hérode, passé en quelque sorte grand maître de l'Université, qui désigna, à la demande de Marc-Aurèle, les titulaires des quatre chaires officielles de philosophie créées à Athènes par l'empereur et royalement appointées par lui (²).

Hérode ne dut pas survivre longtemps à l'impériale visite. Il mourut de consomption, à Marathon, à l'âge d'environ 76 ans, c'est-à-dire, vers 177, puisqu'il était né, nous l'avons dit, vers 101 (³).

Il avait donné ordre à ses affranchis de l'inhumer à Marathon. Même, il s'y était fait construire un tombeau où l'on a trouvé, avec son propre buste, ceux de ses deux disciples impériaux, Marc-Aurèle et Lucius Vérus (⁴). Nous sommes sûrs de l'identification de ce

----

(¹) *SIG³*, 872 ; 'Εφ. ἀρχ., 1885, p. 149, n° 26 ; *BCH*, XIX, 1895, p. 119 (d'après GIANELLI, *Atti Accad. Torino*, L, 1914/15, pp. 369 sqq. ; *Dizion epigr.*, II, p. 2093, l'empereur appelé ici 'Αντωνῖνος serait Antonin et non Marc-Aurèle. Mais cf. nos observations *Musée belge*, 1922, pp. 189 sq.). Pour les textes littéraires, cf. VON ROHDEN, *RE*, I, p. 2301. Cf. aussi SCHWENDEMANN, pp. 186 sqq.

(²) PHILOSTR., II, 2 (p. 182 W.).

(³) PHILOSTR., II, 1, 37 (p. 180 W.). Cf. ci-dessus, pp. 28, 39.

(⁴) Le buste est aujourd'hui au Louvre (*Catal. sommaire*, n° 1164). Il avait été trouvé par Fauvel, en même temps que les deux bustes d'empereurs, dit-on, quoique il n'existe pas de relation écrite sur ce point. Acquis par Choiseul-Gouffier, il passe ensuite dans la collection Pourtalès (PANOFKA, *Le cabinet Pourtalès*, pl. 37. Cf. VISCONTI-MONGEZ, *Iconographie romaine*, fol. add., pl. 64, 5, 6) et de là au Louvre. Le buste de L. Vérus paraît perdu. Celui de Marc-Aurèle figure sous le n° 1161 du *Catalogue sommaire*. Cf. BERNOUILLI, *Griechische Ikonographie*, 1901, II, pp. 207 sq.

Fig. 5.   Hermès d'Hérode Atticus trouvé à Corinthe.

Fig. 6. Tête de l'Hermès d'Hérode Atticus,
de Corinthe, d'après le dessin de
M. A. Philadelpheus.

tombeau ; le portrait du sophiste a pu récemment être identifé avec
certitude, grâce à l'heureuse découverte d'un hermès d'Hérode a
Corinthe (Fig. 5-6).

Voici comment l'éditeur décrit ce dernier portrait, malheureusement très mutilé : " C'est un homme d'âge mûr, portant un collier
de barbe à courtes mèches ondulées ; la moustache forte et saillante
descend en crochets de chaque côté de la bouche, assez enfoncée,
dont la lèvre inférieure est en retrait prononcé. Les cheveux sont
courts. Librement arrangées, des boucles qui rappellent celles de la
barbe, couvrent tout le crâne. Le front est plutôt étroit que large,
avec une faible courbure ; les cheveux y descendent assez bas, par
petites mèches, surtout au milieu du front, et sont ramenés aussi
sur les tempes. Par sa forme, par ses rides légères, ce front donne
à la figure un air sérieux et intelligent. Les grands yeux, allongés
en amande sous les arcades sourcilières, rehaussent cette expression
et donnent aussi un caractère un peu rêveur à la physionomie. Les
pupilles forment à peu près des demi-cercles, de même que l'iris,
de sorte que le regard semble dirigé légèrement en haut. Malheureusement, le nez est totalement brisé ; il semble du moins qu'il
était fin à sa naissance, assez large à sa base. Quant aux lèvres,
elles sont minces et serrées, ce qui paraît convenir à un homme
éloquent, à un rhéteur dont la causerie séduisait " (¹).

Sur le pilier de l'hermès est gravée l'inscription : Ἡρώδης
|ἐνθάδε| περιεπάτει, " Hérode se promenait ici " (²). Elle est conçue
comme celles qui précèdent plusieurs fois les imprécations inscrites
sur les hermès de Polydeukion, d'Achille et de Memnon. Elle doit
être contemporaine, à en juger aussi d'après l'âge que paraît avoir
eu Hérode au moment où fut sculpté le portrait de Corinthe. C'est

---

Le buste aurait été trouvé à Probalinthos, du moins à l'endroit où l'on
suppose que ce dème était situé. Mais la situation exacte de ce dème n'est
pas connue et il résulterait des recherches de M. Sotiriadis que l'ancienne Marathon devrait être cherchée à l'endroit où l'on plaçait Probalinthos, c'est-à-
dire, près du marais de Brexisa. Cf. *Proïnos Telegraphos*, 21 oct. 1926; *Messager d'Athènes*, 30 oct. 1926; *AJA*, 1926, p. 507; *BCH*, L, 1926, p. 540.—

(¹) A. PHILADELPHEUS, *BCH*, XLIV, 1920, p. 171. Cf. PICARD, *La sculpture
antique*, II, p. 444.

(²) *BCH, Ibid.*, p. 172.

celui d'un homme d'une cinquantaine d'années. Or Hérode avait à
peu près atteint cet âge en 147/8, année probable, nous l'avons établi,
de l'érection des multiples hermès de ses disciples préférés.

Quant au buste de Marathon (Probalinthos) (Fig. 7-8), qui est
beaucoup mieux conservé, c'est " celui d'un homme âgé de cinquante ans environ ; la tête, d'un bel ovale, est couronnée de cheveux
épais, aux petites boucles rondes et courtes, ramenées sur un front
ridé, un peu arrondi et saillant ; deux grands yeux en forme d'a-
mande, enfoncés sous l'orbite, sont doux et rêveurs comme ceux de
la tête de Corinthe ; le nez fin est légèrement arqué. La moustache,
en crochets, la barbe épaisse, en collier, avec des mèches courtes et
ondulées, rappellent d'une façon saisissante le portrait corinthien" ([1]).
Il faut ajouter que le style est exactement celui des bustes du temps
des Antonins, et que le portrait de Marathon, quoique étroitement
apparenté à celui de Corinthe, présente cependant, malgré une indé-
niable ressemblance, une certaine différence. Mais c'est sans doute
une simple différence d'âge. L'Hérode de Marathon nous paraît plus
âgé que celui de Corinthe. C'est un homme déjà fatigué : le dessin
du buste, aujourd'hui au Louvre, qui a été exécuté par Lorichon,
accuse bien l'air de légère tristesse désabusée qui assombrit le
visage du sophiste ([2]).

Les Athéniens ne se crurent pas obligés de respecter les dernières volontés d'Hérode. Ils firent enlever le corps par les éphèbes

---

([1]) *BCH, l.l.*, pp. 175 sq.

([2]) La statue d'homme debout, avec un *scrinium* près du pied gauche, qui se
dresse encore dans la niche du corridor ouest de l'odéon ne serait-elle pas
celle d'Hérode, comme on l'a parfois supposé (PITTAKIS, *Arch. Zeitung*, 1858,
Anz., p. 199; SCHILLBACH, *Ueber das Theater des Herodes Attikos*, p. 25; VON
SYBEL, *Katalog der Sculpturen zu Athen*, p. 336, n° 4489; TREU, *Olympia*, III,
p. 270, n. 1; BERNOULLI, *Griechische Ikonographie*, II, p. 209)? Comme la tête
manque, nous ne pouvons rien affirmer. Mais nous considérons l'identification
comme peu probable. Au ch. X, à propos de l'odéon, nous dirons que les statues
d'Hérode et de sa famille se dressaient très probablement, dans les niches du
mur du fond de la scène, où elles voisinaient avec celles des empereurs, comme
dans l'exèdre d'Olympie.

Quant à la statue d'Hérode, à Olympie, elle est d'un type tout à fait banal
et presque sans intérêt pour son iconographie, la tête étant encore une fois
perdue (*Olympia*, III, p. 273, pl. LXVI, 4. Cf. ci-dessous, ch. X).

Fig. 7.   Buste d'Hérode trouvé à Marathon (face).

Fig. 8.   Buste d'Hérode trouvé à Marathon (profil).

pour l'inhumer, nous assure Philostrate, dans le stade. Tout Athènes se porta encore une fois au-devant d'Hérode que tous les Athéniens pleurèrent "comme des enfants privés d'un bon père" (¹). Les éphèbes avaient des raisons particulières de le regretter. Hérode, en mémoire de son père, leur avait promis que, tant qu'il vivrait, ils ne manqueraient jamais de chlamydes blanches (²). Il faut savoir qu'avant cette nouvelle preuve de la munificence d'Hérode, les éphèbes étaient condamnés à revêtir des chlamydes noires dans les cérémonies officielles, en punition du meurtre de Kopreus, dont ils portaient le deuil parce que leurs lointains prédécesseurs avaient, disait-on, autrefois tué ce héraut lorsqu'il voulait arracher les Héraclides de l'autel où ils s'étaient réfugiés (³). Hérode n'était ni stratège, comme on l'a prétendu (⁴), ni cosmète à cette

---

(¹) PHILOSTR., II, 1, 37 (p. 180 W.).

(²) *Musée belge*, 1912, p. 70, v. 20 sqq. = *BCH*, L, 1926, p. 529. Cf. le commentaire de ces vers *Musée belge*, *l.l.*, pp. 75 sq. Sur ce don des chlamydes, cf. aussi PHILOSTR., II, 1, 8; *IG*, III, 1132 (*SIG³*, 870; NACHMANSON, *Histor. att. Inschriften*, 82).

(³) PHILOSTR., II, 1, 8 (p. 148 W.). MAASS, *Orpheus*, p. 40, n. 35 (cf. MÜNSCHER, p. 942) a cru trouver dans un fragment (462, BÜCHELER), du *Sesculixes* de VARRON, la preuve qu'Hérode n'avait fait que remettre en vigueur un usage déjà ancien: *ubi nitidi ephebi veste pulla candidi modeste amicti (cultus) pascunt pectore*. Mais il est difficile de tirer argument d'un texte aussi obscur et il y est, en tout cas, clairement question d'un vêtement de couleur sombre *(pulla)*. On observera d'ailleurs que, d'après le texte du décret *IG*, III, 1132, les éphèbes ne portaient pas les chlamydes blanches en toutes occasions mais seulement les jours où ils escortaient les objets sacrés d'Éleusis à Athènes et d'Athènes à Éleusis (*SIG³*, 885). Par contre, PHILOSTR., II, 1, 8, semble dire qu'ils s'en revêtirent désormais en toutes circonstances.

(⁴) VIDAL-LABLACHE, *Hérode Atticus*, pp. 156 sq. ; *BCH*, L, 1926, p. 178. Cette erreur repose sur la mention de ['Ηρ]ώδου στρατηγοῦντο[ς], dans un fragment de décret (*IG*, III, 4) que Dittenberger inclinait à placer au IIᵉ siècle, tout en faisant d'ailleurs observer que le nom d'Hérode était fréquent et qu'il n'était pas sûr qu'il s'agit du sophiste. En réalité, ce fragment appartient à un décret (*IG*, IIᵉ, 1051 *b*) de la fin de la République ou du début de l'Empire (cf. notre *Athènes sous Auguste*, p. 106). L'Hérode en question ne peut être que le père du stratège Euklès, qui vivait à l'époque de César et sous qui furent commencés les travaux de l'agora romaine (cf. ci-dessus, p. 5).

époque (¹), c'est-à-dire en 165/6 (²), et il n'y a d'ailleurs aucune preuve qu'il ait jamais occupé ces fonctions qui conféraient au titulaire une autorité officielle sur les éphèbes (³). Ce qui est certain, c'est que ceux-ci, en cette occasion mémorable, lui offrirent des agrafes en électron, sans doute de ces agrafes qui réunissaient les deux bouts de la chlamyde sur l'épaule droite (⁴). C'étaient des agrafes d'honneur qui rappelaient le don si généreux de leur bienfaiteur, du maître aussi dont ils devaient suivre les leçons (⁵). Il semble que, précédemment déjà, ils avaient reçu d'autres preuves de la générosité d'Hérode et que c'est en reconnaissance qu'ils avaient institué une fête nouvelle, l'ἀγὼν περὶ ἀλκῆς, vers 145 (⁶).

Philostrate paraît avoir commis une inexactitude en affirmant que les Athéniens enterrèrent Hérode dans le stade qu'il avait construit à ses frais (⁷). Les fouilles n'ont pas confirmé cette affirmation (⁸). Mais, s'il n'a pas été trouvé de tombeau dans le stade même où il

---

(¹) Le cosmète de l'année est connu par *IG*, III, 1132.

(²) Archontat de Sextus. C'est la date que nous avons proposée dans notre *Chronologie*, p. 162, n° 124. Elle a été contestée par KOLBE, *AM*, XLVI, 1921, pp. 134 sqq. Mais cf. notre réfutation, *Album*, pp. 6 sqq.

(³) Pour le stratège, cf. PLUT., *Quaest. conv.*, 9, 1.

(⁴) *Musée belge*, 1912, p. 71, v. 23 (= *BCH*, L, 1926, p. 529).

(⁵) *Musée belge*, *l.l.*, p. 76 et ci-dessous, p. 144.

(⁶) Ἐφ. ἀρχ., 1893, p. 73, l. 52 : οἱ τὸν ἐ[πὶ Κλαυδ]ίῳ Ἡρώδῃ πρῶτο[ν ἀ]γχ θέντα | ἐν Ἐλευσῖν[ι ἀ]γῶ[ν]α τοὺς παρευτά[κτ]ο[υς] νι| κήσαντες. L'emploi du datif Ἡρώδῃ montre que ce concours eu lieu pour la première fois non en présence d'Hérode comme le veut LOLLING (Ἐφ. ἀρχ., *l.l.*, p. 83) mais en son honneur (MAASS, *Orpheus*, p. 40, n. 35. Lolling date cet événement de 143 et non de 167, comme le prétend MÜNSCHER, *l.l*, p. 942. Mais cf. *Musée belge*, 1922, p. 201, n. 5). Nous avons essayé (*ibid.*, pp. 201 sqq.) de préciser le sens, obscur et discuté (NEUBAUER, *Commentationes epigraphicae*, Berlin, 1869, pp. 67 et 70 ; DUMONT, *Essai sur l'éphébie*, I, p 302; GRASBERGER, *Erziehung und Unterricht*, III, p. 133; LOLLING, *l.l.*, p. 82, n. 3; *RE*, I, p. 838) de l'expression περὶ ἀλκῆς. Le concours comportait en tout cas la lutte et le pancrace. On observera que sa création coïncide à peu près avec la date du retour d'Hérode à Athènes et de l'inauguration du stade. Sans doute n'est-ce pas là une simple coïncidence.

(⁷) PHILOSTR., II, 1, 37 (p. 180 W.).

(⁸) WACHSMUTH, *Die Stadt Athen im Altertum*, I, p. 240; MÜNSCHER, p. 945; JUDEICH, *Topographie der Stadt Athen*, p. 370.

est peu croyable qu'il ait jamais été édifié, on a découvert, il n'y a pas bien longtemps, à l'extérieur du mur qui entoure, à l'est, la dernière rangée des gradins, une inscription qui paraît bien se rapporter au sophiste et marquait peut-être l'emplacement de son tombeau (¹). Après une première ligne où l'on a dû marteler le nom d'Hérode lorsque le marbre a été remployé plus tard (²), avec d'autres stèles funéraires, dans un mur entourant un grand sarcophage, on lit encore en caractères archaïsants, caractéristiques de l'époque du sophiste, la dédicace suivante : Ἔρωϊ | τῶι | Μαραθωνίωι. L'endroit de la découverte, tout contre le plus vaste édifice construit par le fastueux Athénien, et le dème de ce héros, qui était également celui d'Hérode, rendent l'identification fort plausible.

On avait déjà conjecturé que le tombeau d'Hérode devait se trouver en cet endroit et qu'il fallait l'identifier avec une vaste construction de 11 mètres de large sur 55 mètres de long, dont les substructions sont conservées au sommet de la colline qui domine le stade à l'est (³). Cette hypothèse est singulièrement renforcée par la découverte de notre dédicace.

Nous avons qualifié ce texte de dédicace, car il ne s'agit pas à proprement parler d'une épitaphe. Celle d'Hérode était conçue sous forme d'une épigramme, dont Philostrate vante l'éloquente concicision (⁴) :

'Αττικοῦ Ἡρώδης Μαραθώνιος, οὗ τάδε πάντα
κεῖται τῷδε τάφῳ, πάντοθεν εὐδόκιμος.

Ce fut un disciple d'Hérode, Hadrien de Tyr, qui fut chargé de prononcer son éloge funèbre. Il s'en acquitta, nous dit Philostrate, d'une manière digne de celui qui en était l'objet, si bien que les Athéniens fondirent en larmes en l'entendant (⁵). Sa tâche, il

---

(¹) SKIAS, Νέος Ἑλληνομνήμων, II, 1905, p. 260: stèle haute de 0 m. 95 sur 0 m. 49 de large et 0 m. 41 d'épaisseur.

(²) Ce fut sans doute vers l'époque de Trajan-Dèce : un *aureus* de cet empereur a été trouvé dans la bouche du cadavre inhumé dans le sarcophage. Cet *aureus*, peu usé, n'avait pas dû être longtemps en circulation.

(³) JUDEICH, p. 370.

(⁴) PHILOSTR., II, 1, 37 (p. 182 W.).

(⁵) *Ibid.*, II, 10, 3 (p. 226 W.).

est vrai, fut aisée: jamais Athènes n'avait perdu un citoyen d'une aussi fastueuse générosité. Elle ne devait plus connaître pareil bienfaiteur. Et c'était un peu l'éloge funèbre d'Athènes que prononça Hadrien, d'Athènes qui allait achever de mourir après la disparition du grand homme qui avait réussi à la ranimer pendant plus d'un demi-siècle, de toute la force de son talent, de toute la puissance de sa fortune.

CHAPITRE IX

LE SOPHISTE. LE PROFESSEUR. L'ÉCRIVAIN.

"Ô Hérode, nous sommes tous des fragments de toi-même",
s'écria lors de son passage à Athènes, Alexandre dit Péloplaton, de
Séleucie, après avoir entendu déclamer son collègue (¹). Son excla-
mation était-elle tout à fait sincère ou voulait-il exagérer pour flatter
le sophiste et en être payé de retour? Nous ne savons. Mais il ne
pouvait mieux marquer la place occupée par Hérode dans la seconde
sophistique. Il la domine entièrement. Il la résume par la variété de
son talent qu'admirait le Romain Aelianus (²). Il est le λόγων βασιλεύς
le roi des orateurs de son temps, comme le qualifie Rufus de
Périnthe (³) ; il les dépasse presque tous, ajoute un autre de ses
disciples, Aulu-Gelle, par la gravité, l'abondance et l'élégance de la
forme (⁴). Son éloquence est nourrie (⁵) car il ne cesse de s'instruire
même la nuit lorsqu'il a des insomnies, bien que la nature lui eût
donné une facilité de travail extraordinaire (⁶). D'autres sophistes ne

---

(¹) PHILOSTR., II, 5, 8 (p. 198 W.) : ὦ Ἡρώδη, τεμάχιά σου ἐσμὲν οἱ σοφισταὶ
πάντες.

(²) *Ibid.*, II, 31, 3 (p. 306 W.) : ποικιλώτατον ῥητόρων.

(³) *Ibid.*, II, 17, 2 (p. 250 W.).

(⁴) GELL., *Noct. Att.*, XIX, 12, 1 : *Herodem Atticum... Athenis disserentem
audivi Graeca oratione in qua fere omnes memoriae nostrae universos gravitate
atque copia et elegantia vocum longe praestitit.* Cf. aussi SOPATR., *Prolegom
Aristid.*, III, p. 737 (DINDORF).

(⁵) PHILOSTR., II, 1, 35 (p. 178 W.) : σιτευτὸν ῥήτορα.

(⁶) *Ibid.* : εὐμαθέστατος δὲ ἀνθρώπων γενόμενος οὐδὲ τοῦ μοχθεῖν ἠμέλησεν,
ἀλλὰ καὶ παρὰ πότον ἐσπούδαζε καὶ νύκτωρ ἐν τοῖς διαλείμμασι τῶν ὕπνων. Cf.
aussi LIBAN, *Or.*, IV, 7 (p. 289 FOERSTER).

sont aptes qu'à prononcer des discours longuement préparés ou ne brillent que dans l'improvisation : Hérode, lui, excelle dans tous les genres ([1]). Mieux encore : bien, qu'étant par excellence le représentant de la sophistique atticisante, il n'a aucune peine, à l'occasion de montrer qu'il peut aisément rivaliser avec les asianistes : un au moins, sinon deux des trois discours d'Hérode dont le sujet nous est connu, fut traité dans la manière de l'asianisme ([2]). Ce n'est point qu'Hérode fut éclectique : il voulait probablement montrer qu'il était capable de rivaliser, dans leur propre genre, avec les collégues asianistes qu'il avait entendus.—Les sophistes, lorsqu'ils n'étaient pas en même temps avocats.. n'avaient pas toujours l'occasion d'utiliser leur talent dans la vie pratique, comme Hérode qui eut à se défendre dans trois procès fameux, ou même d'employer leur éloquence dans la politique municipale, dans les cérémonies officielles et religieuses ou dans les ambassades auprès des empereurs. Leur art était avant tout un art d'apparat. Il ne se confinait pas seulement dans l'école, où l'on enseignait la manière de bien dire ; il aimait aussi et surtout à s'étaler dans les ἐπιδείξεις, dans les séances publiques qui donnaient occasion aux sophistes de triompher soit devant leurs compatriotes soit dans les cités étrangères où l'appât du gain les attirait non moins que la nécessité de renouveler leur public.

([1]) PHILOSTR., II, 1, 35 (p. 180 W.) : ἄλλος μὲν οὖν ἄλλο ἀγαθὸς καὶ ἄλλος ἐν ἄλλῳ βελτίων ἑτέρου· ὁ μὲν γὰρ σχεδιάσαι θαυμάσιος, ὁ δὲ ἐκπονῆσαι λόγον. ὁ δὲ τὰ ξύμπαντα ἄριστα τῶν σοφιστῶν διέθετο. — Il semble qu'Hérode disposait de nombreux esclaves sténographes pour noter ses improvisations. C'est ce qu'on peut déduire du passage de la vie d'Alexandre Péloplaton (II, 5, 8, p. 198 W.) où Philostrate cite, parmi les cadeaux que lui fit Hérode, dix σημείων γραφέας.

([2]) PHILOSTR., II, 5, 8 (p. 198 W.): Hérode, après avoir entendu le sophiste Alexandre Péloplaton, traite dans sa manière le sujet : "Les blessés de l'expédition de Sicile supplient leurs compatriotes athéniens, qui opèrent leur retraite, de les achever„. Cf. aussi *ibid.*, I, 25, 17 (p. 122 W.): Hérode reprend un thème traité par Polémon. Du contexte, il paraît résulter que ce fut dans la manière du sophiste asiatique. Le troisième sujet développé par Hérode est une διάλεξις· de caractère philosophique, prononcée à Olympie (*Ibid.*, II, 1, 20, p. 160 W.). Pour ces trois discours, cf. ci-dessous, pp. 141 sq.

Philostrate nous a laissé plusieurs comptes rendus très vivants de séances de ce genre. L'un d'eux nous intéresse tout particulièrement parce qu'Hérode y joue un rôle important.

Alexandre dit Péloplaton (¹), se rendant en Pannonie (²) auprès de Marc-Aurèle, qui l'avait nommé secrétaire pour la correspondance en grec, s'arrêta à Athènes. Il promit aux Athéniens une séance d'improvisation. Ayant appris qu'Hérode se trouvait à Marathon avec toute la jeunesse, il lui écrivit pour le prier de lui envoyer les "Hellènes", c'est-à-dire ses disciples. Et Hérode lui répondit : "Je viendrai, moi aussi, avec les Hellènes".

Donc les Athéniens s'étaient réunis au Céramique, dans le théâtre appelé Agrippeion. Le jour s'avançait et Hérode n'arrivait toujours pas. L'auditoire s'impatientait et accusait le sophiste de tarder à dessein. Alexandre dut donc commencer avant son arrivée. Il préluda par un éloge de la cité, comme c'était l'usage, et s'excusa de n'être pas venu plus tôt à Athènes. Bref, il fit un discours assez long qui était comme un raccourci de ceux que l'on prononçait lors des Panathénées. L'assemblée était favorablement disposée. L'orateur avait conquis son public même avant d'avoir ouvert la bouche : un murmure flatteur avait bourdonné dès son entrée en scène. Le sophiste était bien tourné et élégamment vêtu, qualités fort appréciées par le public athénien de tous les temps.

Puis on passa à l'improvisation. Le sujet qui réunit le plus de suffrages fut : exhorter les Scythes à reprendre leur vie nomade, leur santé ne s'accommodant pas du séjour des villes. Alexandre avait déjà commencé depuis un certain temps à développer ce thème lorsqu'Hérode entra, coiffé du "pilos" arcadien qu'il portait d'habitude en été et dont il était resté couvert pour bien montrer qu'il arrivait de voyage et pour excuser son retard. Alexandre lui demanda alors s'il devait continuer à traiter le sujet déjà presque terminé ou si Hérode désirait lui en proposer un autre. L'auditoire

---

(¹) PHILOSTR., II, 5, 3-7 (pp. 192 sq. W.).

(²) L'épisode se place donc tout à la fin de la carrière d'Hérode, Marc-Aurèle nous l'avons vu plus haut (p. 126) ayant transporté son quartier général à Sirmium, en Pannonie, en 173 et y étant resté jusque juillet-août 175.

consulté par Hérode fut unanime: Alexandre devait achever l'improvisation si brillamment commencée. Alexandre profita de l'occasion pour étaler sa virtuosité. Il reprit les idées qu'il venait de développer et leur donna une forme et des rythmes nouveaux si bien qu'il n'eut pas l'air de se répéter (¹).

Lorsqu'il eut fini, il se précipita vers Hérode, l'embrassa et lui dit: "Régale-moi à ton tour." A quoi Hérode répondit en continuant la figure employée par Alexandre : " Pourquoi m'y refuserais-je après avoir été si splendidement traité ? "

Après cette mémorable séance, Hérode interrogea ses disciples les plus avancés, ne voulant sans doute pas laisser échapper cette occasion de mettre à l'épreuve leur sens critique. L'un d'eux, Skèptos de Corinthe, répondit par un mauvais jeu de mot sur le sobriquet d'Alexandre, plus préoccupé de faire de l'esprit que de rendre justice au sophiste qui venait de produire une si forte impression. Aussi Hérode conseilla-t-il à Skèptos de ne pas se faire tort en répétant ailleurs une appréciation qui voulait, sans y réussir, être spirituelle au détriment de la vérité. Lui même, en son langage volontiers imagé, caractérisa Alexandre comme un "Scopélianos à jeun" voulant dire, ajoute Philostrate, qu'il accommodait l'audace de la pensée de Scopélianos à une forme moins emphatique, plus mesurée.

Hérode tint la promesse qu'il avait faite à Alexandre : il traita devant lui le thème pathétique, inspiré du récit de Thucydide (²), des blessés de l'expédition de Sicile suppliant leurs compatriotes athéniens, obligés à la retraite, de les achever au moment où ils étaient forcés de les abandonner. Hérode tint à rivaliser de virtuosité avec son collègue en pastichant son style et ses rythmes.

L'émotion fut au paroxysme, nous assure Philostrate, lorsque les blessés, par la bouche d'Hérode, dont les yeux étaient mouillés de larmes, lancèrent à leur général, comme à leur père, une dernière et pathétique supplication sous forme de vœu, qui resta fameuse, mais dont l'émouvante concision est difficilement traduisible: ναὶ

(¹) PHILOSTR., II, **27, 9** (p. 294 W.) rapporte un tour de force semblable à propos du sophiste Hippodromos.

(²) THUC., II, **75**.

Νικία, ναὶ πάτερ, οὕτως Ἀθήνας ἴδοις (Oui, Nicias, oui, notre père c'est à ce prix que nous te souhaitons de revoir Athènes).

C'est alors qu'Alexandre, enthousiasmé, ne put s'empêcher de s'écrier: "Ô Hérode, nous autres sophistes, nous ne sommes tous que la monnaie de toi-même", louange assez juste, nous l'avons dit plus haut, puisque Hérode ne se contentait pas d'être lui-même, mais pouvait à l'occasion égaler, sinon dépasser ses collègues même en les pastichant.

Hérode fut ravi de cet éloge qui était peut-être moins sincère qu'intéressé. Alexandre n'avait probablement pas oublié les fastueux honoraires touchés par Polémon. Cette fois, Hérode fit mieux encore. Philostrate énumère complaisamment les présents que reçut Alexandre: dix bêtes de trait, dix chevaux, dix échansons, dix sténographes [1], la somme énorme de vingt talents d'or, beaucoup d'argent et même deux tout jeunes enfants de Kollytos, car il avait appris qu'Alexandre aimait à entendre les voix enfantines [2]. Un roi n'aurait pu se montrer plus généreux [3].

Le discours prononcé par Hérode devant Alexandre rentre dans la catégorie des μελέται et des improvisations à sujets historiques, dont il a été question plus haut [4]. C'est un thème du même genre qu'Hérode développa à Athènes, lorsqu'il discourut, à l'exemple de Polémon et sans doute dans sa manière, "Sur les trophées", c'est-à-dire sur les trophées de la guerre du Péloponèse, qui auraient dû être renversés [5], parce qu'ils perpétuaient le souvenir de victoires remportées par des Grecs sur des Grecs [6].

---

[1] Pour la sténographie, cf. H. VON ARNIM, *Leben und Werke des Dio von Prusa*, Berlin, 1898, pp. 173 sqq. Je n'ai pu consulter A. MENTZ, *Antike Stenographie*, Munich, 1926.

[2] Si Hérode avait choisi des enfants de Kollytos c'est, sans doute, parce que, au dire de TERTULLIEN, *de an.*, 20, ils étaient particulièrement précoces et commençaient à parler un mois plus tôt que les autres.

[3] PHILOSTR., II, 5, 8 (p. 198 W.).

[4] *Ibid.*, I, 25, 16-17 (pp. 122 sq. W.). Comme on admirait ce discours Hérode répondit: " Lisez celui de Polémon et vous saurez ce que c'est qu'un homme ". C'est également une μελέτη que le discours Περὶ πολιτείας, qui nous est parvenu sous le nom d'Hérode et dont il sera question plus loin.

[5] Cf. *supra*, pp. 41 sq.

[6] Pour ce thème, cf. aussi APSIN., 219.

Quant au troisième discours dont le sujet nous est connu, il rentre plutôt dans la catégorie des διαλέξεις, sortes de conférences à sujets philosophiques ou simples causeries (λαλιαί) en manière de prélude (προλαλιαί) employées par les sophistes pour se concilier la bienveillance du public et se présenter à lui (¹). C'était un véritable lieu commun de morale qu'Hérode avait eu a traiter dans ce discours, à Olympie, lieu commun sur lequel avaient notamment disserté avant lui le philosophe Musonius et son disciple Lucius. Il s'agissait de la nécessité de garder un juste milieu, thème devenu banal depuis Aristote, mais qu'Hérode avait su rajeunir par d'ingénieuses comparaisons comme celle du fleuve qui ne doit point sortir de son lit (²).

C'est aussi une véritable διάλεξις d'Hérode qu'Aulu-Gelle a notée et résumée dans ses "Nuits attiques". Mais elle fut donnée non en public mais dans la somptueuse villa de Képhissia, où Hérode aimait à recevoir ses amis et ses disciples et à les régaler de sa parole et de sa science.

Hérode venait de perdre son fils. Un philosophe stoïcien qui n'est pas nommé, lui reprochait l'excès de sa douleur qui n'était digne ni d'un sage ni d'un homme. Ce fut pour le sophiste l'occasion de s'élever contre l'apathie des stoïciens, comme aurait pu le faire son maître Calvisius Tauros (³). Aulu-Gelle nous a conservé le résumé de cette dissertation. Hérode y combattait, comme contraire à la nature, l'insensibilité préconisée par les stoïciens. Un homme qui parviendrait à supprimer ses passions et ses affections, qui réaliserait l'idéal stoïcien de l'ataraxie, ne serait pas meilleur mais, au contraire, son âme tomberait dans une torpeur et une langueur préjudiciables. Il faut modérer les passions pour qu'elles ne deviennent pas des vices mais non les arracher de l'âme sous peine de

---

(¹) Sur les προλαλιαί, cf. A. STOCK, *De prolaliarum usu rhetorico*, Diss. Königsberg, 1911 ; O. SCHISSEL, *DLZ*, 1912, pp. 1435 sqq. ; E. NORDEN, *Agnostos Theos*, Leipzig. 1913, pp. 34, n. 1, 38, n. I ; CHRIST-SCHMID, II⁶, p. 689, n. 6. — Pour la διάλεξις, cf. DÜRR, *Philol.* suppl., VIII, p. 5 ; BOULANGER *o.l.*, pp. 51 sq.

(²) PHILOSTR., II, 1, 20 (p. 160 W.).

(³) GELL., *Noct Attic.*, II, 5, 5.

perdre ce qu'elles ont de bon et d'utile. En terminant, Hérode
illustrait sa dissertation d'un apologue. Un Thrace, venu du fond
des pays barbares dans un endroit civilisé, y acquiert un fonds de
terre planté de vignes et d'oliviers. Il ignore tout de l'agriculture.
Mais, voyant par hasard son voisin occupé à arracher les buissons,
à tailler ses frênes jusqu'au sommet, ses vignes et ses arbres frui-
tiers, il lui en demande la raison. Le paysan lui répond qu'il émonde
pour augmenter la fertilité de ses arbres et de ses vignes. Le Thrace
le remercie et s'en va, tout joyeux, croyant l'imiter, saccager sa
propriété en émondant et en arrachant à tort et à travers ce qu'il
aurait dû épargner. Ainsi, concluait Hérode, agissent les stoïciens
en supprimant le désir, la douleur, la colère, la joie : en amputant
tous les grands élans de l'âme, ils se condamnent, sous prétexte
d'ataraxie, à vieillir dans la torpeur d'une vie lâche et pour ainsi
dire sans nerfs (¹).

Un sophiste ne se bornait pas à se produire en public : son
activité se déployait la plupart du temps dans l'école. Hérode commença de bonne heure à enseigner : il avait débuté déjà, nous
l'avons dit, avant l'époque où il était *corrector* des cités grecques
d'Asie et entendit Polémon (²). Il n'interrompit pas son enseignement pendant son séjour à Rome : il ne s'y consacra pas exclusivement à l'instruction des deux futurs empereurs Marc-Aurèle et
Lucius Vérus (³) mais dut aussi y professer. Il improvisa, en tout
cas, plus d'une fois en public et c'est même à Rome qu'il fit un de
ses principaux disciples, Claudius Aristoklès de Pergame : après
avoir entendu Hérode, il désertera la philosophie péripatéticienne
pour passer à la sophistique (⁴). Il deviendra le maître d'Aelius
Aristide et c'est à lui qu'Hérode, devant s'absenter pendant assez
longtemps d'Athènes, enverra tous se élèves à Pergame (⁵).

(¹) GELL., XIX, 12.
(²) Cf. *supra*, p. 60.
(³) Cf. *supra*, p. 67.
(⁴) PHILOSTR., II, 3 (p. 184 W.).
(⁵) *Ibid.* Sur Aristoklès, cf. CHRIST-SCHMID, II⁶, p. 697 ; *PIR*, I, p. 349, n° 643
et *supra*, p. 68. Cette "suppléance„ dut se placer soit lorsqu'Hérode alla plaider
sa cause à Rome, à la mort de Régilla, soit plutôt lors du procès de Sirmium.

Hérode continua à enseigner jusqu'à l'extrême fin de sa vie : après le procès de Sirmium, qui se plaça, nous l'avons montré, vers 174, la jeunesse affluait de toutes parts, nous assure Philostrate, pour entendre la parole du maître, alors âgé d'environ 75 ans et qui s'était retiré dans ses propriétés de Képhissia et de Marathon (¹).

Hérode, au dire de Sôpatros (²), occupa la chaire officielle de sophistique, à Athènes. Philostrate, chose étrange, ne nous en dit rien alors qu'il n'omet jamais d'en parler pour les autres sophistes, même lorsqu'ils furent médiocres (³). Hérode dut remplir cette fonction après Lollianos, qui vivait encore sous Antonin, et avant Théodotos, éphèbe vers 145, mort à 50 ans passés, donc vers 177, après avoir détenu la chaire pendant deux ans (⁴).

A côté des cours communs à tous les disciples, Hérode en avait institué un autre qui était réservé à ses meilleurs élèves. Ils étaient au nombre de dix, comme les Dix orateurs sans doute. Ce "privatissimum", comme on dirait en Allemagne, s'appelait "Klepsydrion". Cette académie devait son nom à ce qu'Hérode y parlait pendant la durée de cent lignes, mesurées par la clepsydre, sans que les disciples fussent autorisés à l'interrompre par leurs applaudissements, comme ils avaient le droit et le devoir de le faire aux leçons communes (⁵). Ceux qui, comme Skèptos de Corinthe,

---

(¹) PHILOSTR., II, 1, 30 (p. 172 W.).

(²) SOPATR., *Prolegom Arist.*, III, p. 739 (DINDORF).

(³) PHILOSTR., II, 2, 1 (p. 182 W.). (Théodotos); II, 10, 7 (p. 226 W.) (Hadrien de Tyr) ; II, 11, 2 (p. 236 W.) (les Athéniens veulent envoyer une ambassade à l'empereur pour défendre la candidature de Chrestos qui refuse) ; II, 13 (p. 242 W.) (Pausanias) ; II, 20, 1 (p. 254 W.) (Apollônios) ; II, 27, 6 (p. 290 W.) (Hippodromos) ; II, 30, 1 (p. 300 W.) (Philiskos).

(⁴) M. NAECHSTER, *De Pollucis et Phrynichi controversiis*, Diss. Leipsig, 1908, p. 45 ; *RE*, XIII, p. 1374 (Lollianos) ; PHILOSTR., II, 2 (p. 182 W.) et ci-dessus, p. 119 (Théodotos).

(⁵) PHILOSTR., II, 10, 1 (p. 222 W.) : τῶν τοῦ Ἡρώδου ἀκροατῶν δέκα οἱ ἀρετῆς ἀξιούμενοι ἐπεσιτίζοντο τῇ ἐς πάντας ἀκροάσει κλεψύδραν ξυμμεμετρημένην ἐς ἑκατὸν ἔπη, ἃ διῄει ἀποτάδην ὁ Ἡρώδης παρῃτημένος τὸν ἐκ τῶν ἀκροατῶν ἔπαινον καὶ μόνου γεγονὼς τοῦ λέγειν. Cf. aussi II, 13. On ne peut, avec W. SCHMID, *Atticismus*, I, p. 194, traduire ἔπη par "mots". Cent mots font une dizaine de lignes et c'est vraiment trop peu. WRIGHT, p. 223, comprend qu'il s'agit de vers expliqués par Hérode, interprétation inadmissible car ce n'était pas là l'affaire du sophiste mais du κριτικός.—SCHMID, *Ibid.*, WRIGHT, *l.l.* et SCHULTESS, p. 22, comprennent ἐπεσιτίζοντο comme s'il s'agissait d'un véritable repas offert

Amphiklès de Chalcis, Pausanias de Césarée et Hadrien de Tyr, eurent l'honneur d'être admis à ce "supplément de nourriture" intellectuelle, en étaient très fiers et se considéraient comme les "initiés d'un grand mystère" (¹).

Hérode était en effet un de ces maîtres qui ne se bornent pas à enseigner mais qui font travailler leurs élèves et prêchent eux-mêmes d'exemple. Lui-même, nous l'avons dit, tâchait sans relâche, même la nuit, à alimenter son intelligence et sa mémoire, labeur indispensable à un sophiste qui aimait par dessus tout à improviser et qui devait être prêt à traiter tous les sujets que le caprice des auditeurs pourrait lui imposer. Il exhortait même ses disciples à ne pas perdre tout à fait leur temps pendant leurs beuveries mais à les consacrer en même temps à l'étude (²). Sans doute s'agit-il de ces beuveries qui réunissaient les favoris du "Klepsydrion" (³) et leur avaient même valu un surnom ironique, " les altérés " (⁴). Le commerce même d'un homme aussi lettré était un perpétuel enseignement. Tout était prétexte à doctes entretiens dans sa maison ou

---

aux disciples préférés. Il faut évidemment le prendre au figuré comme nous l'avons fait. La préposition ἐπί marque que le Κλεψύδριον est un supplément à l'ἀκρόασις ouverte à tous. En outre, Alexandre Péloplaton (II, 5, 7) emploie une expression équivalente (ἐντεφεστίασόν με) pour demander à Hérode de lui faire le plaisir de parler après lui et Hérode lui répond en reprenant la même figure.

Mais si les membres du Κλεψύδριον ne participaient pas à un banquet, ils ne se privaient pas de boire (II; 10; 2). De là, sans doute, l'éphitète de les " altérés " ou "assoiffés" qu'on leur donnait ironiquement, il semble (II, 13 : οὓς ἐκάλουν οἱ πολλοὶ διψῶντας), et que SCHULTESS, p. 23, comprend tout autrement : "Weil sie beim vorträge nichts zu trinken hatten".

Mais comme ces conférences étaient très courtes, la privation de boire n'aurait pas été bien dure et ne motiverait pas une plaisanterie comme celle que suppose Schultess, sans compter que, dans son hypothèse, on ne comprend guère un repas où il serait interdit de boire. Cf. d'ailleurs II, 10, 2 (p. 224 W.) : ξυνέπινε μὲν ὁ Ἀδριανὸς τοῖς ἀπὸ τῆς κλεψύδρας, passage qui empêche de se rallier à l'opinion de WRIGHT, p. 240, n. 1, suivant qui les membres du Klepsydrion n'auraient été "assoiffés" que du désir de s'instruire.

(¹) PHILOSTR., II, 10, 2 (p. 224 W.) : κοινωνὸς μεγάλου ἀπορρήτου; II, 13 (p. 240 W.).

(²) PHILOSTR., II, 10, 2 (p. 224 W.).

(³) *Ibid.*

(⁴) *Ibid.*, II, 13, (p. 240 W.). οὓς ἐκάλουν οἱ πολλοὶ διψῶντας. Cf. ci-dessus, p. 145, n. 3.

dans ses villas de Marathon et de Képhissia, largement ouvertes, semble-t-il, à tout venant. Nous avons déjà eu l'occasion de rappeler plus haut que c'est à Képhissia que Calvisius Tauros fit la leçon à un médecin qui confondait les artères avec les veines, lorsqu'il soignait, dans la villa d'Hérode, Aulu-Gelle souffrant de la dysenterie et de la fièvre(¹).—Un autre jour, c'est un mendiant qui se présente et réclame de l'argent pour acheter du pain (²). Lorsqu'Hérode lui demande qui il est, il s'étonne qu'on n'ait pas reconnu en lui un philosophe, car il porte la barbe et le pallium. C'était, dit-on au sophiste, un vagabond, un vaurien, habitué des mauvais lieux, qu'avait coutume d'insulter ceux qui lui refusaient l'aumône: "Donnons-lui", dit alors Hérode, "quelque argent, malgré tout, comme des hommes et non comme à un homme". Et il lui fit verser la valeur de trente jours de pain. Puis il profita de l'incident pour rappeler que Musonius avait un jour donné mille sesterces à un "philosophe" de ce genre, en ajoutant, avec un sourire "qu'un vaurien de l'espèce était toujours digne de recevoir de l'argent". "Ce que m'afflige et m'indigne plutôt, continua Hérode, c'est que des animaux de cette espèce sales et répugnants, usurpent un nom sacré en se prétendant philosophes. Mes ancêtres, les Athéniens, interdirent par décret de donner jamais, à des esclaves, les noms des jeunes gens très courageux, Harmodios et Aristogiton, qui tentèrent de tuer Hippias le tyran, pour rétablir la liberté. On ne jugea pas qu'il fût permis de polluer au contact d'esclaves, les noms de ceux qui s'étaient dévoués pour la liberté de la patrie. Pourquoi donc, nous, tolérons-nous que le nom très noble de la philosophie soit souillé par les pires individus? Semblablement, par une mesure contraire, les anciens Romains, dit-on, interdirent de donner les prénoms de certains patriciens condamnés à mort pour crimes envers la République, aux membres patriciens de leur *gens*, afin que leurs noms mêmes parussent déshonorés et morts avec eux".

En cette occasion, Hérode n'eut pas affaire à un simple vagabond, comme ses amis le prétendirent, mais à un de ces philosophes

---

(¹) GELL., XVIII, 10 (cf. *supra*, p. 46).
(²) GELL., IX, 2.

populaires fréquents à cette époque, véritables prédicateurs de la morale cynico-stoïcienne, qui lançaient volontiers, sur la voie publique, leurs diatribes contre les vices et les travers du temps (¹), "personnages à l'extérieur sordide, aux fréquentations ignobles, médisants autant que mal disants" (²) et fort mal vus des sophistes qui épanchaient volontiers leur bile sur eux.

En tout cas, c'était alors un lieu commun que d'établir une distinction entre les philosophes et les imposteurs qui s'arrogeaient leur nom (³). Ce serait se tromper que de se figurer Hérode adversaire de la philosophie : s'il est exact que les sophistes du temps ne s'attaquent volontiers aux philosophes de bas étage que parce qu'ils n'osent pas s'en prendre aux sommités (⁴), ce ne fut certainement pas vrai d'Hérode : n'est-ce pas lui que Marc-Aurèle chargera de désigner les titulaires des quatres chaires de philosophie créées à Athènes par cet empereur-philosophe ? (⁵).

Une autre fois, la scène se passe en présence d'Aulu-Gelle, de Servilianus et de beaucoup d'autres Romains venus à Athènes pour parfaire leur culture intellectuelle (⁶). C'est l'été. Hérode et ses disciples ont fui la chaleur de la ville pour venir chercher un peu de fraîcheur à Képhissia, dans les bois immenses, dans les longues allées ombreuses de la somptueuse villa, pourvue de bains tout resplendissants de marbre pentélique, et toute bruissante du murmure des sources et du gazouillis des oiseaux.

Parmi les invités, un jouvenceau se prétendant stoïcien étourdissait les convives de sa jactance, dans les conversations qui suivaient les banquets. A l'entendre, nul philosophe ne lui était comparable

---

(¹) Cf. sur ces philosophes populaires, BOULANGER, pp. 261 sqq. (bibliographie à la n. 2).

(²) BOULANGER, p. 265.

(³) Cf. notamment Luc., *Ikarom.*, 6 sqq. ; *Pisc.*, 31 sqq. ; *Tim.*, 54 ; *Fugit.*, 12 sqq. Dans une épitaphe d'Aphrodisias (I—IIᵉ s. ?), le défunt est qualifié de ὄντως φιλόσοφον (*REG*, 1906, p. 137, nᵒ 70).

(⁴) BOULANGER, p. 265.

(⁵) PHILOSTR., II, 2 (p. 182 W.).

(⁶) GELL., I, 2.

ni en Attique ni chez les Romains. Seul, il était capable de résoudre les sorites et autres arguments captieux de ce genre. Nul plus que lui n'avait approfondi la morale et la psychologie des vertus et des vices. A le croire, il était arrivé à cet état de vie heureuse, idéal du stoïcien, où aucune douleur n'altère même plus la sérénité du visage.

Sa loquacité et ses vantardises agaçaient et fatiguaient tout le monde. Hérode intervint alors pour y mettre fin et ce fut pour lui une nouvelle occasion de montrer la fidélité de sa mémoire et l'étendue de ses lectures. "Permets-moi", dit-il, "ô le plus grand des philosophes, puisque nous ne pouvons te répondre, nous que tu traites d'incompétents, permets-moi de te lire un passage qui te montrera ce que pense et dit Épictète, le plus grand des stoïciens, de tes exagérations de langage". Et il se fit apporter le premier livre des *Entretiens d'Épictète*, où le vénérable vieillard prend à partie les jeunes gens qui se prétendent stoïciens et ne le sont qu'en paroles (¹).

C'en fut assez: "Le jeune homme se tut comme si ce n'était pas Épictète qui adressait ces reproches à d'autres mais Hérode lui-même qui le condamnait".

Du récit d'Aulu-Gelle, il résulte qu'Hérode avait une bibliothèque à Képhissia, comme il devait en posséder une autre à Marathon et à Athènes, et même à Rome, s'il n'avait pas fait transporter en Grèce celle que lui avait léguée Favorinus avec sa maison (²).

On s'imagine aisément quelle admirable collection d'ouvrages devait posséder un homme aussi riche et aussi passionné pour les lettres (³). On se plaît à croire qu'il ne s'en réservait pas l'usage exclu-

---

(¹) ARRIAN., *Dissert.*, II, 19, 12 sqq.

(²) PHILOSTR., I, 8, 4 (p. 26 W.).

(³) RUDOLPH, *Comment. Fleckeisenianae*, Leipzig, 1890, p. 211, a même proposé d'identifier avec Hérode, Larensios, le riche romain possesseur d'une magnifique bibliothèque, dans la maison duquel est censé avoir eu lieu le "Banquet des sophistes„ d'Athénée (ATH., *Deipnosoph.*, I, 4). Cette hypothèse n'est pas soutenable. Outre que Larensios est qualifié de ʻΡωμαῖος, il est certain qu'à la différence d'Hérode, il n'était pas un Grec citoyen romain mais un Romain authentique : Athénée (I, 4), après l'avoir qualifié de καθεσταμένον ἐπὶ τῶν

sif mais que, tel le sophiste Proklos de Naukratis (¹), il en ouvrait volontiers les trésors à ses élèves, lorsque les bibliothèques comme celles d'Hadrien et du Ptolémaion, à Athènes, ne leur suffisaient pas.

Pour en terminer avec le professeur, il nous reste à dire quelques mots de ses disciples. Étaient-ce eux-mêmes qui s'étaient donné le nom d'Hellènes, était-ce à Hérode qu'ils le devaient? Nous ne savons (²). En tout cas, cette épithète, d'une orgueilleuse simplicité, atteste qu'ils se considéraient comme l'élite intellectuelle de la race de même qu'on proclamait Hérode " la langue des Héllènes " c'est-à-dire, sans doute, l'homme parlant la langue grecque avec le plus d'éloquence et de pureté (³).

Bien que les textes soient muets sur ce point, il faut supposer qu'Hérode, malgré sa fortune colossale, faisait payer et même très cher son enseignement : c'était un usage général chez les sophistes et rien ne permet de croire qu'il y ait dérogé. Lui-même se croyait obligé de rémunérer royalement des collègues comme Polémon et Alexandre (⁴). Même Polémon, malgré sa très grosse fortune, refusa nous l'avons raconté, les honoraires que lui offrait Hérode, les trouvant inférieurs à son mérite (⁵).

D'ailleurs, se faire payer très cher était encore, pour les sophistes, un moyen de rehausser leur prestige : les hauts prix étaient la rançon d'une vogue que les disciples riches ou les snobs qui sont de tous les temps, étaient fiers de verser. On peut, en effet, sans trop

---

ἱερῶν εἶναι καὶ θυσιῶν ὑπὸ τοῦ... βασιλέως Μάρκου, titre qui ne convient pas à Hérode, ajoute καὶ μὴ ἔλαττον τῶν πατρίων τὸ τῶν Ἑλλήνων μεταχειρίζεσθαι! Inutile donc de s'arrêter sur cette hypothèse nettement condamnée par Athénée lui-même, comme l'avait déjà vu MÜNSCHER, pp. 940 sq.

(¹) PHILOSTR., II, 21, 3 (p. 262 W.).

(²) *Ibid.*, II, 5, 3 (p. 192 W.). — Il ne semble pas que le terme apparaisse avant Hérode. Mais, dans la suite, on emploie fréquemment l'équivalent, τὸ Ἑλληνικόν, pour désigner les étudiants-sophistes. Cf. WRIGHT, *Philostratos and Eunapius*, p. 569.

(³) *Ibid.*, II, 17, 2 (p. 250 W.) où l'on appelle Hérode Ἑλλήνων γλῶτταν καὶ λόγων βασιλέα.

(⁴) PHILOSTR., I, 25, 16 (p. 122 W.); II, 5, 8 (p. 198 W.).

(⁵) *Ibid.*, I, 25, 16 (p. 122 W.).

d'audace, conjecturer que ce n'était pas l'unique désir de s'instruire
et d'entendre la parole du maître qui amenait, de tous les points
du monde grec et de Rome, la jeunesse aux pieds de la chaire
d'Hérode, jusque dans son extrême vieillesse (¹). C'est si vrai que
certains d'entre eux comme Amphiklès de Chalcis et Skèptos de
Corinthe, ne semblent pas avoir exercé la profession de sophiste, si
bien que Philostrate ne les cite qu'en passant et ne leur a même
pas consacré une brève notice.

Les disciples du sophiste furent tellement nombreux qu'il
faudrait refaire en grande partie l'histoire de la sophistique au
IIᵉ siècle, si notre sujet comportait l'étude de leur biographie.
Nous nous contenterons d'en dresser la liste et d'excerper, dans
leur vie, les détails qui intéressent directement Hérode.

Outre Marc-Aurèle, Lucius Vérus, Achilleus, Polydeukion,
Memnon et Aristoklès de Pergame, dont il a été question plus haut,
Hérode eut pour disciples (³), Amphiklès de Chalcis (⁴), Aelius
Aristide (⁵), Chrestos de Byzance (⁶), Claudius Hadrianus de

(¹) II, 1, 30 (p. 172 W.).

(²) Pour les disciples d'Hérode, cf. M. NAECHSTER, *De Pollucis et Phrynichi controversiis*, Diss. Leipzig, 1908, *passim*.

(³) Liste, incomplète, dans *PIR*, I, p. 359 et SCHMID, *Atticismus*, I, p. 201.

(⁴) PHILOSTR., II, 8, 1-2 (pp. 206 sq. W.); II, 10, 1-2 (p. 222 W.). Cf. *SIG³*,
1240; WILHELM, *Beiträge zur gr. Inschriftenkunde*, p. 88 ; *RE*, I, p. 1903, nº 5.
Dans notre *Chronologie*, p. 132, n. 1, nous avons émis l'hypothèse qu'il pourrait peut-être être identifié avec le Flavius Amphiklès archonte (des Panhel-
lènes, selon TOD, *JHS*, XLII, p. 177) vers le second tiers du IIᵉ siècle ('Εφ.
ἀρχ., 1894, p. 184, nº 29).

(⁵) PHILOSTR., II, 9, 1 (p. 214 W.) : 'Αθῆναι δὲ ἤσκησαν κατὰ τὴν 'Ηρώδου
ἀκμήν. Bien que le texte ne le dise pas d'une façon catégorique, il faut comprendre qu'il a été disciple d'Hérode, contrairement à l'opinion de M. NÄCHS-
TER, *o.l.* pp. 81, 87. Cf. CHRIST SCHMID, II⁶, p. 698, n. 8 ; MÜNSCHER, p. 942 ;
SCHULTESS, p. 30, n. 58 ; BOULANGER, *Aelius Aristide*, p. 118. Aristide nous dit
en tout cas lui-même qu'il visita Athènes dans sa jeunesse (LI, 64, KEIL) et ce
fut en partie sans doute pour y entendre Hérode Atticus, qui tenait alors le
premier rang parmi les sophistes.

(⁶) PHILOSTR., II, 111, 1 (p. 234 W.) : ἄριστα μὲν 'Ελλήνων ὑπὸ 'Ηρώδου ἐπαιδεύθη. CHRIST-SCHMID, II⁶, p. 697; *RE*, III, p. 2450, nº 5.

Tyr (¹), Hérakleidès le Lycien (?) (²), Onomarchos d'Andros (³),
Pausanias de Césarée en Cappadoce (⁴), Ptolémée de Naukratis (⁵),
Rufus de Périnthe (⁶), Julius Théodotos d'Athènes (⁷), Skèptos de
Corinthe (⁸), et, parmi les Romains, Domitianus, Flavius Macer (⁹) et
très probablement, Aulu-Gelle et Servilianus (¹⁰).

(¹) PHILOSTR., II, 10 (p. 222 W.) : ἐφοίτησε μὲν γὰρ τῷ Ἡρώδῃ ὀκτὼ καὶ δέκα
ἴσως γεγονὼς ἔτη. Cf. *RE*, VII, p. 2176; CHRIST-SCHMID, II⁶, p. 696 ; NAECHSTER,
o.l., pp. 47 sqq.

(²) Du temps de Philostrate (II, 26, 6 p. 284 W.), on ne savait déjà plus si
Hérakleidès avait bien été l'élève d'Hérode : Ἡρακλείδου διδάσκαλοι Ἡρώδης
μὲν τῶν οὐκ ἀληθῶς πεπιστευμένων... CHRIST-SCHMID, II⁶, p. 697. MÜNSCHER, *RE*,
VIII, p. 470, n° 44.

(³) PHILOSTR., II, 18, 1 (p. 250 W.) : τῆς Ἰωνικῆς ἰδέας οἷον ὀφθαλμίας ἔσπασε..
ὅθεν ἐδόκει τισὶν οὐδ' ἠκροᾶσθαι Ἡρώδου. Cf. CHRIST-SCHMID, II⁶, p. 697.

(⁴) PHILOSTR., II, 12 (p. 240 W.) : ἐπαιδεύθη μὲν ὑπὸ Ἡρώδου καὶ τῶν τοῦ
Κλεψυδρίου μετεχόντων εἰς ἐγένετο. Cf. CHRIST-SCHMID, II⁶, p. 697.

(⁵) PHILOSTR., II, 15, 1 (p. 244 W.) : Ἡρώδου δὲ ἀκροατὴς μὲν οὐ μὴν ζηλωτὴς
ἐγένετο. Cf. CHRIST-SCHMID, II⁶, p. 697.

(⁶) PHILOSTR., II, 17, 2 (p. 250 W.) : ἀκροατὴς δὲ Ἡρώδου μὲν ἐν παισίν.
CHRIST-SCHMID, II⁶, p. 697; GERTH, *RE*, Ia, p. 1207, n° 16 ; *PIR*, III, p. 136.

(⁷) PHILOSTR., II, 2 (p. 182 W.) : Λολλιανοῦ μὲν ἀκροατής, Ἡρώδου δὲ οὐκ
ἀνήκοος. CHRIST-SCHMID, II⁶, p. 694. Cf. *supra*, p. 120.

(⁸) PHILOSTR., II, 5, 7 (p. 196 W) ; II, 10, 1 (p. 222 W.) : καὶ ταχέως ἀξιωθεὶς
(Hadrien de Tyr) ὃν Σκέπτος τε καὶ Ἀμφικλῆς ἠξιοῦντο, ἐνεγράφη καὶ τῇ τοῦ
Κλεψυδρίου ἀκροάσει. FLUSS, *RE*, IIIa, p. 515.

(⁹) Cf. ci-dessus, p. 108.

(¹⁰) Il semble qu'il faille également compter Aulu-Gelle au nombre des auditeurs d'Hérode : en tout cas, on a eu tort (HOSIUS, *RE*, VII, p. 993) de prétendre qu'il résulte des *Noct. Att.*, I, 2, 1; IX, 2, qui ne disent rien de tel, qu'il
n'a pas été de ses élèves. Au contraire, il paraît bien résulter de I, 2, 1 qu'Aulu-Gelle fut un des disciples d'Hérode, de même que Servilianus, avec qui il
fut souvent appelé à Képhissia et à Marathon par le sophiste, lorsqu'il faisait
ses études à Athènes. S'il avait suivi les leçons d'autres maîtres, il n'y avait
nulle raison pour Hérode de l'inviter. D'ailleurs est-il vraisemblable que lui, qui
fut disciple de plusieurs maîtres à Athènes *(cum apud magistros Athenis esse-
mus)* ait négligé le plus célèbre d'entre eux ? L'accueil qu'il avait reçu chez
Hérode, qui le fit même soigner dans sa villa de Képhissia (XVIII, 10), ne
laisse pas de doute à cet égard. — Aulu-Gelle n'a dû rester qu'un an à Athènes (SCHANZ, *Gesch. d. Latein. Litt.*, III³, p. 176), comme il résulte de son ouvrage. D'autre part, il assiste à des jeux Pythiques avec Calvisius Tauros
(XII, 5, 1) et fait là connaissance de Pérégrinus (VIII, 3; XII, 11. 1) qui mourut en
165 *(supra*, p. 87). Comme Aulu-Gelle est né vers 130 (SCHANZ, *ibid.)* et qu'il vint
à Athènes lorsqu'il était encore *juvenis* (II, 21. 4), on ne peut supposer, avec

Pour Aristoklès de Pergame, contentons-nous d'ajouter que Philostrate compare son atticisme à celui d'Hérode, qui était donc considéré comme la pierre de touche du bon usage (¹). C'est même le seul dont il nous dise qu'il fut un atticiste. Il y faut joindre aussi Aelius Aristide qui se flatte d'être un pur attique (²). On peut deviner qu'il en fut de même d'Amphiklès, du moins d'après ce que Philostrate nous rapporte de son altercation avec Philagros (³).

Lorsque Philagros, sophiste de Cilicie, vint à Athènes, c'était Amphiklès de Chalcis qui était le principal disciple d'Hérode (⁴). Un soir que Philagros se promenait au Céramique, il vit passer sur sa droite un jeune homme entouré d'un groupe d'amis. Il crut que ce jeune homme se moquait de lui et l'interpella pour lui demander son nom: "Amphiklès de Chalcis," lui fut-il répondu. Philagros lui interdit alors d'assister aux séances qu'il devait donner à Athènes. A son tour, Amphiklès le prie de lui dire son nom. Philagros s'indigne de ce que quelqu'un puisse ne le pas connaître. Dans sa colère, l'irascible sophiste laisse échapper un mot que les puristes n'employaient pas. Alors Amphiklès: "Chez lequel des bons auteurs se mot se trouve-t-il?". "Chez Philagros", lui répliqua fièrement celui-ci.

SCHULTESS, (p. 30, n. 53) que les jeux Pythiques en question sont ceux de 163. Nous croirions plutôt qu'il faut remonter jusqu'à 151, date vers laquelle fut sans doute inauguré le stade construit par Hérode à Delphes. C'est peut-être la raison pour laquelle Aulu-Gelle s'y rencontra avec Calvisius Tauros. En tout cas, il est douteux que ce philosophe, qui fut le maître d'Hérode, ait encore été en vie en 163. —Servilianus n'est connu que par GELL., I, 2, 1. Cf. *PIR*, III, p. 225, nᵘ 406.

(¹) PHILOSTR., II, 3, 2 (p. 184 W.).

(²) ARIST., XXVIII, 65 (KEIL). Sur son atticisme, cf. en dernier lieu BOULANGER, *o.l.*, pp. 305 sqq.

(³) M. NAECHSTER, *o.l.*, pp. 63 sqq., a aussi tenté de prouver qu'Hadrien de Tyr aurait été un atticiste, contrairement à l'opinion de E. ROHDE, *Rhein. Mus.*, XLI, 1886, pp. 189 sqq., qui le considère plus justement comme le type du sophiste asianiste. Cf. les fragments d'Hadrien publiés par HEUCK, après les déclamations de Polémon (Teubner, 1873). D'après NAECHSTER, auraient été aussi des atticistes, ceux qui, comme Théodotos, Hérakleidès, Hippodromos, Pausanias, ont occupé la chaire de sophistique (pp. 73 sqq.).

(⁴) PHILOSTR., II, 8, 1-4 (pp. 206 sqq. W.).

Le lendemain, Philagros écrit à Hérode, qui résidait alors dans une de ses villas, pour lui reprocher le manque de tenue de ses disciples. Hérode lui répondit: " Ton préambule ne me semble pas bon," voulant dire qu'il débutait mal et ne se conciliait guère la bienveillance de ses futurs auditeurs. Philagros ne comprit pas ou ne voulut pas comprendre et courut à un échec en affrontant un public mal disposé: les élèves d'Hérode avaient appris qu'il n'improvisait que les premiers sujets qui lui étaient désignés. Pour les suivants, il récitait d'anciennes improvisations qu'il avait apprises par cœur. On lui proposa donc un thème qui lui avait valu un grand succès en Asie et lorsqu'il se mit prétendument a l'improviser, on lui en lut le texte. Pris sur le fait, Philagros se défendit misérablement en prétendant qu'on le dépouillait de son bien. Ainsi se termina un incident auquel Hérode fut mêlé bien malgré lui.

Quant à Aelius Aristide, Hérode en aurait été jaloux, si l'on en croit Sôpatros (¹). Aristide aurait même dû employer une ruse pour n'être pas empêché par son maître de prononcer son célèbre "Panathènaïkos". Au lieu de ce discours fameux, il en aurait montré et dédié un autre, fort médiocre, à Hérode, qui en 'aurait été enchanté parce qu'il en escomptait un échec pour son disciple. Même si cette anecdote était une invention des détracteurs d'Hérode ou des admirateurs d'Aristide, elle montrerait qu'Hérode avait la réputation d'être très soucieux de garder la première place parmi les orateurs du temps.

Dans l'éloquence de Chrestos de Byzance, assure Philostrate, on retrouvait les qualités de celle d'Hérode, avec l'abondance en moins. Comparée à celle de son maître, elle était ce qu'un dessin est à la peinture (²): autant dire qu'elle n'était point colorée. Mais il aurait égalé Hérode s'il n'était mort trop jeune, car c'était le meilleur des disciples qu'il avait formés.

(¹) *Proleg. in Arist.*, III, p. 739 (DINDORF) ; MÜNSCHER, p. 942 ; SCHULTESS, p. 30 n. 58. CHRIST-SCHMID, II⁶, p. 705, n. 11, doutent de l'authenticité de l'anecdote. A. BOULANGER, *Aelius Aristide*, pp. 148 sq., la trouve suspecte.

(²) PHILOSTR., II, XI, 1 et 3 (pp. 234 sq. W.).

Hadrien de Tyr était un des dix disciples privilégiés admis au Klepsydrion. Un jour qu'il buvait avec ses condisciples, en s'entretenant de choses sérieuses, suivant la recommandation du maître, la conversation tomba sur la manière des différents sophistes. Au lieu de la définir par des exemples, des membres de phrases, des idées, des passages, des rythmes, Hadrien se mit à improviser en les pastichant tous sauf Hérode. Amphiklès lui en fit le reproche. "C'est, dit Hadrien, qu'on peut imiter les autres sophistes même lorsqu'on est ivre. Mais, pour Hérode, je préfère être à jeun et n'avoir pas bu". Répétés à Hérode, ces propos lui plurent beaucoup. Hadrien était sans doute moins ivre qu'il ne le prétendait lorsqu'il les tint et on peut le soupçonner d'avoir voulu flatter son maître. Ce même Hadrien, lorsqu'il était encore tout jeune, avait improvisé devant Hérode qui l'encouragea en lui disant dans sa langue imagée : "Ce pourraient être là les grands fragments d'un colosse", éloge combiné avec une critique du manque de composition de l'improvisation (¹).

C'est ce même Hadrien, nous l'avons dit plus haut, qui fut chargé de prononcer l'éloge funèbre d'Hérode (²). Il dut sans doute cet honneur non seulement à sa qualité de disciple du sophiste mais surtout à ce qu'il devait être à ce moment titulaire de la chaire de sophistique (³). Il l'était en tout cas lorsque Marc-Aurèle vint à Athènes en 176 (⁴).

Pour Onomarchos d'Andros, si on retrouvait chez lui certaines caractéristiques de son maître, on allait jusqu'à nier qu'il eût bien été disciple d'Hérode tant il s'était engoué de la manière asiatique (⁵).

Pausanias de Césarée reproduisait surtout, avec de nombreuses qualités d'Hérode, sa facilité d'improvisation (⁶).

(¹) PHILOSTR., II, 10, 1-3 (pp. 222 sqq. W.).

(²) II, 10, 3 (p. 226 W.).

(³) PHILOSTR., II, 10, 7 (p. 230 W.); II, 11, 2 (p. 234 W.).

(⁴) II, 10, 7 (p. 228 W.).

(⁵) II, 18, 1 (p. 250) : τῆς Ἰωνικῆς ἰδέας οἶον ὀφθαλμίας ἔσπασε (Cf. SCHMID, *Atticismus*, p. 201, n. 14)... αἱ δὲ ἐπιβολαὶ τῶν νοημάτων Ἡρώδειοί τε καὶ ἀπορρήτως γλυκεῖαι. Sur ἐπιβολή, cf. WRIGHT, p. 569, qui explique, dans son glossaire, par "abundant use of synonyms„, d'après DIO CHRYSOST., *Or.*, XVIII, 14.

(⁶) II, 13 (p. 240 W.) : ἐς πολλὰ δὲ ἀναφέρων τῶν Ἡρώδου πλεονεκτημάτων καὶ μάλιστα τὸ αὐτοσχεδιάζειν.

Quant à Ptolémée de Naucratis, s'il fut disciple d'Hérode, il ne chercha pas à l'imiter, influencé davantage par Polémon (¹).

Rufus de Périnthe, qui eut pour maître Hérode lorsqu'il était encore tout jeune, puis Aristoklès de Pergame, était surtout fier d'avoir été le disciple du premier. Dans son admiration, il allait jusqu'à l'appeler "le roi des orateurs" et "la langue des Hellènes" (²).

Pour Julius Théodotos, il fut surtout le disciple de Lollianos d'Éphèse et paraît avoir moins apprécié Hérode. En tout cas, il fut de ses ennemis, non de ses ennemis déclarés mais il profita habilement des circonstances pour lui faire une guerre sourde et collabora à l'élaboration des discours dirigés contre lui par Dèmostratos et ses amis (³).

De Skèptos dè Corinthe nous ne savons guère qu'une chose : c'est qu'il fit partie du Klepsydrion avec Amphiklès. Mais ils ne semblent ni l'un ni l'autre avoir justifié les espérances du maître : Philostrate ne leur a pas consacré même une brève notice et la réponse faite par Skèptos à Hérode qui lui demandait son avis sur Alexandre Péloplaton ne donne pas une idée fort avantageuse de son esprit (⁴).

En somme, il ne semble pas que l'influence exercée par Hérode sur ses disciples ait été bien profonde. Trois, au plus, furent des atticistes et deux au moins, Onomarchos et Ptolémée auxquels il faut sans doute joindre Hadrien, optèrent pour l'asianisme. Sur le plus connu de tous, sur celui dont la renommée perdurera jusqu'à la Renaissance, Aelius Aristide, l'influence du maître "n'a pas été prépondérante . . et, en tout cas, ne suffit pas à expliquer le caractère si particulier de son œuvre" (⁵).

Il en faut sans doute conclure que la valeur d'Hérode résidait principalement dans son talent personnel, surtout d'improvisateur

---

(¹) II, 15, 1 (p. 244 W.).

(²) II, 17, 2 (p. 250 W.).

(³) II, 2 (p. 182 W.).

(⁴) PHILOSTR., II, 5, 7; II, 10, 1 (pp. 196, 222 W.).

(⁵) BOULANGER, o.l., p. 105.

et dans sa vaste culture, qualités qui n'étaient pas transmissibles et qu'une partie de son prestige était due à son immense fortune.

Aucun de ses disciples n'a, en, tout cas, ouvert de voies nouvelles. Deux d'entre eux, qui étaient parmi ses préférés, Amphiklès et Skèptos, ne semblent même pas avoir poursuivi leur carrière de sophistes. Et si Aristoklès abandonne la philosophie pour suivre Hérode, Marc-Aurèle, par contre, s'intéressera à la philosophie plus qu'à la sophistique. Enfin, on peut s'étonner qu'Hérode ait eu, comme professeur, si peu de succès auprès de ses compatriotes : le seul disciple athénien que nous lui connaissons, lui préféra Lollianos et devint même l'ennemi de son ancien maître.

A l'époque de Philostrate, on possédait comme œuvres d'Hérode, outre un grand nombre de lettres, διαλέξεις καὶ ἐφημερίδες ἐγχειρίδιά τε καὶ καίρια τὴν ἀρχαίαν πολυμάθειαν ἐν βραχεῖ ἀπηνθισμένα (¹).

De cette volumineuse correspondance du sophiste, qui aurait été si précieuse pour l'histoire de sa vie et de son temps, nous connaissons malheureusement fort peu de chose. Il faut d'autant plus le déplorer qu'au dire de Philostrate le Jeune, Hérode était celui des sophistes qui excellait le plus dans le style épistolaire, encore que ses lettres, ajoute-t-il, fussent trop souvent déparées par un atticisme excessif et par l'intempérance de son bavardage (²). Dans son *Lexiphanès*, Lucien nous a laissé la caricature d'un de ces hyperatticistes contemporains d'Hérode, qui se créaient une langue sibylline au moyen de vocables complètement désuets.

Le recueil des lettres d'Hérode n'était pas composé à la manière de celui de Pline le Jeune par exemple. Il était conçu comme la correspondance de Pline avec Trajan ou celle de Fronton, où les lettres de l'auteur sont accompagnées de celles de ses correspondants. C'est ce qui résulte du passage où Philostrate cite une partie de la réponse faite par Marc-Aurèle au sophiste qui se plaignait de son silence après le procès de Sirmium (³). Comme

---

(¹) II, 1, 36 (p. 180 W.).

(²) PHILOSTR., *Epist.*, II, p. 257 (KAYSER); p. 337 (WESTERMANN), dissertation sur le style épistolaire, qui suit les lettres de Philostrate.

(³) PHILOSTR., II, 11, 3 (p. 172 sq. W.).

dans la correspondance de Fronton aussi, les lettres devaient être classées d'après les noms de ceux avec qui l'auteur était en relations épistolaires.

Outre la brève et brutale réponse à Avidius Cassius dont il a été question plus haut (^{1}), Philostrate a encore conservé un extrait d'une des lettres qu'Hérode écrivit à Favórinus, extrait destiné à montrer l'intimité qui existait entre les deux sophistes: πότε σε ἴδω καὶ πότε σου περιλείξω τὸ στόμα ; (^{2}).

Toute une série de lettres d'Hérode étaient adressées à un personnage que les éditions les plus récentes de Philostrate appellent Varus (^{3}) : c'est à l'une de ces lettres que Philostrate emprunte les caractéristiques de la manière de Polémon. Hérode y racontait aussi dans quels sentiments il avait entendu les trois sujets que le eélèbre sophiste avait développés devant lui : il avait écouté le premier comme un juge, le deuxième comme un amoureux, le troisième comme un admirateur. Enfin, il y était question des 150.000 drachmes d'honoraires que Polémon avait refusées comme indignes de lui et de l'intervention de Munatius pour en faire ajouter 100.000 de plus (^{4}).

Le prétendu Varus à qui cette lettre aurait été adressée est sûrement le même que le consul dont il est question dans la vie de Polémon et qui demande à Hérode quels ont été ses maîtres (^{5}). Dans les deux passages, les manuscrits donnent le même nom Βάρβαρον, qui a été arbitrairement corrigé en Βᾶρον par Valois et Meursius, correction admise, sans raison, par les éditions de Kayser, Westermann et Wright (^{6}). Cette correction est inutile et

---

(^{1}) II, 1, 32 (p. 176 W.). Cf. *supra*, p. 129.

(^{2}) I, 8, 4 (p. 24 W.).

(^{3}) I, 25, 15 (p. 120 W.) : ἐν μιᾷ τῶν πρὸς τὸν Βᾶρον ἐπιστολῶν.

(^{4}) I, 25, 15-16 (pp. 120 sq. W.).

(^{5}) I, 25, 18 (p. 124 W.).

(^{6}) KAYSER, dans son édition annotée, publiée à Heidelberg en 1838, avait conservé la vraie leçon Βάρβαρον, tout en l'estimant (p. 277) corrompue. Variantes : πρὸς τὸν μάρμαρ. πρὸς τῶν βαρβάρων ; pour le second passage : Μάρκου, d'où l'on peut déduire que certains manuscrits avaient conservé aussi le prénom du consul de 157, dont nous proposons de rétablir le nom.

Si la conjecture de Valois devait être admise, ce qui paraît inutile, le con-

arbitraire: nous connaissons, à l'époque impériale, quatre consuls qui ont *Barbarus* pour surnom: C. Atilius Barbarus (71), Q. Fabius Barbarus (99) T. [Sab]inius B[arba]rus (118) et M. (Ceionius) Civica Barbarus (157).

Il résulte de la lettre d'Hérode qu'elle ne peut se placer l'année même où il connut Polémon mais assez longtemps après. Le consul Barbarus lui avait demandé quels avaient été ses maîtres et Hérode lui avait répondu : "Un tel et un tel lorsque j'étais encore un élève et Polémon lorsque j'enseignais déjà." Il n'est donc pas douteux que le *Barbarus* en question ne peut être que le consul de 157. D'ailleurs, en 118, Hérode, encore tout jeune n'avait pas encore entendu Polémon.

Hérode, cela va de soi, fut aussi en correspondance avec Polémon, mais Philostrate ne nous a conservé que l'extrait d'une des lettres où le sophiste asiatique écrivait à son collègue au sujet de la terrible maladie qui devait le contraindre à s'enfermer vivant dans la tombe ([1]).

C'est aussi dans la correspondance d'Hérode que Philostrate a puisé ses renseignements sur celui qu'on appelait l'Héraklès d'Hérode ([2]). C'était un rustre de huit pieds de haut dont le sophiste faisait la description dans une de ses lettres à un nommé Julianus ([3]). Il se prétendait fils du héros Marathôn. Les paysans le

---

sul Varus devrait être identifié avec le Ti. Clodius Vibius Varus qui fut collègue de Bradua, beau-frère d'Hérode, en 160. Les autres consuls du nom de Varus connus au IIe siècle ne peuvent entrer en ligne de compte. T. Vibius Varus fut, en effet, en fonctions en 134; or, il résulte de la lettre d'Hérode qu'elle ne peut se placer l'année même où il entendit Polémon mais assez longtemps après. Quant à A. Julius Pompilius Varus, il fut seulement consul désigné en 177, c'est-à-dire l'année même où mourut probablement Hérode (*CIL*, VIII, 2582).

([1]) PHILOSTR., I, 25, 26 (p. 132 W.).

([2]) PHILOSTR., II, 1, 12-16 (pp. 152 sqq. W.).

([3]) D'après SCHULTESS, p. 30, n. 52 et MÜNSCHER, p. 948, ce Julianus serait le même que le Cl. Julianus, ami de Marc-Aurèle et de Fronton (*ad M. Caes.*, IV, 1, p. 59; IV, 2, p. 60; *ad amic.*, I, 17 et 18). D'après WRIGHT, p. 153, il s'agirait du *rhetor* Antoninus Julianus mentionné par GELL., *Noct. Att.*, XIX, 9.

nommaient Agathiôn parce qu'ils considéraient sa présence comme
de bon augure. Quand Hérode lui demanda où il avait appris à
parler si purement la langue attique, il répondit que c'était avec
les gens de la Mésogée, moins exposés que les Athéniens à corrompre
leur langage au contact des étrangers qui accouraient de tous les
points du monde barbare pour s'instruire à Athènes. A la question
d'Hérode qui veut savoir s'il a assisté à de grandes panégyries, il
répond qu'il a vu les jeux Pythiques du haut du Parnasse, blâme
comme peu morales les tragédies qu'on y jouait et se moque des
épreuves gymniques qui s'y disputaient : on devrait couronner non
les hommes qui luttent contre des hommes mais ceux qui vain-
craient à la course les cerfs ou les chevaux ou qui lutteraient avec
des taureaux ou des ours comme il le faisait lui même. Invité par
Hérode, il lui donne rendez-vous à midi dans le temple de Kanôbos (¹) et lui demande de lui préparer un cratère de lait qui ne
devait pas être trait par une femme, car il était misogyne. A l'heure
dite, il arrive et refuse de boire le lait parce qu'il n'a pas été tenu
compte de sa recommandation ; renseignements pris, son affirmation
est reconnue exacte : c'était bien une main féminine qui avait
trait ce lait.

Cet Agathiôn-Héraklès est-il identique au Sôstratos-Héraklès
de Lucien, présenté ici sous un jour un peu différent (²), c'est fort
douteux (³) pas plus qu'il n'est certain que ce soit par une fiction
semblable à celle de Lucien qu'Hérode prétende avoir connu Agathiôn (⁴) : il n'est pas sûr, en effet, qu'il faille déduire d'un passage
de Plutarque (⁵) que Sôstratos était mort au moment où Lucien
assure qu'il l'a rencontré.

(¹) Sur ce temple, cf. notre dernier chapitre.

(²) CHRIST-SCHMID, II⁶, p. 735, n. 9. Cf. LUC., *Dem.*, 1.

(³) Sôstratos est un Béotien, tandis que Agathiôn est un Attique. Agathiôn
est plutôt comme une réplique du Sôstratos.

(⁴) MÜNSCHER, p. 919; REITZENSTEIN, *Hellenistische Wundererzählungen*, 1906,
p. 70.

(⁵) PLUT., *Quaest. symp.*, IV, 1, 1. Cf. MÜNSCHER, *l. l.* et CHRIST-SCHMID,
II⁶, p. 736, n. 2.

En tout cas, Agathiôn, par son genre de vie, par ses réparties par son identification avec Héraklès, représente comme lui et comme Sôstratos une sorte de héros cynique, bien fait pour plaire à la société du IIe siècle qui, comme toutes les sociétés vieillies et raffinées, aimait à se tourner vers la vie simple et naturelle des champs. Nous sommes à l'époque où commence à se dessiner, dans des œuvres comme l'Euboïque de Dion de Pruse, dans des lettres comme celles d'Alciphron et d'Aelien, le genre de la pastorale romanesque qui devra son chef-d'œuvre à Longus.

On a prétendu que la lettre à Julianus serait une invention de Philostrate ([1]) : s'il est vrai qu'elle porte la marque de son style, nous connaissons trop mal celui du sophiste pour lui dénier la paternité de cette épître. D'ailleurs, grand admirateur d'Hérode, Philostrate a pu subir son influence littéraire. Mais inutile d'insister ; l'hypothèse est arbitraire et insoutenable : on ne relève nulle part, dans les Vies de Philostrate, de trace de supercherie du genre de celle qu'on lui prête par pure hypercritique.

Quant aux ἐφημερίδες d'Hérode que cite son biographe, il y faut reconnaître, d'après le nom, un journal dans le genre des "Discours sacrés" d'Aelius Aristide ([2]) et non pas sans doute un journal purement littéraire, comme on l'a dit ([3]), car Philostrate nous assure que ces "Journaux" étaient "de bons maîtres pour apprendre à bien discourir sur tout sujet" ([4]).

Nous n'avons point conservé non plus ses ἐγχειρίδια. Il faut se garder de se laisser tromper par le titre et de croire que le sophiste avait composé des manuels relatifs à son art. Il n'en est question nulle part, tandis qu'Aulu-Gelle, dans sa préface ([5]), cite le titre de ἐγχειρίδια comme l'un de ceux que l'on donnait à des ouvrages sem-

---

([1]) DE JONG, *Sertum Nabericum*, 1908, p. 185. Cf. par contre MÜNSCHER, *Bursians Jahresber.*, CXLIX, p. 119 et *RE*, VIII, p. 949.

([2]) Ils sont qualifiés aussi d'ἐφημερίδες par PHILOSTR., II, 9, 1 (p. 214 W.). Sur ces discours sacrés, cf. BOULANGER, *o.l.*, pp. 163 sqq.

([3]) CROISET, *Hist. de la litter. gr.*, V[2], p. 555.

([4]) PHILOSTR, II, 9, 1 (p. 214 W.).

([5]) GELL., *Noct. Att.*, *praef.* 7. Cf. P. FAIDER, *Auli Gellii Noctium Atticarum praefatio*, Texte revu, publié, avec une traduction et un commentaire exégétique. Extrait du *Musée Belge*, XXXI, p. 21 du tirage à part.

blables à ses "Nuits attiques". Ce qui ne laisse aucun doute à cet égard, c'est que Philostrate explique ἐγχειρίδια et καίρια qui suit, par τὴν ἀρχαίαν πολυμάθειαν ἐν βραχεῖ ἀπηνθισμένα. C'était donc bien un recueil de petites dissertations sur une foule de points concernant la littérature, la grammaire, la philosophie, les institutions, les mœurs antiques, et qui intéressait par le fait même au plus haut point, les apprentis-sophistes qui devaient enrichir leur mémoire d'un grand nombre de faits, d'anecdotes, pour se préparer à improviser sur les sujets les plus variés.

Il devait en être de même des καίρια, qui doit être une faute pour κηρία, titre cité aussi par Aulu-Gelle dans sa préface [1]. Certes καίρια signifie improvisations [2] mais on ne peut pas dire d'improvisations qu'elles sont des florilèges, comme le fait Philostrate à propos du mot litigieux. Par contre, la figure commencée par κηρία se continuerait dans ἀπηνθισμένα. Ce titre, faisant image comme beaucoup de ceux que mentionne Aulu-Gelle, comparerait l'ouvrage d'Hérode à des rayons de miel que l'auteur aurait butinés parmi les fleurs de la science antique. Et si Suidas a rendu ce terme par λόγοι αὐτοσχέδιοι, c'est une erreur de plus à ajouter à toutes celles qu'il a commises, concernant Hérode, et qui prouve que κηρία avait déjà dû être altéré, de son temps, en καίρια.

Mais, objectera-t-on, Philostrate aurait alors omis dans sa liste ces improvisations où Hérode excellait? Rien d'étonnant puisqu'il n'y est pas question non plus des nombreuses μελέται qu'il avait certainement composées.

Un seul de ces "discours étudiés" nous est parvenu. Encore y a-t-il quelques raisons de douter de son authenticité.

Il est intitulé: Ἡρώδου περὶ πολιτείας. Ce titre ne peut émaner de l'auteur lui-même: il est trop vague et d'ailleurs inexact [3].

---

[1] GELL., *Noct. Att. praef.*, 6. Cf. P. FAIDER, *l.l.*, p. 18, qui trouve, avec HERTZ, la correction fort vraisemblable.

[2] Cf. KAIBEL, *Epigr. Gr.*, 618 = *IGR*, I, 350. SCHMID, *Berl. phil. Woch.*, 1904, p. 1552; MÜNSCHER, p. 948; CHRIST-SCHMID, II⁶, p. 696, n. 4. WRIGHT, p. 181 traduit καίρια par "collection of suitable passages„.

[3] Le Περὶ πολιτείας est conservé dans un manuscrit du British Museum, *Burneianus (Crippsianus)* 95 (166b-170a), du XIII⁰ siècle sur lequel ont été copiés

Un orateur, qui se croit autorisé, par la gravité des circonstances, à prendre la parole malgré sa jeunesse, montre, devant ses
compatriotes de Larissa, qu'il est utile et indispensable d'accepter
l'offre de Sparte de s'allier avec elle contre Archélaos de Macé-
doine (413-399), qui a imposé, après des luttes sanglantes, une
oligarchie extrême à la cité. Le jeune orateur laisse entendre à ses
auditeurs, sans le leur dire nettement, qu'il faut d'abord renverser
cette oligarchie.

Les historiens sont à peu près d'accord pour dénier la paternité de l'œuvre à Hérode (¹), tandis qui les philologues ne sont
pas unanimes sur ce point, bien que la plupart soient partisans
de l'authenticité (²). Nous ne voulons pas prolonger encore une
controverse déjà trop longue. Faute de faits nouveaux, il n'y a pas
d'espoir d'arriver à une solution définitive. Nous nous bornerons à
prendre position dans un débat dont il résulte, tout au moins que
le doute est permis. Même si l'authenticité était certaine, le discours

---

tous les autres, qui datent du XVᵉ siècle (*Laurent.*, IV, 11 ; *Marcian.*, append.
VIII, 6; *Burn.*, 96 ; *Vratisl. Gymn. Magdalen.*, 1069). — Inutile de répéter une
fois de plus la bibliographie, très copieuse, des éditions et des travaux, auxquels a donné lieu ce discours. On les trouvera énumérés dans E. DRERUP,
['Ηρώδου] περὶ πολιτείας, *ein politisches Pamphlet aus Athen, 404 v. Chr., Studien
zur Geschichte und Kultur des Altertums*, II, 1, Paderborn, 1908, pp. 2 sqq., et
dans l'article de MÜNSCHER, *l.l.*, pp. 951 sqq. Cf. aussi CHRIST-SCHMID, I⁶, p. 546
et n. 2, IIᵃ, p. 695, n. 7 et ajouter TH. THALHEIM, *Zu [Herodes]* περὶ πολιτείας
Berl. phil. Woch., 1919, pp. 765 sq. ; WILAMOWITZ, *Der Rhetor Aristeides*, p. 335
et n. 5.

(¹) C'est à tort que CHRIST-SCHMID, IIᵃ, p. 695, n. 7, prétendent qu'ED.
MEYER, *Theopomps Hellenika*, Halle, 1909, pp. 202 sqq., est le seul historien
qui partage l'opinion de Drerup, lequel place le discours en juillet-août 404 ou
vers cette époque (Meyer le daterait de 399). Cf. aussi PÖHLMANN, *Griech.
Gesch.*, p. 201, n. 5 (fin du Vᵉ s.) ; BELOCH, *Griech. Gesch.*, III², 2, pp. 16 sqq.
(400 ou 399); COSTANZI, *Studi ital. di fil. class.*, VII, 1899, p. 137 (410/9); W.
NESTLE, *Neue Jahrb.*, XI, 1903, p. 191; BOULANGER, *Aelius Aristide*, pp. 101 sq. ;
F. GEYER, *Makedonien bis zur Thronbesteigung Philipps II*, München-Berlin,
1930, pp. 95 sq. (400/399).

(²) A. FIORELLO, *Herodes Attici quae supersunt*, Leipzig, 1801, avait déjà
émis des doutes sur l'authenticité (pp. VI-VII, p. 12). Cf. aussi, outre Drerup,
M. CROISET, *Hist. de la Litt. grecque*, V², p. 555, n. 4 ("l'authenticité de ce
morceau ne semble pas pouvoir être défendue„); ADCOCK, *Klio*, XIII, 1913, pp.
249 sqq. et KNOX, *ibid.*, pp. 255 sqq., 502 sqq. (serait d'époque basse mais
non l'œuvre d'Hérode); VIDAL-LABLACHE, *o l.*, pp. 2, n. 2, 134 sq.

ne nous apprendrait à peu près rien sur la manière d'Hérode ([1]),
tant le style diffère de celui du sophiste, tel que nous le connaissons
par les témoignages des anciens, par les fragments qui nous en
restent, par les inscriptions.

D'abord, il n'est dit nulle part que cet Hérode soit bien
Hérode Atticus : le nom est fréquent et contrairement à ce qu'on
a prétendu ([2]), il pourrait très bien s'agir d'un homonyme plus ancien
que le sophiste et moins connu. De plus, le sujet du discours est
bien spécial pour avoir pu intéresser les auditeurs ou les lecteurs
de μελέται du IIe siècle. Il sort absolument du cercle habituel des
thèmes traités par les sophistes du temps soit dans les improvisations soit dans les discours longuement préparés. C'est ce qu'avait
déjà observé depuis longtemps W. Schmid, un partisan convaincu
de l'authenticité ([3]). Ces thèmes gravitent tous autour de périodes
de l'histoire grecque mieux connues que celle d'une cité de Thessalie, qui avait perdu toute importance au IIe siècle et n'avait
jamais joué un rôle de premier plan dans la Grèce classique ([4]).
Ce qui intéresse les contemporains d'Hérode, ce sont les sujets qui
font revivre pour eux les moments les plus glorieux ou les plus
passionnants du passé de leur pays et surtout des deux cités les
plus illustres, Sparte et Athènes ; ils aiment qu'on évoque devant
eux les guerres médiques, la guerre du Péloponèse, les luttes contre
Philippe pour l'indépendance ([5]).

On peut même se demander si un discours comme le Περὶ
πολιτείας aurait été bien compris par les Grecs du IIe siècle. Il est

---

([1]) C'est ce que reconnaissent des partisans de l'authenticité comme WILA-
MOWITZ, *Aristides*, p. 335, qui écrit que ce discours ne prouve certainement
pas qu'Hérode employait le même style dans les déclamations qu'il prononçait
en public.

([2]) SCHMID, *Rhein. Mus.*, LIX, 1904, p. 523 ; DRERUP, p. 119, n. 1.

([3]) SCHMID, *Atticismus*, I, p. 34, n. 10.

([4]) A la rigueur, on s'expliquerait le choix d'un sujet si spécial si le discours
était l'œuvre d'un sophiste de Thessalie, comme Philiskos (PHILOSTR., II, 30,
p. 300 W.) ou, surtout, comme Hippodromos, qui était originaire de Larissa
(II, 27, 1, p. 284 W. ; *RE*, VIII, p. 1745, n° 4).

([5]) Pour ces sujets, cf. *supra*, p. 42.

obscur pour nous sur plus d'un point et ne devait pas l'être beaucoup moins du temps d'Hérode.

Avec cela, il est si bien documenté (¹) sur la période qu'il traite qu'on a pu aller jusqu'à prétendre que ce discours n'était autre que celui d'un contemporain, de Thrasymachos de Chalcédoine, auteur d'un Ὑπὲρ Λαρισαίων (²). Cette hypothèse, ajoutons le tout de suite, n'est pas soutenable : nous possédons un fragment du discours de Thrasymachos (³) qui ne figure pas dans l'œuvre qu'on attribue à Hérode, sans compter que celle-ci n'est pas un plaidoyer pour les habitants de Larissa (ὑπέρ), mais un discours prononcé ou censé prononcé devant eux. On ne peut donc même pas supposer que nous avons affaire à l'œuvre de Thrasymachos remaniée par un sophiste.

Évidemment, Hérode, si tant est qu'il soit l'auteur du Περὶ πολιτείας, aurait pu utiliser l'œuvre de Thrasymachos. Mais il y a dans le Περὶ πολιτείας une précision de détails qui n'est guère dans les habitudes des sophistes (⁴) : ils cherchent moins à reconstituer l'histoire du passé qu'à en tirer des effets oratoires, des occasions

---

(¹) Koehler, *Sitzungsb. Akad. Berl.*, 1893, II, pp. 504 sqq ; Geyer, *o.l.*, p. 95.

(²) W. Nestle, *Neue Jahrb*, XI, 1903, p. 191. Cf. aussi Boulanger *l.l.*, p. 101, qui considère ce discours comme "la réfection, suivant les règles de l'éloquence sophistique„ de la harangue de Thrasymachos. Wilamowitz, *Marcellus von Side*, p. 21, n. 4, affirme que le Περὶ πολιτείας, est un pastiche de Thrasymachos et que l'imitation est trahie, sans contestation possible, par le fait que l'auteur évite l'hiatus. Cependant Hass, *o.l.*, p. 20 et Schmid, *Atticismus*, I, p. 198, avaient déjà relevé, dans ce discours, des hiatus dont certains sont "inexcusables „.

(³) Clem. Alex., *Strom.*, VI, 2, 16, p. 746 P.

(⁴) On fait valoir, en faveur de l'authenticité, une erreur commise par l'auteur (§ 19): il confond Archélaos avec son prédécesseur Perdiccas II, à propos de l'expédition de Brasidas en Thrace, en 424. Mais est-il vrai qu'un contemporain n'aurait pas commis pareille bévue ? Ed. Meyer, *Theopomps Hellenika*, pp. 215 sq., cite des exemples d'erreurs semblables imputables à des orateurs qui parlent même d'événements auxquels ils ont été mêlés. Ce n'est pas non plus un argument en faveur de l'authenticité (Münscher, p. 954) que les historiens modernes ne sont pas d'accord sur la date de ce discours. Il n'est pas toujours aisé ni même possible d'arriver à dater exactement des œuvres littéraires intéressant même des périodes mieux connues de l'histoire grecque, par exemple, certains discours de Démosthène.

de briller, d'étaler leur virtuosité. Qu'on se souvienne du Panthénaïque
d'Aelius Aristide qui "semble prendre à tâche de dépouiller le
récit de toute précision" (¹), ou les διαλέξεις de Lesbonax et de
Polémon, "où tout l'effort d'un esprit singulièrement inventif et
exercé n'aboutit qu'à de sottes antithèses, à des jeux d'esprit ridicules,
à des fanfaronnades et à des hyperboles enfantines" (²). Et
cependant Polémon était considéré par Hérode comme un maître
qu'il admirait plus que tout autre, et Aelius Aristide comme un
redoutable concurrent, ainsi que l'a montré l'anecdote rapportée
plus haut.

Si Hérode était bien l'auteur du Περὶ πολιτείας, on ne s'expliquerait
guère pourquoi, dans l'exorde, il se serait donné pour
un homme encore tout jeune. Rien ne l'y obligeait, même si le
discours datait de sa jeunesse. Si l'auteur était un sophiste, on
s'attendrait au contraire à ce qu'il se conciliât la faveur de son
auditoire en faisant état de son âge et de son expérience. Ce serait
plus habile et plus conforme à ce que nous connaissons des sophistes
dont la formation exigeait pas mal de temps et qui ne
s'aventuraient généralement pas en public lorsqu'ils étaient encore
tout jeunes. D'ailleurs, un sophiste débutant n'aurait probablement
pas choisi un sujet aussi spécial.

On ne peut non plus prêter à un sophiste aussi lettré qu'Hérode
la fiction maladroite qui consisterait à s'adresser, dans une
oligarchie, à l'assemblée du peuple. Cette prétendue maladresse
s'explique au contraire fort bien s'il s'agissait non d'un véritable
discours mais d'un écrit politique de propagande en faveur de Sparte.

Quant à la langue du Περὶ πολιτείας, il serait dangereux d'en
tirer des conclusions trop absolues. D'excellents philologues comme
Drerup (³) et W. Schmid (⁴), l'un adversaire, l'autre partisan de
l'authenticité nous affirment que rien, dans la grécité du Περὶ πολιτείας

(¹) Boulanger, *o.l.*, p. 371.

(²) M. Croiset, *Histoire de la litt. gr.*, V², p. 553.

(³) *O.l.*, pp. 36 sqq.

(⁴) *Atticismus*, I, pp. 192 sqq. ; *Rhein. Mus.*, LIX, 1904, p. 512 ; *Berl. phil.
Woch.*, 1909, p. 385; Christ-Schmid, II⁶, p. 696.

n'interdit de le placer à la fin du Vᵉ ou au début du IVᵉ siècle. D'autres, par contre, nous assurent que l'on trouve, dans le vocabulaire, dans les constructions (¹), dans les rythmes (²), la preuve que le discours est d'époque tardive.

De ces affirmations contradictoires, il résulte tout au moins que le doute est permis. Même si l'œuvre était de basse époque, il ne saurait être question de l'attribuer à Hérode. Nulle part on n'y retrouve l'abondance et l'élégance du style du sophiste, vantées par Aulu-Gelle (³). D'après Philostrate, la richesse d'images était une des caractéristiques de la manière d'Hérode (⁴) : les propos qu'il lui prête (⁵), les inscriptions rédigées par le sophiste (⁶), attestent que le biographe ne se trompe pas sur ce point. Or, on l'avait remarqué depuis longtemps, les expressions imagées manquent complètement dans le Περὶ πολιτείας (⁷). Où sont les accumulations de synonymes chères à Hérode (⁸), la savante variété de son style et l'originalité de sa pensée (⁹) ? Le pathétique qu'on vantait dans les discours d'Hérode y fait complètement défaut (¹⁰).

(¹) MÜNSCHER, *Deutsche Litter. Zeit.*, 1909, p. 1437; *RE*, VIII, p. 954.—Comme l'a fait observer BELOCH, *o.l.*, p. 17, les passages du II. π. qui ont choqué KNOX, *Klio, l.l.*, se réduisent à cinq et sont ou corrompus ou sans importance.

(²) HEIBGES, *De clausulis Charitoneis*, Diss. Münster, Halle, 1911, pp. 97 sqq. ; A. W. DE GROOT, *A handbook of antique Prose-rythm*, I, Groningen-Leipzig, 1919, pp. 87 sq.

(³) GELL., *Noct Attic.*, XIX, 12.

(⁴) PHILOSTR., II, I, 34 (p. 178 W.) : καὶ ἡδὺς ὁ λόγος καὶ πολυσχήματος.

(⁵) PHILOSTR., I, 25, 17 (p. 124 W. Jugement d'Hérode sur Polémon) : ἵππων μ' ὠκυπόδων ἀμφὶ κτύπος οὔατα βάλλει; II, 1, 2, (p. 140 W.) : τοὺς δὲ θησαυρούς, ἐς οὓς ἀποτίθενται τὰ χρήματα ἔνιοι, πλούτου δεσμωτήρια... ἐπωνόμαζε; II, 1, 11 (p. 150 W.) : τοὺς λόγους ἡμῶν τοιχωρυχοῦσιν ; II, I, 25 (p. 166 W.) : τὸν Δία (Marc-Aurèle) μέμφομαι τὸν Ὁμηρικόν, ὅτι τοὺς Τρῶας (les Quintilii) φιλεῖ ; II, 5, 7 (p. 196 W.) : Hérode appelle Alexandre Péloplaton un Σκοπελιανὸν νήφοντα ; II, 10, 3 (p. 224 W.) : κολοσσοῦ ταῦτα μεγάλα σπαράγματ' ἂν εἴη (jugement sur Hadrien de Tyr encore jeune).

(⁶) *IGR*, 193 : Ῥήγιλλα... τὸ φῶς τῆς οἰκίας.

(⁷) SCHMID, *Atticismus*, I, p 198.

(⁸) Cf. ci-dessus, p. 154, n. 5.

(⁹) PHILOSTR., II, 1, 34 (p. 178 W.).

(¹⁰) *Ibid.*, II, 1, 35 (p. 178 W.).

De plus, rien qui sente l'emphase, la recherche de l'effet, rien du style maniéré, précieux, tel qu'on l'observe dans les nombreux fragments de sophistes cités notamment dans les biographies de Philostrate, rien de ce que l'on attendrait d'un disciple et de l'admirateur d'un asianiste comme Polémon. Le ton mesuré, la simplicité de l'expression, du choix des mots, la grande sobriété des figures, le naturel de l'argumentation un peu sèche (¹),tout trahit les débuts d'un art encore jeune. On cherche vainement ici les tares de la décadence. L'auteur du Περὶ πολιτείας semble un proche parent de Thucydide dont il partage la concision et l'obscurité : il n'a rien de commun avec un Aelius Aristide ou un Polémon.

Si, par impossible, la déclamation était d'Hérode, il faudrait admettre que le sophiste à réussi à pasticher pour le fond, le vocabulaire, la composition, le style, la manière des orateurs de la fin du Vᵉ siècle, avec une perfection capable de dérouter les historiens et les philologues les plus avertis.

Encore si le modèle pastiché par Hérode était Kritias, auteur qu'il avait étudié à fond, au dire de Philostrate (²). Mais ce n'est sûrement pas le cas: le style du Περὶ πολιτείας, nous le dirons plus loin, diffère notablement de ce que nous connaissons de Kritias. A supposer même que nous ayons affaire à un pastiche aussi habile, il ne nous apprendrait rien de plus, sur la sophistique du IIᵉ siècle, que ne nous enseignent, sur la sculpture des basses époques, les copies plus ou moins fidèles des néo-attiques, dont le principal intérêt est de nous renseigner sur des chefs-d'œuvre aujourd'hui perdus.

Pour nous, répétons-le, le discours serait bien d'un Hérode, homonyme moins célèbre du sophiste et probablement d'un Thes-

---

(¹) Cf. E. ROHDE, *Rhein. Mus.*, XLI, 1886, p. 185, n. 1, qui a très bien exprimé les caractères du style du Περὶ πολιτείας, caractères qui sont en contradiction à peu près complète avec ce que nous connaissons de celui d'Hérode. Aussi ROHDE, partisan de l'authenticité, est-il obligé d'ajouter : "Aber Herodes muss auch andere Töne gehabt haben (wie das bei einem so vielseitig angelegten Manieristen nur naturlich ist)".

(²) PHILOSTR., II, 1, 35 (p. 178 W.).

salien, à en juger d'après le sujet très spécial (¹). Le nom d'Hérode n'est point rare et, encore une fois, il n'est dit nulle part que l'auteur du Περὶ πολιτείας, soit Hérode Atticus dont il ne possède aucune des qualités maîtresses.

Une autre hypothèse, qui nous paraît beaucoup moins probable pourrait, à la rigueur, expliquer pourquoi l'œuvre nous serait parvenue sous le nom d'Hérode. Cette hypothèse, Drerup l'avait déjà émise mais pour la rejeter (²). Elle consiste à attribuer le discours à Kritias. Si nous y revenons, en la modifiant quelque peu, ce n'est point que nous la préférons; c'est parce qu'elle nous donnera l'occasion de traiter du style de cet auteur, dans ses rapports avec celui d'Hérode, qui l'avait pris pour modèle.

Exilé d'Athènes, Kritias s'était réfugié en Thessalie. Non seulement il avait écrit une Πολιτεία Θετταλῶν (³), mais il s'était immiscé dans les affaires politiques du pays. Même, d'après Xénophon, il y avait établi la démocratie et armé les Pénestes contre leurs maîtres (⁴). Ce texte, il est vrai, est contredit par le témoignage de Philostrate: celui-ci nous affirme, au contraire, que Kritias aida les oligarques à faire peser plus lourdement leur tyrannie sur les Thessaliens (⁵). L'affirmation de Philostrate paraît plus conforme à ce que nous connaissons du caractère et des idées politiques du plus farouche des Trente tyrans. Mais on ne peut révoquer en doute le témoignage de Xénophon, qui fut son contemporain. Si Kritias provoqua un mouvement démocratique en Thessalie, c'est qu'il devait profiter ici aux Lacédémoniens dont il était un des plus chauds partisans. Et nous aurions conservé dans le Περὶ πολιτείας un souvenir de son activité politique en Thessalie. Le discours

---

(¹) Cf. J. BELOCH, *Griech. Geschichte*, III², 2, p. 17 ; ED. MEYER, *Geschichte des Altertums*, V, pp. 56 sqq. ; POEHLMANN, *Grundriss der griech. Geschichte*⁵, p. 201, n. 5.

(²) DRERUP, *o.l.*, p. 66 ; HASS, *De Herodis Attici oratione* Περὶ πολιτείας Leipzig, 1880, pp. 18 sq.

(³) DIEHL., *RE*, XI, p. 1908.

(⁴) XEN., *Hell.*, II, 3, 36 : ἐν Θεσσαλίᾳ μετὰ Προμηθέως δημοκρατίαν κατεσκεύαζε καὶ τοὺς πενέστας ὥπλιζεν ἐπὶ τοὺς δεσπότας.

(⁵) PHILOSTR., I, 16, 3 (p. 48 W.).

aurait été mis sous le nom d'Hérode ou bien parce que l'archétype
de nos manuscrits aurait appartenu à la bibliothèque d'Hérode,
grand admirateur de Kritias, ou bien à cause de la parenté de style
qui existait entre Hérode et Kritias, au dire de Philostrate, qui
nous a conservé les caractéristiques de la manière du sophiste (1) :
" La composition (2) du discours est suffisamment châtiée (3). Il
s'insinue habilement plutôt qu'il ne s'impose. Il allie l'ampleur (4)
à la simplicité. Son style rappelle celui de Kritias (5). On y admire

(1) PHILOSTR., II, 1, 34 (p. 178 W.) : ἡ δ' ἁρμονία τοῦ λόγου ἱκανῶς κεκολασμένη καὶ ἡ δεινότης ὑφέρπουσα μᾶλλον ἢ ἐγκειμένη κρότος τε ξὺν ἀφελείᾳ καὶ
κριτιάζουσα ἠχὼ καὶ ἔννοιαι οἷαι μὴ ἑτέρῳ ἐνθυμηθῆναι κωμική τε εὐγλωττία οὐκ
ἐπέσακτος ἀλλ' ἐκ τῶν πραγμάτων, καὶ ἡδὺς ὁ λόγος καὶ πολυσχήματος καὶ εὐσ-
χήμων καὶ σοφῶς ἐξαλλάττων τὸ πνεῦμά τε οὐ σφοδρὸν ἀλλὰ λεῖον καὶ καθεστηκὸς
καὶ ἡ ἐπίπαν ἰδέα τοῦ λόγου χρυσοῦ ψῆγμα ποταμῷ ἀργυροδίνῃ ὑπαυγάζον.
Ce passage a été plusieurs fois traduit (WESTERMANN, SCHMID, *Atticismus*,
I, p. 193, WRIGHT, MÜNSCHER, p. 950, BOULANGER, p. 102) mais jamais d'une
manière satisfaisante. Et il n'en saurait être autrement : les lexiques sont insuf-
fisants et il nous manque un travail d'ensemble sur le vocabulaire de Philostrate.
Le glossaire qui suit l'édition de WRIGHT n'y supplée que très insuffisamment.
(2) BOULANGER, *o. l.*, p. 102, traduit par "disposition des phrases,, le mot
ἁρμονία, que SCHMID et MÜNSCHER donnent plus exactement comme le syno-
nyme de σύνθεσις.
(3) SCHMID, traduit par "sehr vorsichtig,, expression qui n'est pas l'exacte
équivalent de ἱκανῶς κεκολασμένη.
(4) Le mot κρότος, comme l'a observé BOULANGER, p. 97, n. 1, est assez difficile à traduire chez Philostrate, où il reparait plusieurs fois.
MÜNSCHER, *l.l.*, le rend par "volle Ton,, SCHMID par "Ton,, WRIGHT, par
"plain style,, BOULANGER, par "noblesse,, WESTERMANN par *magnificentia.*
LUCIEN, *Dem. enc.*, 15 et 32, l'emploie à propos de Démosthène (κρότος τῶν
Δημοσθενικῶν λόγων). Comme κρότος est plusieurs fois rapproché de ἠχώ, chez
Philostrate, notamment dans son jugement sur le style d'Hérode (cf. aussi II,
3, 2, p. 184 W. et II, 10, 7, p. 234 W.) il semble faire là une image qui se continue ; à en juger d'après le passage (II, 3, 2) où Philostrate l'utilise pour définir l'atticisme d'Aristoklès de Pergame, les deux mots peuvent servir à caractériser la langue d'un auteur aussi bien que son style. Dans le passage qui
nous occupe, il semble opposé à ἀφελείᾳ et doit sans doute être traduit par un
mot comme grandeur; nous avons préféré "ampleur,, pour essayer d'évoquer le
sens primitif de κρότος qui signifie "bruit,,.
(5) C'est ainsi que nous essayons de rendre avec SCHMID, l'expression
κριτιάζουσα ἠχώ ; MÜNSCHER traduit par "wohllaut,, BOULANGER, par "une magnificence digne de Kritias,, traduction qui parait peu convenir au style de cet
auteur. WESTERMANN : *elegantia qualis in Critia est conspicua.* WRIGHT : "sono-
rous after the manner of Critias,,.

l'originalité de la pensée (¹). Il était spirituel avec aisance : la plaisanterie naissait sans effort du sujet (²). Son style agréable, fort imagé et d'une belle tenue, était habilement varié (³). Le souffle n'en était pas violent, mais doux et calme. Bref, c'était comme des paillettes d'or brillant au fond d'un fleuve aux ondes d'argent" (⁴).

Plus loin, Philostrate ajoute qu'Hérode était un orateur très nourri ; à la différence des autres sophistes, il brillait à la fois dans l'improvisation et dans les discours étudiés. Il tirait son pathétique non seulement de la tragédie mais aussi de la vie (⁵).

Ailleurs, Philostrate nous dit encore qu'un de ses disciples avait pris de lui l'habitude d'accumuler les synonymes (⁶).

C'était aussi, selon Aelianus, le plus varié des sophistes (⁷).

Cette variété était-elle celle du style dont il a été question plus haut. Ou faut-il entendre par là qu'Hérode était capable de traiter ses sujets de manières fort différentes ? C'est ce qu'il est difficile de déterminer aujourd'hui que ses œuvres sont perdues.

Toutefois, le mot d'Alexandre Péloplaton, rapporté au début de ce chapitre, et d'après lequel Hérode aurait pour ainsi dire résumé à lui seul tous les autres sophistes, rend la seconde de ces hypothèses plus vraisemblable.

(¹) C'est ainsi que nous rendons ἔννοιαι οἷαι μὴ ἑτέρῳ ἐνθυμηθῆναι. Il ne s'agit pas de la richesse de l'invention, comme paraît le croire MÜNSCHER, p. 940, auquel cas on attendrait ὅσαι au lieu de οἷαι. BOULANGER traduit littéralement pour éviter la difficulté, "des pensées telles que nul autre ne pourrait les concevoir". SCHMID donne à peu près le même sens : "seine Gedanken sind so wie sie kein anderer erfinden kann". De même WESTERMANN : *sententiae quae non alteri in mentem veniant.*

(²) La traduction de MÜNSCHER, "scherzende Anmut", ne rend pas εὐγλωττία. Quant à celle de BOULANGER, "une abondance digne de la comédie", elle est tout à fait inexacte. SCHMID : "Aus der Komödie stammt seine... Redefertigkeit", traduction que contredit οὐκ ἐπέσακτος.

(³) BOULANGER traduit "varié avec mesure", comme si le texte donnait μετρίως et non σοφῶς.

(⁴) La même figure est employée par LUC., *Dial., mar.*, 3.

(⁵) II, 1, 35 (p. 178 W.).

(⁶) II, 18, 1 (p. 250 W.). Cf. ci-dessus p. 154, n. 5.

(⁷) II, 31, (p. 306 W.).

Aulu-Gelle vante encore chez Hérode la gravité, l'abondance et l'élégance (¹).

D'autre part, nous connaissons par Hermogène et Philostrate les caractères du style de Kritias qu'Hérode avait particulièrement étudié et qu'il avait remis à la mode et imité (²).

Parmi ces caractères, ceux qui concordent avec le style d'Hérode sont d'abord la concision (³), non mentionnée par Philostrate à propos du sophiste mais qui apparaît nettement dans ses inscriptions, ensuite l'agrément et la douceur, que le biographe compare chez Hérode au souffle du zéphyr (⁴). Philostrate relève aussi chez Kritias l'imprévu de la pensée et de l'expression (⁵), qui est à rapprocher de l'originalité de la pensée dont il fait honneur à Hérode.

De toutes ces caractéristiques, il n'y en a guère qu'une qui reparaisse dans le Περὶ πολιτείας, outre l'habitude de l'asyndeton entre les propositions, chère aux deux écrivains : c'est la concision. Non seulement les autres en sont absentes mais, comme l'a montré Drerup (⁶), il existe pour tout le reste, dialecte, choix des mots, syntaxe, emploi des procédés de Gorgias, un contraste complet entre le discours attribué à Hérode et le style de Kritias, tel que nous le connaisons par les fragments qui nous en restent ou les auteurs qui nous en parlent. Il n'y a donc pas lieu d'insister sur une hypothèse qui ferait de Kritias l'auteur du discours du pseudo-Hérode : elle ne résiste pas à un examen sérieux du style des deux auteurs.

(¹) GELL., *Noct. Att.*, 12 ; SUID., *s.v.* Ἡρώδης, vante aussi τὸ μεγαλοφυὲς καὶ τὸ ὑμνοῦν τοῦδε τοῦ ἀνδρός.

(²) PHILOSTR., I, 16, 5 (p. 48 W.) ; HERMOG., π. ἰδ., p. 415.

(³) PHILOSTR., I, 16, 5 (p. 50 W.) : ὁρῶ τὸν ἄνδρα καὶ βραχυλογοῦντα ἱκανῶς. Sur Kritias, cf. outre l'article de DIEHL, cité plus haut, BLASS, *Attische Beredsamkeit²*, I, pp. 272 sqq.; DRERUP, *Jahrbücher für Klass. Philol.*, Suppl. XXVII, 1900, pp. 314 sq.

(⁴) PHILOSTR., *ibid.* : τὸ δὲ... πνεῦμα... ἡδὺ δὲ καὶ λεῖον ὥσπερ τοῦ Ζεφύρου ἡ αὔρα.

(⁵) *Ibid.* : καὶ τὸ παραδόξως μὲν ἐνθυμηθῆναι, παραδόξως δ' ἀπαγγεῖλαι Κριτίου ἀγών.

(⁶) DRERUP, *o.l.*, p. 66.

Ce ne sont en tout cas pas seulement des préférences littéraires qui durent orienter l'atticisme d'Hérode vers l'imitation d'un auteur fort oublié et même peu estimé, selon Philostrate (¹). Si le sophiste prit pour modèle le plus fougueux des Trente Tyrans, c'est probablement aussi que ses idées politiques devaient lui plaire, à lui l'aristocrate, dont la famille se plaisait à faire remonter ses origines jusqu'aux dieux, à lui qui fut accusé de tyranniser ses concitoyens, à l'exemple de son grand-père Hipparchos.

Vu la disparition de ses écrits et le silence de son superficiel biographe sur ce point, il est assez difficile de préciser le rôle joué par Hérode dans le mouvement littéraire du IIᵉ siècle et c'est encore par le nombre et la qualité de ses disciples qu'on peut le mieux mesurer l'influence qu'il a exercée sur la sophistique contemporaine.

Qu'il ait, comme on l'a prétendu (²), été le premier à rapprocher la sophistique de la philosophie, c'est là une assertion qui ne repose sur aucun texte. Même elle paraît en contradiction avec ce que nous savons des sophistes qui furent ses aînés, tel Favorinus d'Arles, pour n'en point citer de plus anciens, et qui eurent la réputation d'être des sophistes-philosophes, autrement dit des vulgarisateurs de la philosophie (³).

Qu'Hérode ait eu une solide formation philosophique, la chose n'est pas contestable; les " Nuits attiques " suffiraient à l'attester. N'est-ce pas d'ailleurs pour cela que Marc-Aurèle le chargea de désigner les titulaires des quatre chaires de philosophie qu'il avait créées à Athènes ? (⁴). Ce qui est sûr aussi c'est que ses lectures fort

---

(¹) Philostr., II, 1, 35 (p. 178 W.) : προσέκειτο μὲν γὰρ πᾶσι τοῖς παλαιοῖς, τῷ δὲ Κριτίᾳ καὶ προσετετήκει καὶ παρήγαγεν αὐτὸν ἐς ἤθη Ἑλλήνων τέως ἀμελούμενον καὶ περιορώμενον. Cf. *Sitzungsb. Wien. Akad.*, 1913, 170, IX, pp. 1 sqq., où l'on montre que c'est par Hérode que l'auteur de l'épigramme *IG*, XIV, 1539 (Kaibel, *Epigr. Gr.*, 616) a dû connaitre Kritias dont il s'inspire.

(²) Schmid, *Atticismus*, I, p. 203.

(³) Philostr., I, 8, 7 (p. 28 W.), à la fin de sa notice sur Favorinus, ajoute ταῦτα μὲν ὑπὲρ τῶν φιλοσοφησάντων ἐν δόξῃ τοῦ σοφιστεῦσαι.

(⁴) Philostr., II, 2, 2 (p. 182 W.).

étendues devaient le placer bien au-dessus des sophistes contemporains, auxquels Aelius Aristide reproche de parler de choses qu'ils ne connaissent pas ([1]). De plus, Hérode ne s'est pas contenté d'être un sophiste fort érudit : il s'est efforcé de communiquer son amour du travail ([2]) à ses disciples sans doute pour essayer de donner à la sophistique le sérieux et le fond qui lui manquaient. Et c'est grâce à sa vaste culture qu'il dut de devenir un improvisateur de premier ordre.

Mais il est fort probable que c'est au prestige de sa fortune non moins que de son talent personnel qu'il exerça une profonde influence sur ses contemporains. Si ses œuvres, à la différence de celles d'Aelius Aristide, ne nous sont pas parvenues, c'est peut-être moins par suite d'un hasard malheureux que parce qu'elles n'étaient guère plus lisibles que celles d'un Polémon. Sans doute aussi ses discours empruntaient-ils la plus forte part de leur intérêt à l'art avec lequel il les débitait.

En tout cas, c'est en grande partie grâce à Hérode que la sophistique devint la reine incontestée de l'activité intellectuelle du temps. Il ne faut point lui en faire un grief. La pensée grecque, épuisée par des siècles d'enfantement, n'était plus guère en état de produire des œuvres originales de la valeur de celles d'un Lucien et ne pouvait plus que se donner l'illusion de revivre le passé en le répétant et en l'accommodant aux besoins du temps.

Si on compte parfois Hérode parmi les asianistes ([3]), ce n'est pas par erreur, comme, on l'a prétendu ([4]). C'est parce qu'il savait, lorsqu'il le voulait, imiter la manière de ses collègues d'Asie. C'est aussi et surtout, parce qu'il avait dû contribuer plus que tout autre

---

([1]) ARIST., *Or.*, XXXIII, 32 (KEIL) : ὦ χρηστοὶ καὶ τὴν οἰκουμένην ὑμεῖς παιδεύοντες πρὶν ὑμᾶς αὐτούς.

([2]) LIBAN., *Or.*, IV, 7 (p. 289 FOERSTER) : Ἡρώδης ὁ Ἀθηναῖος ὁ πονεῖν εἰδώς. Cf. aussi le passage de PHILOSTR., II, 10, 2 (p. 224 W.) où il est dit qu'Hérode conseillait à ses disciples de continuer à travailler même pendant leurs beuveries.

([3]) ARIST., *Panath.*, *proleg.*, (III, p. 737 DINDORF).

([4]) SCHMID, *Atticismus*, I, p. 200, n. 13.

à acclimater en Grèce un genre particulièrement en faveur en Ionie, qui n'était en tout cas guère pratiqué en Attique avant lui. Mais il ne se borna pas à le transplanter: il le greffa sur une souche attique et lui enleva son excès d'emphase asiatique. Son atticisme dut consister non seulement dans le choix des mots mais aussi dans le retour à la manière plus simple, sans enflure de maîtres encore archaïques comme Kritias, tout en conservant de l'asianisme la richesse de figures et d'images.

Mais il vaut mieux avouer que nous sommes mal informés sur cet atticisme d'Hérode. Son biographe n'en parle guère que pour le comparer à celui de son disciple Aristoklès, qui était plus subtil mais avait moins de force et d'éclat ([1]). Nous savons aussi qu'Hérode était un hyperatticiste, tout au moins dans ses lettres, ce qui permet d'assurer qu'il ne l'était pas dans ses discours ([2]). Enfin, un autre disciple d'Hérode, Amphiklès, dans son altercation avec le sophiste Philagros, lui reproche d'avoir, dans sa colère laissé échapper un mot étranger aux bons auteurs ([3]).

Dans ces divers témoignages, il n'y a rien qui autorise à affirmer qu'Hérode ait été autre chose qu'un puriste dont les élèves, à l'exemple du maître sans doute, étaient choqués par l'emploi de termes étrangers au bon usage attique, même dans la conversation.

Mais Hérode fut-il le créateur de cet atticisme de vocabulaire et de syntaxe, qui sévit au IIe siècle, dont Lucien à raillé les excès, dans son "Maître de rhétorique„ ([4]) mais que prônait l'auteur du traité de rhétorique attribué à Aelius Aristide? ([5]). Nous ne sommes pas en droit de le prétendre ([6]). Mais il est sûr qu'avec son

---

([1]) PHILOSTR., II, 3, 2 (p. 184 W.): αὐτὴ θ'ἡ ἀττίκισις, εἰ παρὰ τοῦ Ἡρώδου βασανίζοιτο, λεπτολογεῖσθαι δόξει μᾶλλον ἢ κρότου τε καὶ ἠχοῦς ξυγκεῖσθαι. Sur l'obscurité du sens de κρότος et ἠχώ, cf. ci-dessus, p. 169, n. 4.

([2]) PHILOSTR., *Epist.*, II, p. 257 (KAYSER), 337 (WESTERMANN).

([3]) PHILOSTR., II, 8, 1 (p. 206 W.).

([4]) *Rhet. praec.*, 16-20.

([5]) I, 6.

([6]) Comme l'a fait SCHMID, *Atticismus*, I, p. 194.

talent, son prestige, sa fortune, Hérode en fut tout au moins le principal propagateur et ce qui subsistera de son œuvre, lorsque la génération suivante de sophistes l'aura relégué au second plan, c'est l'influence qu'il exerça sur la langue.

Cette influence ne fut pas heureuse. Aux anciens, il aurait fallu avant tout demander, comme le voulait Denys d'Halicarnasse, le sentiment de la beauté. Au lieu de pénétrer au fond des choses, de s'attacher à ce qu'ils recèlent d'éternel, Hérode dut rester à la surface; il voulut faire revivre non leur esprit mais leur langue, une langue qui était morte et obscure, tout au moins pour la masse. Son principal modèle est un orateur fort oublié. Il s'attache à ce qui est rare, précieux et enferme la langue dans un archaïsme étroit ([1]) bon pour cénacles littéraires: ses inscriptions nous ont conservé quelques spécimens de cette prose d'une simplicité prétentieuse, cherchant à éviter les formules ([2]), employant des tournures rares ([3]) et tombant même, au moins une fois, dans le solécisme ([4]), pour avoir voulu trop archaïser, même jusque dans l'écriture, comme Hérode le fait parfois ([5]).

L'influence du sophiste, nous l'avons dit ([6]), ne semble guère s'être étendue sur les Athéniens: on n'en compte pas parmi ses disciples, sauf Théodotos, qui devint d'ailleurs son ennemi et se réclamait surtout de Lollianos. A quoi faut-il attribuer cette abstention à peu près complète? Les Athéniens, si friands de séances de déclamation auraient-ils montré peu de propension pour la profession de sophiste? Il est de fait que l'on connaît peu d'Athéniens qui l'aient exercée au IIe siècle: en dehors de Sécundus, le maître d'Hérode, on ne trouva guère à citer que deux noms médiocres, ceux de Théodotos et d'Apollônios. ([7]). Mais il se pourrait que la

---

([1]) PHILOSTR., II, 1, 35 (p. 178 W.) : προσέκειτο μὲν γὰρ πᾶσι τοῖς παλαιοῖς.

([2]) *BCH*, XXXVIII, 1914, p. 365, n° 5.

([3]) *Ibid.*, p. 362, n° 4.

([4]) *IGR*, 193 ; *IG*, XIV, 1391. Cf. ci-dessus, p. 96.

([5]) Sur ces textes archaïsants, cf. ci-dessus, p. 95 n. 5.

([6]) Cf. *supra* p. 156.

([7]) PHILOSTR., II, 20 (p. 254 W.).

raison fût tout autre. Les sophistes se recrutaient souvent parmi les familles les plus fortunées. A Athènes, Hérode les écrasait toutes par sa prodigieuse fortune, par sa naissance, par son talent. De là, en partie, l'impopularité qui le suivit jusqu'à la fin de sa vie; de là l'opposition dont Démostratos prit la tête et qui aboutit au procès de Sirmium. De là, peut-être aussi, le peu d'empressement des Athéniens à suivre les leçons de celui qui donna cependant tant de lustre à leur cité, en lui conservant son rang de capitale intellectuelle qu'elle eût risqué de perdre, si la sophistique, reine des lettres, n'avait trouvé en lui son plus illustre représentant.

Il va de soi qu'il faut faire la part de l'exagération dans les éloges dont Philostrate comble Hérode en tant qu'écrivain. Sa biographie, nous l'avons dit, ressemble fort à un panégyrique. Si Hérode admirait Polémon au point de ne pas oser rivaliser avec lui, il faut croire que ses déclarations ne dépassaient guère le niveau de celles de son collègue asiatique, si tant est qu'elles valussent mieux. Or, ces déclamations nous l'avons constaté, ne donnent pas une très haute idée de la littérature sophistique du temps. D'ailleurs, si l'on prenait à la lettre les éloges dithyrambiques accordés par son biographe, à Hérode, celui-ci aurait été, pour les idées comme pour le style, un écrivain de premier ordre. On ne peut en attendre autant d'un sophiste du IIe siècle, un peu plus âgé qu'Aelius Artstide, dont les œuvres, malgré leur médiocrité, se sont cependant conservées, tandis que celles d'Hérode ont péri.

Philostrate n'est d'ailleurs pas le seul à s'être illusionné sur la valeur d'Hérode. Ses contemporains le comparaient à Démosthène [1] ou le comptaient au nombre des "Dix Orateurs„, éloge que le sophiste acceptait sûrement tout en feignant d'en plaisanter, en répliquant qu'il était supérieur à Andocide [2]. Mais lorsqu'on a lu les puériles déclamations de Polémon qu'Hérode proclamait le "Démosthène phrygien," on est édifié sur la valeur de ces jugements : ce sont moins des éloges mérités que des flatteries, qui entendaient être payées de retour.

---

[1] PHILOSTR., I, 25, 17 (p. 124 W.).
[2] II, 1, 35 (p. 178 W.).

Heureusement pour Hérode, il nous a laissé mieux que des œuvres, qui avaient déjà des détracteurs de son temps et dont il avait lui même deviné qu'elles seraient éphémères (¹). Tandis que la renommée d'Aelius Aristide se prolongera jusqu'à la Renaissance (²), la réputation littéraire d'Hérode ne dépassera guère le IIIᵉ siècle (³). Mais son immense fortune lui permit d'édifier des monuments moins périssables que ses discours et ses écrits. C'est à ces monuments qu'il doit de n'être pas tout à fait oublié, avec nombre d'autres médiocrités d'une littérature aussi riche et aussi féconde en génies que la littérature grecque.

(¹) PHILOSTR., II, 1, 11 (p. 150 W.) : à Ktésidèmos qui loue ses œuvres, Hérode répond : φθαρτά, ἔφη, λέγεις ταῦτα, καὶ γάρ ἐστι χρόνῳ ἁλωτά, καὶ τοὺς λόγους ἡμῶν τοιχωρυχοῦσιν ἕτεροι ὁ μὲν τὸ μεμφόμενος, ὁ δὲ τό.

(²) Cf. BOULANGER, *Aelius Aristide*, pp. 450 sqq.

(³) C'est à peine si l'on trouve, dans une inscription de Termessos, un personnage qui se flatte d'être un "nouvel Hérode". Cf. LANCKORONSKI, *Städte Pamphyliens und Pisidiens*, II, Vienne, 1892, p. 197, nº 11.

CHAPITRE X

HÉRODE LE BÂTISSEUR.

Tout jeune encore, Hérode montra cette générosité qui devait illustrer toute sa vie et le sauver de l'oubli après sa mort. Spontanément, il fit don à Scopélianos de 15 des 500 talents que lui avait donnés son père Atticus après l'avoir entendu prononcer un discours dans la manière de son maître (¹).

Lors du procès qu'il eut à soutenir contre son beau-frère Bradua, il put, sans trop d'exagération, se glorifier de ce qu'il lui serait aisé de produire des preuves de sa munificence dans n'importe quelle partie du monde (²). Comme bâtisseur, il dépasse tout ce que les particuliers et même les souverains les plus fastueux ont jamais réalisé. C'est lui faire tort que de le comparer à Mécène qu'il laisse bien loin derrière lui (³) : ce n'est pas un Mécène que l'on devrait dire en parlant d'un protecteur des lettres et des arts, mais un Hérode Atticus.

Dès qu'il fut en possession de la fortune paternelle, il ne cessa de répandre ses largesses et ses bienfaits sur ses amis, sur ses concitoyens, sur les Grecs d'Europe et d'Asie et même sur l'Italie. Ploutos, comme le dit Philostrate, ne fut pas aveugle lorsqu'il le combla de ses dons. Nul homme ne fit un meilleur usage de sa fortune, chose qu'il ne faut pas croire commode, écrit le biographe, mais qui est particulièrement difficile et malaisée. "Hérode disait que celui

---

(¹) Philostr., I, 21, 13 (p. 86 W.). Sur ce chiffre, cf. *supra*, p. 49.

(²) *Ibid.*, II, 1, 18 (p. 158 W.).

(³) Cf. H. Diptmar, *Der Rhetor Herodes Attikus, ein Mäcen seiner Zeit*, *Blätter für bayer. Gymnasialschulwesen*, XXIII, 1897, pp. 657-671.

qui veut faire un bon usage de ses richesses, doit donner à ceux qui ont besoin, pour qu'ils cessent d'être dans le besoin, et à ceux qui n'ont pas besoin, pour qu'ils ne viennent pas à tomber dans le besoin. Il appelait l'argent enlevé à la circulation et thésaurisé par avarice, des richesses mortes, et les trésors où certains enferment leurs biens, des prisons de la fortune, et ceux qui croient devoir faire des sacrifices aux dieux pour l'argent qu'ils ont amassé, il les surnommait des Alôades qui sacrifient à Arès après l'avoir enchaîné " (¹).

S'imaginer qu'il était généreux par pure bonté d'âme, serait une erreur : à l'occasion, il savait se montrer avare, comme le lui reproche Fronton, à l'occasion du premier procès où il eut à se défendre, à Rome (²). En couvrant la Grèce de monuments, dont un seul suffirait à illustrer sa mémoire, Hérode se rendait compte que c'était la meilleure façon de sauver son nom de l'oubli. Il ne se faisait pas d'illusion sur la durée de ses œuvres littéraires : il devina qu'elles ne lui survivraient pas et ne le cacha pas à ses amis (³). Et il ne se trompa point en comptant plus sur son stade ou sur son odéon que sur ses écrits pour passer à la postérité.

Il semble qu'en même temps sa secrète pensée ait été de rivaliser avec Hadrien et même de surpasser ce grand bienfaiteur d'Athènes, qui ne perdait aucune occasion de combler de bienfaits sa cité préférée et la couvrit de monuments. Cette préoccupation d'Hérode se manifeste, semble-t-il, dans son intention de percer l'isthme de Corinthe et de réussir dans une entreprise ou un empereur comme Néron avait échoué et dont les rhéteurs mettaient même en doute la possibilité (⁴).

(¹) Philostr., II, 1, 2 (p. 140 W.). Cf. *Iliad.*, V, 386.

(²) Front., *Ad Marc. Caes.*, III, 3, p. 42 (Naber) : *saevitia et avaritia exprobranda.*

(³) Philostr., II, 1, 11 (p. 150 W.). Était-ce sincère ou par fausse modestie, pour s'attirer des éloges ? On hésite à se prononcer.

(⁴) Cf. Quint., *Inst. or.*, III, 8, 16 : *coniectura est an Isthmos intercidi... possit.* Cf. aussi Hermog., p. 207, 16 (Spengel) ; Longin., p. 206, 13 (Hammer); Münscher, p. 933. Sur les tentatives de percement, cf. Fimmen. *RE*, IX, pp. 2259 sq.

Si Hérode renonça à ce projet grandiose, ce n'est pas qu'il craignît d'être au-dessous d'une tâche surhumaine "digne de Poseidôn plutôt que d'un homme", c'est qu'il savait, comme il le dit à son compatriote et ami Ktèsidèmos, lors d'un voyage à Corinthe, que l'empereur ne lui accorderait pas l'autorisation nécessaire(¹).

C'est vers la fin de sa carrière qu'Hérode dut s'ouvrir à Ktèsidèmos de son regret de ne pouvoir percer l'isthme. Cela résulte de toute évidence du texte de Philostrate. Hérode dit à son ami qu'il cherche depuis longtemps à laisser à la postérité un monument digne de lui et qu'il ne croit pas encore y avoir réussi (²). D'ailleurs Ktèsidèmos vivait encore du temps de Philostrate, qui tenait de lui l'anecdote relative au percement de l'isthme.

Si nous faisons abstraction de l'aqueduc d'Alexandria Troas, construit du vivant d'Atticus et avec des fonds fournis par lui (³), le premier grand édifice élevé par Hérode fut le stade d'Athènes. Il dut, nous avons essayé de le montrer plus haut, être promis aux Athéniens aux Panathénées de 139/40, lorsque le sophiste eut été couronné par eux pour s'être acquitté des fonctions d'agonothète, avec une somptuosité inouïe. Il fut achevé avec une extrême rapidité, Hérode s'étant engagé à recevoir ses concitoyens et les Grecs

---

(¹) *Ibid.*, II, 1, 10-11 (p. 150 W.). Cf. MÜNSCHER, p. 933. SCHULTESS p. 16, suppose qu'Hérode voulait percer l'isthme pour pouvoir transporter par mer le marbre nécessaire à la construction du stade de Delphes. Même s'il est certain que Pausanias (X, 32, 1. Cf. *infra*) ne s'est pas trompé en écrivant que ce stade était revêtu de marbre pentélique, l'hypothèse se concilie mal avec le texte de Philostrate qui affirme que l'intention d'Hérode était de laisser un monument de sa munificence qui dépassât tous les autres.

(²) PHILOSTR., II, 1, 11 (p. 150 w.) : πολὺν χρόνον ἀγωνίζομαι σημεῖον ὑπολείπεσθαι τοῖς μετ' ἐμὲ ἀνθρώποις διανοίας δηλούσης ἄνδρα καὶ οὔπω δοκῶ μοι τῆς δόξης ταύτης τυγχάνειν.

(³) PHILOSTR., II, 1, 6-7 (p. 146 W) ; PAUS., I, 19, 6. Pour les fouilles exécutées en 1869 et 1870, cf. E. ZILLER, dans ERBKAMS' *Zeitschrift, f. Bauwesen*, XX, 1870, pp. 455 sqq. Cf aussi WACHSMUTH, *Die Stadt Athen im Altertum*, I, p. 695 et *RE*, suppl. I, p. 191 ; DÖRPFELD, *AM*, XX, 1896. p. 109 ; LAMBROS, Τὸ Παναθηναϊκὸν στάδιον, Athènes, 1870 ; POLITIS, Τὸ Παναθηναϊκὸν στάδιον, Athènes, 1897 ; JUDEICH, *Topographie von Athen*, pp. 367 sqq. ; SCHULTESS, *o.l.*, p. 11 ; MÜNSCHER p. 928 ; FOUGÈRES, *Grèce²*, pp. 113 sq. ; DURM, *Die Baukunst der Griechen³*, p. 492 ; A. KÖSTER *Das Stadion von Athen*, Berlin, 1908 ; FIECHTER, *RE*, III, A², pp. 1968 sq.

dans un stade de marbre blanc aux Panathénées suivantes, c'est-à-dire, selon nous, en 143/4. (Fig. 9).

Le stade Panathénaïque, ainsi appelé parce qu'il servait aux jeux gymniques des Panathénées(¹), existait déjà avant Hérode. Il avait été aménagé, vers 330, par l'orateur Lycurgue, au pied de l'Ardettos, sur la rive droite de l'Ilissos. Hérode conserva l'emplacement du stade qui dominait orgueilleusement la " Nouvelle Athènes " construite par Hadrien; mais il en fit un véritable édifice en lui donnant une somptueuse parure de marbre blanc où entra, nous assure Pausanias(²) la plus grande partie de la carrière du Pentélique. Ce stade présente la forme usuelle, c'est-à-dire celle d'un fer à cheval aux côtés légèrement incurvés, ayant comme dimensions intérieures 204m 07 de long sur 33m.36 de large. Mais la piste proprement dite ne comptait que 184m. 96, soit un peu plus de 600 pieds de 0m.3082.

L'entrée s'ouvrait du côté de l'Ilissos. De ce côté, le stade était sans doute fermé par une portique et l'on a trouvé, à l'extrémité est, les restes de pièces, avec mosaïques, qui devaient servir de vestiaire aux athlètes. Dans la piste, on a découvert quatre hermès doubles. C'étaient des bornes dont l'une devait se dresser au départ, l'autre au milieu du stade, les deux autres à droite et à gauche du virage. L'une des têtes de ces hermès doubles était une copie libre

---

(¹) Ce n'est qu'après l'affaire du testament d'Atticus que Panathénaïque prit le sens ironique de "construit avec l'argent de tous les Athéniens" (PHILOSTR., II, 1, 7, p. 146 W.).

(²) C'est sans raison suffisante qu'on admet généralement depuis VISCONTI, *Iscrizioni Triopee*, p. 8 (cf. notamment SCHULTESS, p. 11; HIRSCHFELD, *Die kaiserl. Verwaltungsbeamten*², p. 146, n. 5 ; FIEHN, *RE*, III, A², p. 2278) que les carrières du Pentélique appartenaient à Hérode. A cette époque, c'était l'empereur qui possédait les plus importantes carrières de Grèce et d'Asie (HIRSCHFELD, p. 149, n. 3). Si celles du Pentélique avaient été aux mains de la famille d'Hérode, elles auraient sûrement été confisquées lors de la condamnation du grand-père du sophiste. En tout cas, le texte de PAUS., I, 19, 6 καὶ οἱ τὸ πολὺ τῆς λιθοτομίας τῆς Πεντέλησιν ἐς τὴν οἰκοδομὴν ἀνηλώθη ne signifie pas autre chose que : on employa *pour lui*, dans la construction, la plus grande partie de la carrière du Pentélique. C'est bien ainsi que l'a compris FRAZER, dans sa traduction, I², p. 27 : "and the greater part of the Pentelic quarries was used up in its construction",

Fig. 9. Le Stade restauré.

Fig. 10.   Le Stade pendant les travaux de restauration.

de l'Hermès Propylaios d'Alcamène, trait à noter comme un indice de plus des tendances archaïsantes d'Hérode (¹).

Entre la piste et les gradins courait un parapet surmonté d'une grille, comme l'attestent des trous de scellement. Cette grille était indispensable lorsqu'avaient lieu les chasses de fauves, comme celle que donna Hadrien peu avant la construction du nouveau stade et où 1000 bêtes féroces furent, nous dit-on immolées (²). On les introduisait probablement par le tunnel, de 3m.05 de large, qui débouche au sud-est, à l'endroit où commence la "sphendonè" ou partie courbe du stade. Ce tunnel pouvait servir aussi d'exutoire pour les spectateurs, le stade pouvant en contenir 50.000.

Le parapet était séparé des gradins par un couloir de 2m.82, où est ménagé un aqueduc pour l'écoulement des eaux pluviales. Quant aux gradins, ils étaient divisés en deux zones horizontales par un "diazôma" ou palier; ils étaient coupés par 29 escaliers. Au-dessus des gradins courait un promenoir interrompu, au haut de la "sphendonè", par un portique dorique de 10 m. de large (³). C'est sans raison suffisante qu'on a supposé que c'ést là qu'étaient les places d'honneur; comme dans les théâtres, elles devaient se trouver à la première rangée.

Tel est, dans ses grandes lignes, l'édifice qui dépassait, selon Philostrate, toutes les merveilles et qui a repris, de nos jours, à peu près l'aspect qu'il présentait du temps d'Hérode, grâce à la générosité du Grec d'Alexandrie Averof qui consacra, en 1895, un million pour le restaurer en vue des jeux Olympiques de l'année suivante (⁴) (Fig 10).

(¹) ALTMANN, *AM*, XXXIX, 1904, p. 185. Deux ont été replacés dans le stade, *AM*, XXI, 1896, p. 109.

(²) SPARTIAN., *Vit. Hadr.*, 19, 3 (p. 21, HOHL).

(³) Ce portique occupe la même place qu'une sorte de loge qui existe encore tout au-dessus de la *cavea* du théâtre de Philadelphie (Amman), en Transjordanie, loge qui ne peut, vu la hauteur où elle se trouve, avoir été réservée à des places d'honneur. (Ce théâtre n'est cité ni dans DÖRPFELD-REISCH, *Das Griechische Theater*, ni par M. BIEBER, *Die Denkmäler zum Theaterwesen im Altertum*).

(⁴) Il est vraisemblable que ce fut également Hérode qui fit construire le pont de l'Ilissos qui donnait accès au stade. Le mode de construction était le même dans les deux édifices. Les ruines de ce pont, construit en pôros et en *opus*

C'est à l'ouest du stade, sur l'Ardettos, que devait se dresser le temple de Tychè, de la Fortune de la cité (¹). A cet endroit existent encore les substructions d'un vaste édifice d'environ 25m. de long sur 15 de large précédé d'une esplanade. L'entrée en est dirigée vers le stade, l'orientation est la même que celle de cet édifice ; les deux monuments doivent être contemporains : il n'est pas douteux que nous avons affaire ici au temple de la Tyché construit, lui aussi, par Hérode, et qui se dressait, selon Philostrate, sur l'un des côtés du stade (²). La statue de culte représentait la déesse gouvernant le monde. Elle était, affirme le biographe, en ivoire. Il faut sûrement ajouter : et en or. L'emploi exclusif de l'ivoire ne se comprendrait que si la statue était complètement nue, ce qui n'est jamais le cas pour Tychè (³). De même, le groupe colossal de Poseidôn, d'Amphitrite, de Tritons et de Palaemon qu'Hérode consacra dans le sanctuaire de l'isthme, était fait des mêmes matières précieuses qui satisfaisaient les goûts fastueux du sophiste non moins que ses tendances archaïsantes, en évoquant les colosses chryséléphantins du temps de Phidias.

C'est à tort qu'on a cru jusqu'ici qu'Hérode, sous le règne d'Antonin, avait doté Athènes d'un agoranomion ou tout au moins avait restauré celui qui existait déjà. D'après notre revision du texte sur lequel on se basait, la dédicace de cette édifice fut faite par la Boulé, non par le sophiste comme une lecture erronée autorisait à le croire (⁴).

---

incertum, furent en grande partie détruites en 1778, par les Turcs avec d'autres édifices antiques, pour fortifier une dernière fois Athènes. Plus tard, on utilisa le reste des piles pour un nouveau pont, qui fut elargi et modifié lors de la reconstruction du stade, si bien qu'on distingue à peine aujourd'hui les vestiges du pont antique. Cf. ZILLER, *l.l.*, p. 492 ; JUDEICH, p. 369.

(¹) Pour cet édifice, cf. *supra*, p. 84 ; JUDEICH, *o.l.*, pp. 369, sq. ; ROSCHER, *Lexikon*, V, p. 1346.

(²) PHILOSTR., II, 1, 8 (p. 146 W.) : τὸ δὲ ἐπὶ θάτερα τοῦ σταδίου νεὼς ἐπέχει Τύχης καὶ ἄγαλμα ἐλεφάντινον ὡς κυβερνώσης πάντα.

(³) Pour les représentations de Tychè, cf. ROSCHER, *Lexikon*, *s.v.*

(⁴) Δελτίον, 1888, pp. 188 sqq. ; CURTIUS, *Die Stadtgeschichte von Athen*, pp. LXXXI, 35 et 273 sq. ; JUDEICH, *o.l.*, p. 333, n. 11 ; FOUGÈRES, *Grèce²*, p. 105 ; GRAINDOR, *Musée belge*, XXVIII, pp. 119 sqq. ; *Rev. belge de phil. et d'hist.*, VI, 1927, pp. 754 sqq.

Mais c'est bien du temps d'Antonin le Pieux qu'il fit édifier, à Marathon, un monument resté jusqu'ici fort énigmatique([1]).

Dans la vallée d'Avlona, sur la route qui conduit de Vrana à Marathona, gisent les restes d'une porte monumentale cintrée, de 2m. 15 de large dans l'œuvre et de 2m. 59 de haut jusqu'à la naissance du cintre. Construite en pierres liées avec du mortier, elle était peut-être revêtue de marbre, du moins du côté de l'entrée, orientée vers le sud. La porte ouvrait sur une vaste enceinte, assez grossièrement construite en pierres calcaires, haute d'un mètre et de 3.300 mètres de tour.

A l'extérieur, deux statues de grandeur naturelle étaient adossées aux montants de la porte. Elles représentaient deux personnages (homme et femme ou deux hommes?) vêtus de longs chitons, et assis sur des sièges dont l'un est orné de griffons en relief. Un fragment, aujourd'hui disparu mais qui existait encore au milieu du XIXe siècle, appartenait soit à l'une de ces deux statues soit à une troisième. Sur la clef de voûte de cette porte était gravée une inscription([2]) : "Porte de la Concorde éternelle. Entrée du domaine d'Hérode Atticus." Une autre inscription, récemment découverte, la complétait : "Entrée du domaine de Régilla" ([3]). Il semble donc hors de doute que les deux statues adossées à la porte étaient celles de Régilla et d'Hérode. Mais qu'elle était cette Concorde éternelle à laquelle avait été dédiée cette porte? Nous nous refusons à admettre l'explication traditionnelle suivant laquelle cette concorde serait celle qui unissait le ménage d'Hérode. Il n'y a pas d'exemple de monument de ce genre ([4]), et l'on ne voit pas bien le sophiste

---

([1]) BOECKH, *CIG*, 537 ; VISCHER, *Erinnerungen aus Griechenland*, p. 86 ; LE BAS-REINACH, *Monuments figurés*, pl. 90, p. 90 ; FRAZER, *o.l.*, II², p. 437 sq.; GRAINDOR, *Musée belge*, 1912, p. 75, n. 3 ; *RE*, VIII, p. 2267 ; FOUGÈRES, *Grèce²*, p. 203 ; ROSCHER, *Lexikon*, I, p. 2702.

([2]) *IG*, III, 403: Ὁμονοίας ἀθανάτ[ου] | πύλη. | Ἡρώδου ὁ χῶρος | εἰς ὃν εἰσέρχε[ι].

([3]) Sur ce texte et l'état actuel de la porte, cf. G. SOTIRIADIS, *Proïnos Télégraphos*, 21 oct. 1926 ; *Messager d'Athènes*, 30 oct. 1926 ; *BCH*, L, 1926, p. 541; *AJA*, 1926, p. 507.

([4]) C'est pour la même raison que nous renonçons aussi à l'explication proposée par nous *(Musée belge, l.l.*, p. 75), explication suivant laquelle la concorde serait celle qui s'était rétablie entre Hérode et les Athéniens, lors de la réception solennelle qui lui fut faite à son retour de Sirmium.

éprouvant le besoin d'affirmer publiquement que la bonne entente régnait entre sa femme et lui, surtout quand la réalité devait être tout autre, ainsi que l'atteste le procès intenté à Hérode par son beau-frère Bradua, à la suite de la mort de Régilla.

On ne semble pas avoir remarqué que Ὁμόνοια ἀθάνατος est l'exact équivalent de la légende *Concordia Aeterna*, qui apparaît fréquemment sur les monnaies impériales, du moins à partir de Caracalla (¹), et que la formule peut-être rapprochée de Ὁμόνοια Σεβαστή, *Concordia Augusta*, qui se rencontre dès le début de l'Empire (²). Des monnaies portant *Concordia* ou Ὁμόνοια furent frappées lorsque Marc-Aurèle fut appelé au trône par Antonin (³), d'autres à l'occasion du mariage de Marc-Aurèle et de Faustine (⁴). Mais il y a mieux encore. En Attique même, dans un décret voté lorsque Géta fut associé à l'Empire, on emploie exactement la même formule, ἀθάνατον ὁμόνοιαν, en ajoutant immédiatement après τῶν ὁσίων βασιλέων (⁵). Nous croyons donc que la porte servait de piédestal à des statues de membres de la famille impériale, sans qu'on puisse préciser à quelle occasion elle fut construite. Elle est comme la traduction en pierre de l'appel à la concorde, thème cher aux sophistes (⁶). Elle est, en tout cas, antérieure à la mort de Régilla, c'est-à-dire, à 160 environ : c'est ce qui résulte aujourd'hui de la découverte de la seconde inscription. On ne peut donc croire qu'Hérode fit élever le monument à cause des bruits qui circulaient sur la mésentente qui régnait entre Marc-Aurèle et Vérus (⁷).

Et s'il y joignit sa statue et celle de sa femme, c'est que la la porte donnait accès à l'une de leurs propriétés. ·

En face du mont Agriéliki, à l'entrée de la plaine de Marathon, subsistent aussi, sur le rivage, les restes d'un port d'époque romaine.

(¹) *RE*, IV, p. 834.

(²) *IGR*, IV, 522, 1098 (Drusilla) ; *OGI*, 663 (Claude).

(³) Schwendemann, *o.l.*, p. 126, n. 3.

(⁴) *Ibid.*, p. 124, n. 5.

(⁵) *IG*, III, 10 = *IG*, II², 1077.

(⁶) Sur ce thème, cf. Nestle, *Philologus*, LXX, 1911, pp. 14 sqq. ; 29 sqq.

(⁷) *Vit. Ver.*, 9, 1-2 ; Philostr., II, 1, 26 (p. 168 W.). Cf. ci-dessus, p. 121.

Date-t-il du temps d'Hérode (¹). Aurait-il été aménagé aux frais du
sophiste? C'est possible, mais les textes sont muets sur ce point.
Qu'il nous suffise donc d'avoir attiré l'attention sur une œuvre qui
pourrait être portée au compte du grand bâtisseur que fut Hérode.

C'est aussi dans la région de Marathon que nous localiserions
volontiers le temple de Kanôbos où Agathiôn, surnommé l'Héraklès
de Marathon, avait donné rendez-vous à Hérode qui l'avait convié
à sa table (²).

C'est à tort que Wright (³), estime que ce temple doit être identifié avec celui de Sérapis, à Athènes (⁴). Outre qu'il s'agit de cultes
différents (⁵), Agathiôn, invité par Hérode, lui donne évidemment
rendez-vous dans un temple de la région où il séjournait d'habitude
et où le sophiste possédait une de ses deux résidences préférées.
L'histoire du cratère de lait qu'Agathiôn se fait servir permet de
supposer que le temple n'était pas loin d'une des fermes d'Hérode

On peut croire que le sophiste avait édifié ce temple à la suite
d'un voyage en Égypte, voyage qu'entreprenaient volontiers les grands
personnages du temps, comme l'attestent les innombrables graffites
laissés par les touristes antiques sur les parois des Syringes à Thèbes (⁶),
Parmi les contemporains d'Hérode qui visitèrent l'Égypte, citons
son disciple, Aelius Aristide (⁷) et surtout Hadrien, qu'Hérode aime
à imiter, avec qui il cherche à rivaliser par les édifices dont il
enrichit Athènes. Précisément, Hadrien avait fait exécuter une repro-
duction du canal et du sérapéum de Canope (⁸), dans sa villa de

---

(¹) Cf. SOTIRIADIS, *l.l.* (ci-dessus p. 185 n. 3).

(²) Cf. ci-dessus, p. 159.

(³) WRIGHT, *Philostratus*, p. 156, n. 1. Cf. ci-dessous, *addenda*.

(⁴) Cf. PAUS., I, 18, 4 ; JUDEICH, *Topogr. von Athen*, pp. 88, 339.

(⁵) Sur Kanôbos, cf. *RE*, X, pp. 1870 sqq. ; ROSCHER, *Lexikon*, II, pp. 948 sqq.

(⁶) BAILLET, *Inscriptions grecques et latines des Tombeaux des Rois ou Syringes, à Thèbes*. Cf. notre article de *Byzantion*, III, pp. 209 sqq., relatif au
voyage du dadouque (et philosophe?) Nikagoras.

(⁷) Sur ce voyage, cf. A. BOULANGER, *Aelius Aristide*, pp. 119 sqq.

(⁸) SPARTIAN., *Vit. Hadr.*, I, 27, 5 (p. 27 HOHL). Cf. GUSMAN, *La villa d'Hadrien*, Paris, 1908, pp. 88 sqq. ; H. WINNEFELD, *Die Villa des Hadrian bei
Tivoli, Jahresh. oest. Inst.*, *Ergänzungsheft* III, Berlin 1895, pp. 42 sqq.

Tibur où l'on a, en outre, mis au jour toute une série de statues égyptisantes ([1]). Or il se fait justement qu'on connaît depuis très longtemps, une statue de même style découverte sur la grève près de l'emplacement supposé de Probalinthos, mais qui pourrait être celui de Marathon ([2]) et se trouve, en tout cas, à proximité (Fig. 11). C'est une statue représentant un roi anonyme, debout, vêtu du pagne et coiffé du klaft à uraeus. Le Bas avait immédiatement reconnu dans cette œuvre de marbre pentélique, un pastiche datant au plus tôt de l'époque d'Hadrien, à cause de l'indication des pupilles et de l'iris, et " suivant toute probabilité du temps où vivait le riche Hérode Atticus" ([3]). Nous irions plus loin et nous supposerions que le temple de Kanôbos et la statue furent inspirés par un voyage que le sophiste aurait fait en Égypte ou tout du moins, témoignent du goût égyptisant qu'il partageait avec des contemporains romantiques aussi illustres que l'empereur Hadrien ([4]).

Le stade d'Athènes était à peine terminé qu'Hérode gratifiait les Delphiens d'un monument semblable quoique moins somptueux ([5]). (Fig. 12).

([1]) WINNEFELD, pp. 153, 159, 161, 162, 165, 167.

([2]) Sur l'incertitude de l'emplacement de Probalinthos et de Marathon, Cf. FRAZER, o.l., II², pp. 440 sq. ; d'après Sotiriadis (cf. *supra*, p. 130 n. 4), l'emplacement de Marathon devrait être cherché là où l'on place souvent Probalinthos, à savoir sur le mont Agriéliki.

([3]) LE BAS, *Rev. Arch.*, 1844, p. 50 ; LE BAS-REINACH, *Monum. fig.*, pl. 31, n° 62. Cette statue, haute de 2ᵐ.05 se trouve au Musée d'Athènes (moulage à l'École des Beaux-Arts) ; VON SYBEL, *Katal. d. Sculpt. zu Athen*, n° 39 ; SAULCY, *Rev. arch.*, 1845, p. 266 ; KEKULE, *Die ant. Bildwerke im Theseion*, n° 69 ; CAVVADIAS, Κατάλ. τοῦ κεντρ. Μουσείου, n° 52 ; J. CAPART, *L'art égyptien, choix de documents*, IIᵉ série, pl. 196, p. 54.

([4]) Sur les imitations de motifs égyptiens et assyriens, particulièrement de mode sous Hadrien, cf. PERROT, *BCH*, V, 1881, pp. 19 sqq. ; R. PARIBENI, *Notizie d. Scavi*, XVI, 1919, pp. 166 sqq. ; G. GRAZIOSO, *Bull. arch. com. di Roma*, XLIII, 1915, pp. 115 sqq.

([5]) PHILOSTR., II, 1, 9 (p. 146 W.) ; PAUS., X, 32, 1. Cf. *BCH*, XXII, 1898, p. 564 ; XXIII, 1909, pp. 601 sqq. ; SCHULTESS, pp. 15 sq. ; MÜNSCHER, p. 931 ; FOUGÈRES, *Grèce²*, p. 253 ; FRAZER, o.l., V², pp. 394 sqq. ; E. BOURGUET, *Les uines de Delphes*, Paris, 1914, pp. 278 sqq. ; DAREMBERG-SAGLIO-POTTIER, *Dict. des ant.*, IV, p. 787 ; DURM, o.l., p. 492 ; HILLER, *RE*, IV, p. 2581 ; FIECHTER, *RE*, III A², p. 1967 ; FR. POULSEN, *Delphi*, Londres, 1920, p. 54. Pour la date, cf. ci-dessus, p. 113.

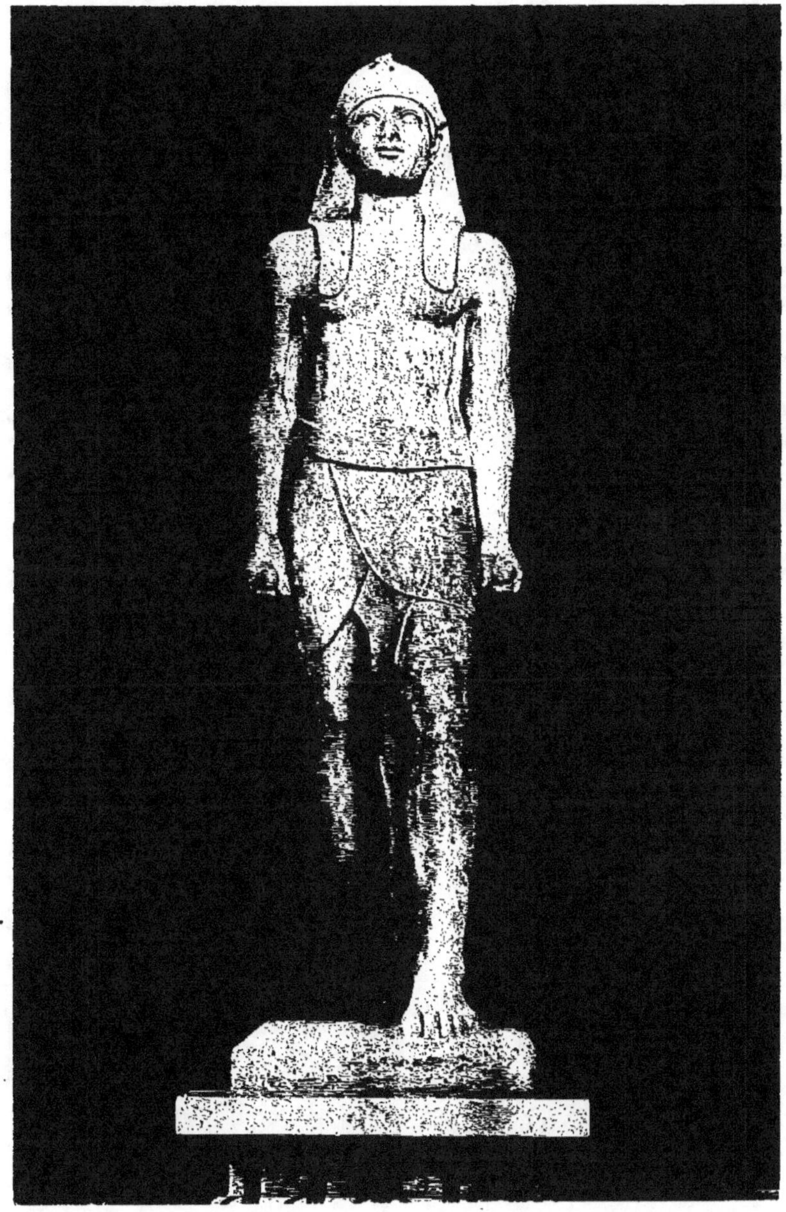

Fig. 11.   Statue égyptisante de Marathon.

Fig. 12.   Le Stade de Delphes avant la fouille.

Fig. 13.   Le Stade de Delphes.

Situé au nord-ouest du sanctuaire, à 645 m. d'altitude, il dominait toute la ville de Delphes. A la différence de celui d'Athènes,
il n'était pas assis dans le creux d'une vallée mais construit au pied
des roches Phédriades, sur un talus, dont la pente sert de base aux
gradins, du côté nord. (Fig. 13).

Le stade de Delphes présente le plan habituel des édifices du
genre, tel que nous l'avons rencontré à Athènes. La piste est longue de 178 m. 35, c'est-à-dire d'un stade delphique de 6 plèthres.
Elle est plus large (28 m. 50) au milieu qu'aux extrémités (25 m.
60), les longs côtés n'étant pas rectilignes mais légèrement incurvés,
comme à Athènes, pour leur éviter de paraître concaves.

L'entrée était au sud-est. Les athlètes pénétraient dans le stade par une sorte d'arc de triomphe, à trois arcades, supportées par
quatre piliers. Dans les piliers du milieu, des niches abritaient des
statues.

Des dalles de marbre, creusées d'une double rainure, marquaient la ligne de départ (aphésis) et celle d'arrivée (terma) des
concurrents.

Un *podium* séparait la piste des gradins, élevant ceux-ci sur
une sorte de piédestal de 1 m. 30 de haut primitivement surmonté
d'une barrière. Derrière ce mur, un passage de 0 m. 83 de large
ceinturait le stade : on y montait, au nord-est, par un escalier de
quatre marches.

Du côté nord, on compte douze gradins, dépourvus de dossiers,
sauf dans la rangée supérieure. Celle du bas s'interrompait à peu
près en son milieu, pour faire place à une loge d'honneur rectangulaire, avec bancs à dossier, réservée aux présidents des jeux.

Treize escaliers divisent ces gradins en douze *cunei* et dé-
bouchent sur un corridor supérieur. De nombreux spectateurs pouvaient encore trouver place au-dessus, sur le talus de la montagne.

Bien que l'identité de l'édifice ne soit pas contestable, les gradins sont en calcaire du Parnasse et non en marbre pentélique,
comme l'affirme Pausanias. Est-ce une erreur du périégète ? Ce n'est
pas sûr.

Certes, les fouilles n'ont pas confirmé son témoignage mais
Cyriaque d'Ancône a encore vu, au XVe siècle, le stade *ornatissi-
mum gradibus marmoreis* et, d'après Wheler, quelques degrés de

marbre subsistaient encore au XVIIe siècle (¹). On peut donc croire que le calcaire des gradins disparaissait primitivement sous un revêtement de marbre, comme à l'odéon de Corinthe, autre monument élevé par Hérode. A Corinthe, comme à Delphes, le marbre a complètement disparu mais les plaques ont, tout au moins laissé leur empreinte sur l'enduit de mortier qui les rattachait aux gradins.

Dans le fond du stade s'arrondit une *sphendonè* ou hémicycle de six gradins seulement, divisés en quatre *cunei* par trois escaliers.

Du côté sud, les gradins ont été en grande partie détruits par la poussée des terres qui s'étaient accumulées dans le stade au cours des siècles. Ils étaient assis sur un talus artificiel soutenu par un mur de beaucoup antérieur à Hérode : il date du Ve siècle, d'une époque où les spectateurs des jeux Pythiques s'asseyaient encore sur de simples gradins de terre.

Moins vaste et moins somptueux que celui d'Athènes, le stade de Delphes ne comptait qu'environ 7.000 places. Mais combien de simples particuliers auraient-ils été capables d'édifier à leurs frais, même ce seul monument, qui n'est qu'un des nombreux témoins de la munificence d'Hérode ?

Les Delphiens tinrent naturellement à manifester leur reconnaissance à leur bienfaiteur en décernant, aux membres de sa famille et sûrement aussi à lui-même, des statues: il n'en subsiste que des fragments de plaques de calcaire moulurées par en bas, restes des bases avec dédicaces à Elpinikè, Athénaïs et Régillus (²). Mais c'est Hérode, nous disent les inscriptions, qui fit les frais de l'érection de ces portraits et sans doute aussi, du monument qui leur servait de piédestal. C'était une exèdre qui se dressait en contre-bas du emple d'Apollon, entre le pied du mur polygonal et le Bouleutèrion, non loin du sanctuaire de la Terre. Cette exèdre était construite en briques dissimulées sous un enduit ou un placage de marbre. Il

----

(¹) WHELER, *Journey into Greece*, p. 315.

(²) Cf. *SIG³*, 860 et la bibliographie qui y est citée. Cf. aussi BOURGUET *o.l.*, pp. 145 sqq.

Fig. 14.   Exèdre d'Olympie.

Fig. 15.   Exèdre d'Olympie.

n'en reste qu'une petite plate-forme, entourée d'un mur en hémicycle
et un soubassement parallèle au diamètre de ce mur (¹).

Plus qu'à Olympie encore, Hérode avait réussi à rapprocher du
sanctuaire, le monument de sa famille. Mais l'exèdre de Delphes
était beaucoup plus modeste et beaucoup moins visible que celle
d'Olympie, qu'on pouvait voir de presque tous les points de l'Altis
dont elles dominait tous les monuments, sauf le temple de Zeus.

L'exèdre d'Olympie se dressait en avant du mur nord de
l'Altis, entre l'Héraion et le Trésors (²). Construite en briques, avec
revêtement partiel de marbre gris, blanc, rouge et vert, elle se com-
posait essentiellement d'une construction demi-circulaire, de 16 m.
62 de diamètre, épaulée par huit contreforts et couverte, sans doute,
d'une demi-coupole (Fig. 14-15).

Le pourtour intérieur de cette exèdre était orné, dans le bas,
d'une série de statues. D'après les bases et les fragments retrouvés,
elles étaient au nombre de 24, dont 9 de la famille impériale,
dédiées par Hérode, et 15 de celle d'Hérode et de Régilla, érigées,
en partie par les Éléens.

Ces deux séries de portraits n'étaient pas superposées: il faudrait alors supposer une trop grande hauteur à l'édifice; d'ailleurs,
en tenant compte des pilastres qui les séparaient, toutes ces statues
pouvaient trouver place sur une seule rangée, à l'intérieur de l'é-
xèdre.

Cette exèdre abritait un bassin où venaient se déverser les

(¹) D'après Bourguet, les statues se dressaient sur la muraille basse, en
avant de l'exèdre, d'autres sur la plate-forme ou tout autour du mur de fond.
Nous estimons qu'elles étaient plutôt placées sur le mur de l'hémicycle,
comme c'étaient sûrement le cas pour les statues de l'exèdre que nous avons
retrouvée à Ténos (*Musée belge*, 1906, *Les fouilles de Ténos* en 1905, pp. 16
et 33 sqq. du tirage à part).

(²) *Olympia, Die Ergebnisse der von dem deutschen Reich veranstalten aus-
grabung*, Textband II, pp. 134 sqq., pl. 83-85, 129 ; III, pp. 260 sqq. pl. XLV-
LXIX ; V, pp. 615 sqq. ; LALOUX ET MONCEAUX, *Restauration d'Olympie*, Paris,
1889, p. 37 ; WEIL, *AM*, III, p. 227, n. 1 ; GURLITT, *Ueber Pausanias*, p. 58, n. 2 ;
SCHULTESS, pp 17 sq. ; MÜNSCHER, pp. 933 sq. ; E. N. GARDINER, *Olympia*,
Oxford, 1925, pp. 294 sqq. Pour la date (153/4), cf. ci-dessus, pp. 87 sq.—
PHILOSTR., II, 1, 9 (p. 148 W.) ; LUC,. *Peregr.*, 19-20.

eaux d'un affluent de l'Alphée, la rivière de Miraka. Hérode les
avaient captées pour alimenter sa fontaine monumentale et les
répartir. en outre, entre les édifices situés tant|dans l'Altis qu'à
l'extérieur.

En contre-bas du premier bassin, un deuxième, rectangulaire,
(21 m. 90, sur 5 m. 17 de large et 1 m. 20 de profondeur) s'étendait
sur toute la longueur de la façade. Il était flanqué de deux édicules
circulaires (3 m. 80 de diamètre), en forme de petits temples monoptères sans cella, construits en pentélique. Leurs huit colonnes
corinthiennes de marbre de Carystos supportaient une coupole aplatie
couverte d'un toit de forme conique avec 18 rangées de tuiles de
marbre, dont les imbrications imitaient les feuilles d'olivier.

Si les grandes lignes de la reconstitution de l'exèdre sont certaines, les détails le sont moins. Il nous paraît douteux que la façade eût le couronnement que lui prête la restauration proposée
par Adler. Cette sorte de gâble aux extrémités inférieures se relè-
vent horizontalement aux deux bouts de la façade, constitue, pour
le haut de la partie antérieure de la demi-coupole, un encadrement
d'aspect trop moderne et sans parallèle dans l'antiquité. L'exèdre est
comme une fontaine agrandie: aussi supposerions-nous qu'elle était
couronnée par un fronton comme la fontaine ornée de mosaïques,
d'une maison de Pompéi (¹).

Il n'est d'ailleurs pas sûr que l'exèdre ait été voûtée : on n'a
pas retrouvé de fragments de la demi-coupole. L'édifice pourrait
avoir été couvert d'un toit en charpente, comme l'odéon d'Athènes
où le mur demi-circulaire est épaulé par des contreforts semblables
à ceux de l'exèdre (²).

Pour les sculptures, on ne sait si le taureau de marbre por-
tant la dédicace Ῥήγιλλα, ἱέρεια | Δήμητρος τὸ ὕδωρ | καὶ τὰ περὶ τὸ

(¹) *Bullet. dell'Inst.*, 1883, p. 150 ; DAREMBERG-SAGLIO-POTTIER, *Dict. de
ant.*, II, p. 1235, fig. 3156.

(²) L'existence de ces contreforts nous paraît exclure l'hypothèse de R. BORR-
MANN (cf. *Olympia*, III, p. 267 n. 1), suivant qui l'exèdre aurait pu aussi être à
ciel ouvert.

ὕδωϱ τῷ Διΐ (¹) ornait le milieu du parapet du bassin supérieur (²) ou celui du bassln inférieur (³): comme il a été trouvé au milieu de ce dernier, l'hésitation est permise Mais il faut avouer que, tout grands qu'ils soient, les caractères de la dédicace auraient été difficiles à déchiffrer si le taureau avait été placé trop haut. Aussi préférons-nous l'hypothèse qui lui donne pour piédestal le rebord du bassin antérieur: elle se concilie mieux avec le souci d'Hérode, le véritable dédicant, de laisser le nom de sa femme à la postérité, en le mettant le plus possible en évidence.

Voici, d'après Treu, l'ordre dans lequel les statues auraient été disposées à l'intérieur de l'exèdre, en partant de l'extrémité ouest:

Nerva?	I Sabine	1 Grands-parents de Régilla	II Hadrien	2 Mère et père de Régilla
III T. Aelius Antoninus Annia Galéria Faustina		3 Athénais, Régillus, Elpinikè		IV Faustine Jeune
4 Régilla, Hérode	V Marc-Aurèle	5 Bradua.L.Vibullius Hipparchos		VI Lucius Vérus
6 Mère et Père d'Hérode	VII Faustine l'Aînée	7 Grand-Père. Petite fille d'Hérode	VIII Antonin le Pieux	Trajan ?

Les deux statues de Nerva et de Trajan auraient été logées dans des niches ménagées de chaque côté de la façade. Les autres membres de la famille impériale auraient été abrités dans d'autres niches, voûtées en cul-de-four, qui auraient correspondu aux contre-

---

(¹) Pour la dédicace, cf. *Olympia*, V, p. 619, n° 610 ; pour le taureau, III, p. 270, pl. LXVIII, 6. Ce taureau n'est probablement pas une personnification des eaux courantes (DITTENBERGER, *Olympia*, V, p. 620) mais bien plutôt, comme l'écrit TREU (III, p. 270), une offrande à Zeus, comme on en a trouvé des milliers d'exemplaires en bronze et en terre-cuite, dans le sanctuaire. Il perpétuerait le souvenir du sacrifice offert au dieu lors de l'inauguration de l'édifice.

(²) TREU, *Olympia*, III, p. 270.

(³) ADLER, *ibid.*, II, pl. 83-85.

forts, suivant une ingénieuse hypothèse de Borrmann : nous les avons marquées de chiffres romains.

Pour établir l'ordre dans lequel les statues devaient se succéder, Treu s'est basé, pour une bonne part, sur l'endroit de leur découverte, dans l'exèdre, tout en observant qu'on a l'impression que ces statues ont été renversées non par une catastrophe, comme un tremblement de terre, mais par la main des hommes.

Gardiner (¹) a contesté l'ordre admis par Treu pour les statues impériales : celle d'Antonin devait, d'après lui, occuper l'un des édicules monoptères et celle de Marc-Aurèle lui faire pendant dans l'autre (²). Le nom d'Antonin est, en effet, inscrit non sur une base de marbre semblable à celle des autres portraits de l'exèdre mais sur une mince plaque de marbre qui ne peut avoir été que le revêtement d'un socle de briques ou de blocage. Mais Gardiner oublie que cette dédicace a été trouvée dans le bassin supérieur où l'on n'a découvert que des fragments appartenant sans conteste à l'exèdre (³).

En outre, à supposer que Gardiner ait eu raison de conjecturer que la statue d'Antonin occupait l'un des édicules, il est invraisemblable que l'autre ait abrité celle de Marc-Aurèle. Ces édicules ont la forme ronde des "hérôa", tel le Philippeion d'Olympie, voisin de l'exèdre, ou des temples réservés au culte impérial, comme le temple d'Auguste et de Rome, sur l'Acropole d'Athènes. Or, Marc-Aurèle n'était pas encore empereur à l'époque où l'exèdre a été construite

---

(¹) *O.l.*, p. 198.

(²) C'était déjà l'opinion de Purgold. Cf. *Olympia*, V, n° 620 ; III, p. 261 n. 1.

(³) Cf. *Olympia*, III, p. 261, n. 1 où Treu donne une explication très plausible de la forme exceptionnelle de la base de la statue d'Antonin. Les bases trouvées dans l'exèdre sont de deux types différents suivant qu'elles supportaient une statue de la famille impériale ou de celle d'Hérode. Or, pour le grand-père maternel de Régilla (V, n° 620), on a, par erreur sûrement, employé une base semblable à celles des portraits de la famille impériale ; c'est alors qu'on aurait été obligé de remplacer la base d'Antonin par des moyens de fortune. Comme la statue n° 620 était une des premières à l'ouest et celle d'Antonin la dernière de la série impériale à l'est, il en résulterait que la mise en place des statues a dû commencer par l'ouest.

et il n'y avait nulle raison de lui réserver cette place d'honneur ni
surtout de le séparer de l'effigie de sa femme qui occupait certainement une des niches de l'exèdre, d'après l'endroit de la découverte
de sa statue.

Nous croirions plutôt qu'on avait érigé, dans les deux édicules
monoptères, les portraits de deux empereurs déjà divinisés, Nerva
et Trajan, que Treu place, à tort sans doute, dans les deux niches
dont l'existence à la façade n'est pas certaine. Précisément, un torse
de statue d'empereur, que l'on suppose être Trajan, gisait, au moment des fouilles, juste au pied de l'édicule est (¹).

Nous estimons aussi qu'il faut faire permuter les deux statues
d'Hadrien et de Sabine, pour que cet empereur occupe la première
place et fasse exactement face à son successeur Antonin, et Sabine
à Faustine l'Aînée, d'autant plus que Treu a précisément observé (²)
que la statue d'Hadrien, par les particularités de la tête, forme exactement pendant à celle d'Antonin. Certes, Dittenberger (³) a démontré
que la place d'honneur était à gauche du spectateur. Mais ce qui
est vrai de groupes ne l'est pas nécessairement de statues isolées.

N'insistons pas autrement sur ces statues impériales, sculptures
décoratives fort médiocres et de types courants (⁴), pour nous arrêter
quelque peu aux portraits de la famille d'Hérode qui intéressent
plus directement notre sujet. A défaut de mérite artistique, ils pos-

---

(¹) Pl. LXV, 2. Cf. *Olympia*, III, pp. 271 sq. TREU, *ibid.*, p. 270, réserve ces
édicules à des statues de Zeus et d'Héra, à cause de la découverte, dans le
bassin inférieur, de la cuisse droite d'une statue masculine nue. Mais rien ne
nous dit qu'il s'agisse d'un dieu et que cette statue n'ait pas servi d'acrotère
ou n'ait pas meublé une des niches de la façade, si celles-ci existaient bien,
comme le croit Treu.

(²) *Olympia*, III, p. 265.

(³) *Ibid.*, V, p. 633, n° 623.

(⁴) C'est à tort toutefois que TREU (III, p. 270) conclut de ce qu'on voit des
traces de râpe sur l'épiderme du marbre que l'exécution des statues n'a pas
été très poussée. Nous avons observé la même particularité sur une tête attique
très soignée et à peu près contemporaine, celle du nègre du Musée de Berlin
(*BCH*, XXXIX, 1915, p. 411). Pour les statues cuirassées d'empereur, cf. A.
HEKLER, *Jahresh. oest. Inst.*, XIX/XX, pp. 190 sqq. (Statue d'Hadrien, p. 232, fig.
159).

sèdent au moins une valeur iconographique, réduite, certes, par suite de la disparition de presque toutes les têtes, mais qui reste malgré tout importante. la série étant unique.

De la statue du grand-père maternel de Régilla, M. Appius (Atilius) Bradua, nous ne conservons que la base ([1]). Peut-être les fouilles nous ont-elles rendu la statue en toge de son père, Appius Annius Gallus ([2]) ; toutefois, il n'existe aucune certitude à cet égard. L'identification repose sur l'endroit où a été retrouvé ce portrait, à l'ouest de celui de Régilla, c'est-à-dire du côté de l'exèdre où devaient vraisemblablement se dresser les ascendants de la femme d'Hérode, et à peu près en face de la niche 2, qui devait abriter son père et sa mère. Le portrait supposé être celui de Gallus tenait, dans la main gauche, un objet qui pouvait être un linge enroulé où l'extrémité d'un rameau comme celui qui portent certains personnages de la frise de l'*Ara pacis*. Près du pied gauche est sculpté un *scrinium*, une boîte à livres, indice de préoccupations ou de prétentions littéraires.

Non loin de la niche 3 gisait la base commune d'Athenaïs et de Régillus, de la fille et du fils cadet d'Hérode ([3]). Treu identifie Régillus avec une statue acéphale de jeune garçon trouvée au milieu de l'exèdre ([4]) : cette identification, basée sur la faible taille du personnage représenté, sur le costume grec qu'il porte, sur le *scrinium* placé près du pied gauche, est tout à fait inadmissible.

La dédicace à Athénaïs, on ne l'a pas suffisamment remarqué, occupe les deux tiers de la base, tandis que celle de Régillus, écrite en caractères plus serrés et plus petits, est reléguée à l'extrémité droite. Il en faut déduire que la statue d'Athénaïs était beaucoup plus haute et occupait beaucoup plus de place que celle de son frère, qui devait être plus jeune de beaucoup et sensiblement plus petit. Or, le portrait du prétendu Régillus serait plus haut (1m.21. Avec la

---

([1]) *Olympia*, V, p. 627, n° 620.

([2]) *Ibid.*, p. 627, n° 619 (*SIG³*, 857, n. 2) ; III, p. 273, pl. LXVI, 3.

([3]) V, n°s 625-626 ; III, pp. 263, fig. 269*b* et 272, pl. LXVI, 1.

([4]) III, p. 272, pl. LXVI, 1.

Fig. 16.   Régilla.

Fig. 17.   Régilla.

plinthe, ± 1m. 42. Avec la tête, ± 1m. 35) (¹) que celui de sa sœur !
(1m.15 sans la tête. Avec la plinthe, 1m.30. Avec la tête 1m.23) (²).

En conséquence, je propose d'identifier le pseudo-Régillus avec
son frère aîné Bradua, dont la statue, suivant Treu, n'aurait pas été
retrouvée dans l'exèdre. On ne peut, en effet, croire que le portrait
d'Athénaïs aurait été confondu avec celui de son aînée Elpinikè : il
faut plutôt retrouver cette dernière comme l'a proposé Treu, dans
une figure féminine plus haute (1m.65 dans son état actuel, sans la
tête) (³), qui ne peut être celle d'une des princesses impériales, à
cause de ses proportions, ni avec aucune autre femme de la famille
d'Hérode. Cette Elpinikè devait occuper la niche 3, avec Athénaïs et
son jeune frère placé entre ses deux sœurs.

Le milieu de l'exèdre était naturellement réservé aux donateurs,
Régilla étant à droite de son mari qui occupait la place d'honneur
(Fig. 16 et 17). On ne peut guère hésiter à reconnaître Régilla
dans la statue décapitée de la pl. LXVIII, 5: ce ne peut-être que la
dédicante : c'est la seule qui tienne, dans la droite, une patère (⁴).
Peut-être même avons-nous conservé la tête : elle n'a pas été découverte dans l'exèdre mais dans un four à chaux voisin, au milieu de
débris d'inscriptions et de statues provenant du monument d'Hérode (⁵).
Apparentée par son style aux sculptures de l'exèdre, reconnaissables
entre toutes celles de l'Altis par leur médiocrité d'œuvres décoratives ressortissant à l'art industriel, cette tête est la seule qui soit
ceinte d'une couronne. Même les impératrices en sont dépourvues,
dans notre monument. Cette tête ne peut donc guère provenir que
du portrait de la dédicante, représentée en train d'offrir à Zeus un
sacrifice, sans doute celui du taureau placé en face d'elle, sur le
parapet d'un des bassins.

Par malheur, brisée en deux, elle est par surcroît si mutilée
qu'elle est à peu près dépourvue d'intérêt: on n'y distingue à peine

---

(¹) *Olympia*, III, p. 263, pl. LXVI, 1.
(²) *Ibid.*, p. 275, pl. LXVIII, 3 + LXIX, 7.
(³) P. 274, pl. LXVII, 5.
(⁴) *Olympia*, III, p. 276.
(⁵) III, p. 275, fig. 304.

les yeux et la naissance du nez ainsi que les restes d'une coiffure aux cheveux relevés en bandeaux plats, qui l'apparente à certains portraits de Sabine et de Faustine l'Aînée.

Quant à Hérode, il faudrait le reconnaître dans la plus haute des statues en toge découvertes dans l'exèdre : elle les dépasse de 0 m. 20. De plus, un *scrinium*, placé près du pied gauche, est un attribut qui convient au sophiste. Malheureusement, la tête et les avant-bras sont brisés (¹).

Dans la niche 5, Treu place le fils aîné d'Hérode, Bradua, et son prétendu beau-frère, Hipparchos. Nous avons montré plus haut que la statue où l'on reconnaît Régillus est, en réalité, celle de Bradua qu'on croyait perdue. Quant à L. Vibullius Hipparchos, ce n'est pas le gendre d'Hérode comme on le pensait jusqu'ici, mais son petit-fils (²). On avait laissé deux places vides, dans les niches 5 et 7 de l'exèdre soit en prévision du mariage des filles du sophiste soit d'un accroissement possible de la famille d'Hérode. Ces deux places furent remplies plus tard, l'une par la statue d'Hipparchos, l'autre par celle de sa fille Athénaïs: les inscriptions des deux bases sont d'une écriture manifestement postérieure à celle des autres dédicaces (³). En outre, ce sont les seules qui ne portent pas de nom de dédicant: les statues n'ont pas dû être érigées par les Éléens comme celles des autres membres de la famille.

Il va de soi qu'il ne peut plus être question d'identifier avec Hipparchos la statue d'homme en costume grec (pl. LXVI, 2) (⁴), qui mesure actuellement 1 m. 65 et avait environ 2 m. 03 de haut lorsqu'elle était complète. Pour ce portrait, Treu hésitait entre Bradua, et Hipparchos tout en préférant ce dernier (⁵). Comme on ne peut non plus songer à Bradua, dont nous croyons avoir retrouvé la statue qu'on avait prise pour celle de son frère, il ne reste qu'à re-

---

(¹) *Olympia*, III, p. 273, pl. LXVI, 4.

(²) Cf. *supra*, p. 108.

(³) V, nᵒˢ 627, 628 ; III, p. 269.

(⁴) III, p. 273.

(⁵) A cause du style qui paraît indiquer une époque postérieure à celle des autres statues. Il suffit d'un coup d'œil sur la planche pour reconnaître que c'est inexact.

connaître, dans la figure LXVI, 2 soit le père d'Hérode, soit son grand-père maternel (¹) : l'une des deux statues de ces personnages manque, en effet. Treu propose de chercher l'un d'eux dans la figure en toge LXVI, 5. D'après l'endroit où ont été retrouvées les statues LXVI, 2 et LXVI, 5, la première serait plutôt celle de Tib. Claudius Atticus qui devait vraisemblablement, comme l'a vu Treu, occuper avec sa femme Vibullia Alcia, la niche 6 voisine de celle de Bradua et d'Hipparchos. La statue LXVI, 5 serait alors celle de grand-père d'Hérode.

Toutefois, on s'étonne alors que la statue LXVI, 5 porte la toge. Celle-ci conviendrait mieux à Atticus qui fut, le premier de sa famille, membre de l'ordre sénatorien. De même, le *scrinium* placé près du pied gauche s'explique mieux s'il s'agit du père du plus grand sophiste du temps, du lettré qui s'intéressait si vivement aux études et aux progrès de son fils.

A côté d'Atticus se dressait, à sa droite, sa femme Vibullia Alcia : on a proposé de la reconnaître dans une figure qui rappelle la "Grande Herculanaise" de Dresde (toutefois, ici, l'himation n'est pas ramené sur la tête) et qui a été trouvée auprès de la niche 6 (LXVII, 2).

Quant à la 7ᵉ et dernière, elle aurait été réservée, d'après Treu, à Vibullius Rufus, grand-père d'Hérode, et à Athénaïs, son arrière-petite-fille. D'après ce que nous avons dit plus haut, ni l'une ni l'autre de ces statues ne nous est parvenue.

Inutile d'insister plus longuement sur ces œuvres médiocres et banales, toutes de marbre pentélique comme les statues de la famille impériale, et qui doivent comme elles, avoir été exécutées dans quelque atelier athénien.

Elles avaient surtout une valeur iconographique; elle a presque complètement disparu maintenant que les têtes sont perdues, sauf une, celle d'Athénaïs : elle ne donne pas une haute idée du sculpteur qui a exécuté ce portrait sans vie et sans accent (²). Les corps

---

(¹) Son grand-père Hipparchos ne pouvait, par suite de sa condamnation, figurer parmi les personnages de l'exèdre.

(²) La coiffure ressemble à celle de la fille aînée de Marc-Aurèle (pl. LXIX, 6, p. 277).

eux-mêmes sont sans personnalité : ils sont d'une banalité de type et d'une pauvreté d'exécution imputables, en partie, sans doute, à la rapidité avec laquelle ils durent être sculptés. Car, à cette époque, les ateliers d'Athènes étaient capables de produire des portraits bien supérieurs (¹).

Cette rapidité d'exécution se manifeste en tout cas, dans la construction : certaines parties, les édicules de marbre notamment n'ont pas été complètement achevées (²).

L'exèdre ne représentait qu'une part assez faible des dépenses occasionnées à Hérode par l'adduction des eaux à Olympie. Cette exèdre, tel le *Septizonium* de Septime-Sévère à Rome, n'était que la façade monumentale et imposante d'un aqueduc. Celui d'Hérode partait, nous l'avons dit, de Miraka. Non loin de ce village, à deux kilomètres et demi environ d'Olympie, un des piliers de cet aqueduc est encore debout. L'aqueduc pénétrait dans l'Altis par un tunnel (0m. 40 de large sur 0m. 83) creusé dans le mont Kronos, tunnel aux parois de briques, avec voûtes en berceau. Il débouchait près de l'angle est du mur septentrional de l'Altis, le suivait dans toute sa longueur et aboutissait à trois bassins de décantation, à ciel ouvert, situés derrière l'exèdre : la fontaine était alimentée par celui du milieu.

Avec sa façade de 31 m. 40, l'exèdre, qui dépassait en hauteur tous les monuments de l'Altis, sauf le temple de Zeus, devait en imposer, surtout aux Grecs d'Europe, qui ne connaissaient guère ces *nymphaea* souvent gigantesques, tels qu'en possédaient même de modestes cités d'Asie comme Sidé ou Gérasa, par exemple.

C'est peut-être lorsqu'il était *corrector* des cités libres d'Asie qu'Hérode apprit à les connaître ou qu'il s'intéressa tout particulièrement aux travaux d'adduction des eaux. Déjà, du vivant de son père, il avait, pour le compte de celui-ci, dépensé des sommes énor-

---

(¹) Sur les portraits attiques du temps, cf. P. GRAINDOR, *Les cosmètes du Musée d'Athènes*, BCH, XXXIX, 1915, pp. 241 sqq. ; *Tête de nègre du Musée de Berlin, ibid.*, pp. 402 sqq. ; *Marbres et Textes*, pp. 41 sqq.

(²) *Olympia*, II, p. 139.

mes pour l'aqueduc d'Alexandria Troas ([1]) et peut-être pour celui
d'Éphèse ([2]). Un peu plus tard, lorsqu'il eut la libre disposition de
ses biens, il rendit le même service à Canusium ([3]), et il est très
probable, nous le dirons plus loin, que Corinthe lui dut l'embellis-
sement de sa principale fontaine, la Peirènè inférieure. Mais ce sont
là des œuvres sur lesquelles nous sommes beaucoup moins renseignés que pour l'aqueduc d'Olympie.

La façade monumentale de ce dernier était comme une vaste
scène où les membres de la famille la plus illustre d'Athènes était
fière de tenir les seconds rôles à côté d'empereurs et d'impératrices
qui jouaient les premiers.

Les deux édicules pêchent par quelques lourdeur mais l'architecte qui les a conçus avait encore le sens des proportions, tandis
que la coupe et l'assemblage des pierres dans les coupoles, attestent
que les constructeurs, sans doute athéniens, qui les ont exécutées,
étaient encore capables de résoudre avec bonheur, des problèmes
très difficiles. Comme l'a très bien observé Adler ([4]), l'architecte a
fait montre d'un sens pittoresque éminent en encadrant ces deux
temples en réduction par un mur bas, prolongeant d'abord la façade
de l'exèdre proprement dite pour former ensuite retour d'angle aux
deux extrémités de l'édifice. En rattachant les édicules à l'exèdre,
ce mur semble, en même temps, les situer, avec le bassin inférieur,
au milieu d'un péribole ouvert par devant et confère à l'ensemble
une sorte de caractère sacré, comme il sied à un monument consacré
à Zeus.

([1]) Cf. ci-dessus, pp. 32 sqq.

([2]) Un fragment de base de statue trouvé dans les ruines de l'aqueduc d'É-
phèse porte le nom de [Κλαύδιο]ν Ἀττικὸν Ἡρώδην (*CIG*, 2978). S'agit-il du
sophiste? GROAG *(RE,* III, p. 2677) n'en est pas sûr. Mais il se peut très bien
qu'Hérode ait aussi étendu ses bienfaits sur Éphèse lorsqu'il était *corrector* des
cités libres d'Asie. CH. PICARD, *Éphèse et Claros*, Paris, 1922, pp. 664 sq., ne
mentionne pas ce texte à propos de l'aqueduc, construit entre 4 et 14 de notre
ère par C. Sextilius P. f. Pollio, et qu'Hérode aurait peut-être fait restaurer
étant donné l'intérêt tout spécial qu'il portait à ce genre de travaux.

([3]) Cf. ci-dessus, p. 68.

([4]) *Olympia*, II, p. 134.

C'est en même temps qu'il construisait l'exèdre et pour la même raison qu'Hérode dut dédier, dans le temple de Dèmètèr, à Olympie, les deux statues de cette déesse et de Korè, en marbre pentélique, dont Pausanias est seul à nous avoir conservé le souvenir ([1]).

Corinthe n'eut pas moins qu'Olympie, à se louer de la générosité d'Hérode.

En 1907, les fouilles de l'École américaine d'Athènes ont déterminé l'emplacement d'un odéon, selon toutes vraisemblances de celui que Corinthe dut à la manificence du sophiste ([2]). Cet édifice, qu'on a achevé de déblayer en 1928, est, en tout cas, d'après son emplacement, entre la fontaine Glaukè et le théâtre, l'odéon mentionné par Pausanias ([3]). Comme il est peu vraisembiable, que Corinthe ait possédé outre son théâtre et son amphithéâtre, deux odéons, il faut reconnaître ici le "théâtre couvert" autrement dit l'odéon, dont Philostrate attribue la construction à Hérode ([4]). D'ailleurs, si on n'y a point trouvé d'inscription qui rende l'identification certaine, tout au moins a-t-on pu constater que ce théâtre, d'après le mode de construction, d'après les monnaies et les lampes, qui y ont été découvertes, a dû prendre, à l'époque des Antonins, la place d'un édifice plus ancien, construit vers le milieu du Ier siècle de notre ère. (Fig. 18).

Aussi bien, les fragments de statues trouvées en cet endroit nous paraissent confirmer encore l'identification. Un torse du type des "Korès" de l'Acropole d'Athènes, œuvre archaïsante, dans la

---

([1]) Paus., VI, 21, 2 : ἀγάλματα δὲ ἀντὶ τῶν ἀρχαίων Κόρην καὶ Δήμητρα λίθου τοῦ Πεντέλῃσιν Ἀθηναῖος ἀνέθηκεν Ἡρώδης.

([2]) Rapport préliminaire dans *Art and Archaeology*, XIV, p. 224. Pour la seconde campagne de fouilles, cf. B. D. Meritt, *AJA*, XXXI, 1927, pp. 454 sqq. Pour la troisième, cf. O. Broneer, *ibid.*, XXXII, 1928, pp. 447 sqq. Cf. aussi Rhys Carpenter, *A guide to the excavations and Museum of ancient Corinth*, pp. 43 sqq. Cf. aussi *BCH*, LII, 1928, pp. 471 sqq.

([3]) Paus., II, 3, 6.

([4]) Philostr., II, 1, 9 (p. 148 W.) : ἀξιούσθω δὲ λόγου καὶ τὸ ὑπωρόφιον θέατρον ὃ ἐδείματο Κορινθίοις, παρὰ πολὺ μὲν τοῦ Ἀθήνησιν, ἐν ὀλίγοις δὲ τῶν παρ' ἄλλοις ἐπαινουμένων.—Sur cet odéon, cf. aussi Frazer, *o.l.*, III², p. 26 ; Münscher, p. 932.

Fig. 18.   Odéon de Corinthe.

manière du VIe siècle, évoque l'archaïsant Hérode, l'Hermès, réplique de celui d'Alcamène, qui se dressait dans le stade panathénaïque, les statues chryséléphantines qu'il dédia à Athènes et à l'isthme, statues inspirées de celles du temps de Phidias, de même qu'un fragment de tête trouvée dans l'odéon d'Athènes. De plus, cette "Korè" tient une chouette dans la main gauche ramenée contre la poitrine. Serait-ce l'attribut d'une Athéna Archègétis, comme on l'a supposé (¹) ? Dans ce cas, elle rappellerait la dédicace à cette déesse gravée sur la porte de l'Agora romaine d'Athènes à la construction de laquelle présidèrent, nous l'avons vu plus haut, deux des ascendants d'Hérode. Mais, même si cette chouette n'est pas ici l'attribut d'une Athéna (²), elle évoque tout au moins cette déesse et nous ramène vers Athènes, patrie d'Hérode.

Dans l'odéon de Corinthe ont été également exhumés les débris d'une statue d'empereur, étroitement apparentée, sinon pour le style du moins pour les motifs qui ornaient les lambrequins de la cuirasse (têtes de Méduse, de Zeus Ammon, d'éléphant) à l'Hadrien de l'exèdre d'Olympie (³). Hérode aurait-il, à Corinthe, comme à Olympie, profité de l'occasion que lui donnait la construction de l'odéon, pour manifester une fois de plus son loyalisme, en érigeant, dans le nouvel édifice, des portraits de la famille impériale (⁴) ?

La façade de l'odéon de Corinthe, orientée vers le nord, mesurait environ 64m. de long, c'est-à-dire un peu plus de deux tiers de celle de l'odéon d'Athènes. Elle était percée, en son milieu, d'une porte de 2m. 65 de large, précédée d'un portique profond de 2m. 50 et d'une largeur d'un peu plus de 7m. ; les fondations seules subsistent avec les traces d'emplacement de quatre colonnes (ou piliers ?) à la façade.

(¹) *AJA*, XXXII, pp. 466 sqq. Cf. SCOL. ARISTOPH., *Aves*, 515.

(²) Il est permis d'en douter ; la poitrine n'est pas recouverte de l'égide et la main droite ne tient pas la lance.

(³) *Ibid.*, pp. 468 sqq. Cf. *Olympia*, III, p. 271, pl. LXV.

(⁴) La tête de Zeus Ammon *(AJA*, XXXII, p. 472) porte des traces très visibles de la râpe dont se servaient volontiers les sculpteurs athéniens de l'Empire, de même que ceux qui ont exécuté les statues de l'exèdre d'Olympie. (Cf. supra, p. 195, n. 4). L'Hadrien (?) de Corinthe n'aurait-il pas été, lui aussi, sculpté sinon à Athènes, du moins par un Athénien ?

A l'est de la porte principale s'en ouvrait une deuxième (2m. de large), à laquelle devait correspondre, à l'ouest, une troisième de même largeur. Une porte latérale permettait d'entrer par l'est; sans doute en était-il de même à l'ouest.

Ces entrées donnaient accès à un long corridor (4m. 60 de large) qui courait derrière toute l'étendue de la façade. Le mur du fond, en partie conservé à l'est, était en blocs de pôros bien appareillés, avec crampons en queue d'aronde, caractéristiques de la construction. La voûte en berceau dont quelques fragments ont été retrouvés sur le sol, disparaissait sous une mosaïque grossière.

Le corridor était adossé au mur du fond de la scène et aux deux ailes de celle-ci. Ces ailes, symétriques, se composaient de trois pièces rectangulaires, d'inégales dimensions, les deux plus grandes occupant les deux extrémités est et ouest de l'édifice.

A en juger d'après le plan (¹), la grande salle de l'est communiquait avec le corridor par une porte placée dans l'angle nord-ouest. Deux autres portes, ouvertes dans le paroi sud, donnaient l'une sur la galerie demi-circulaire voûtée qui encerclait la *cavea,* l'autre sur la *parodos* est : celle-ci étant en contre-bas de la galerie, on y descendait par quelques marches.

Une quatrième porte existait également dans l'angle du mur est de la même salle, c'est-à-dire dans le mur extérieur de l'édifice. On accédait à cette porte par un escalier de marbre qui descendait, à l'est, vers l'odéon. Cet escalier, beaucoup plus large que la porte, menait également à une seconde porte, primitivement séparée de sa voisine par un pilier qui a aujourd'hui disparu : elle servait d'entrée à la galerie demi-circulaire. Large de 1m. 75 à 2m. 05, suivant la place, cette galerie, d'un peu moins de 3m. de haut, était couverte d'une voûte de blocage, en berceau, encore en partie conservée. A l'extrémité ouest tout au moins, cette voûte se terminait par quelques travées de voûtes d'arêtes à voussoirs et était, en partie du moins, recouverte de mosaïque.

Le mur extérieur de la galerie et de l'édifice, épais de plus de

---

(¹) *AJA,* XXXI, 1927, p. 453 ; XXXII, p. 460.

deux mètres, repose sur des fondations formées d'une couche de béton surmontée d'une assise de pôros, débordant de plus d'un mètre ; de 3m. 60 en 3m. 60, le mur est renforcé de pilastres, en ressaut de 0m. 11 : ces pilastres supportaient vraisemblablement les retombées d'une arcature aveugle, tout en faisant office de contreforts. Une galerie à jour s'ouvrait-elle au-dessous de l'arcature ? On peut le conjecturer mais non en faire la preuve.

Il faut supposer qu'une porte percée au milieu de ce mur extérieur donnait accès par le sud, à la galerie voûtée. Sinon, on ne comprend guère l'utilité de celle-ci : en effet, elle n'en a pas seulement au point de vue constructif, étant en partie taillée dans le roc, et il n'existe pas au sud, d'escalier permettant d'arriver directement aux gradins de la *cavea*. De plus, à peu près en face du point où l'on suppose l'existence de cette porte méridionale, est ménagé, dans le mur intérieur de la galerie, un petit réduit qui semble bien avoir servi de bureau où l'on délivrait les entrées : dans ce réduit et devant, gisaient nombre de monnaies.

Deux escaliers construits symétriquement l'un près de l'extrémité est, l'autre près de l'extrémité ouest de la galerie, permettaient de monter vers les rangées supérieures de gradins de la *cavea*.

Cette *cavea* forme moins de la moitié d'un cercle. Mais les gradins se prolongeaient sans doute au-dessus des *parados* menant à l'*orchestra* : il semble bien, en effet, que ces passages aient été voûtés. Ainsi, les gradins auraient primitivement dessiné le demi-cercle, comme c'est l'usage dans les théâtres d'époque romaine et notamment à l'odéon d'Athènes.

Ces gradins avaient été, autant que le permettait la configuration du terrain, taillés à même le roc. Là où le niveau s'abaissait, on les avait posés sur des assises de pôros ou sur des chambres voûtées en berceau rampant.

Les sièges devaient primitivement être recouverts de plaques de marbre : s'il n'en a pas été trouvé de fragments, tout au moins une ou deux d'entre elles ont-elles laissé leur empreinte sur le mortier qui les reliait aux gradins.

L'odéon a subi plus tard, des remaniements qui ont notamment eu pour but de donner plus d'extension à l'*orchestra*. Celle-ci s'est agrandie, au nord, au détriment de la scène ; au sud, le roc a été

retaillé de manière à faire disparaître les gradins inférieurs, si bien
que la première rangée, au lieu d'être au niveau de l'*orchestra*, est
aujourd'hui, à 2m. 40 au-dessus.

Juste au centre de la paroi de roc ainsi obtenue, on a creusé,
comme au théâtre de la même ville ([1]), un petit réduit : les deux
édifices auraient été ainsi transformés pour servir aux combats de
gladiateurs ([2]).

Malgré ces remaniements, on peut toutefois déterminer le tracé
demi-circulaire original de l'*orchestra* : il passait à cinq mètres environ en avant de la première rangée actuelle de gradins. A cette
distance est creusée une cavité demi-circulaire (0 m. 20 de large
sur 0 m. 18 de profondeur) que l'on avait prise d'abord pour un
canal. En réalité, elle marque l'endroit où venait primitivement s'encastrer une balustrade de marbre ([3]) : retrouvée sous un enduit de
ciment qui recouvrit l'*orchestra* agrandie, cette cavité ne peut avoir
appartenu qu'à la construction du II° siècle.

Il en est de même de l'ouverture découverte, sous le même enduit, au centre de la scène. Ce regard descendait vers une galerie
souterraine partant de l'orchestra pour se diriger, en suivant l'axe
de l'édifice, vers la porte principale de la façade et obliquer ensuite
vers le nord-est : on l'a suivi jusqu'à 26 mètres de l'odéon ([4]).

([1]) Cf. *AJA*, XXX, 1926. pp. 451-453. Au théâtre, ces réduits sont au nombre
de trois. Cf. aussi le plan *AJA*, XXXII, 1928, p. 474.

([2]) Cf. *AJA*, XXXI, 1927, pp. 458, 460 ; XXXII, p. 464. Cette hypothèse ne me
satisfait pas pleinement. Outre son amphithéâtre, Corinthe aurait-elle possédé
deux théâtres transformés en arènes pour les combats de gladiateurs, alors
que ces combats n'ont jamais été, on le sait, fort populaires en Grèce ?

([3]) *AJA*, XXXII, p. 455, n. 2. - Les quatre cavités creusées au milieu de l'orchestra auraient été destinées aux poteaux qui soutenaient le *velum* (*ibid.*, p.
463). Cette hypothèse paraît peu vraisemblable. Pourquoi ne pas attacher ce
velum au bord de l'"opaion" ménagé au milieu de la toiture ?

([4]) On a pu constater *(AJA*, XXXII, p. 457) que ce canal, chose curieuse,
n'avait jamais dû être terminé. Mais ce fut sans inconvénient pour l'odéon. On
a pu observer, par temps de pluies violentes que, même aujourd'hui que l'édifice est complètement découvert, les eaux pluviales peuvent être absorbées aisément par le rocher, très poreux, au travers duquel le canal est creusé.

Dans la partie qui passe sous les bâtiments de la scène, cette galerie a jusqu'à 2 m. 70 de haut. Mais elle n'aurait eu d'abord qu'1 m. 20. On l'aurait ensuite approfondie, mais non sur toute sa largeur. De là le ressaut qui se produit à mi-hauteur environ de chaque paroi, ressaut qui ne se retrouve pas dans la partie, d'ailleurs moins haute (1 m. 40), de la galerie qui est creusée à l'intérieur de l'édifice.

Cette galerie large d'environ 1 m. était évidemment un canal destiné à recevoir les eaux pluviales qui tombaient dans l'*orchestra* par l'ouverture ménagée, pour l'éclairage, dans la toiture de l'odéon. Ces eaux étaient recueillies d'abord dans une rigole rectiligne formant comme le diamètre de la balustrade demi-circulaire de l'*orchestra* : au milieu de cette rigole est ménagée une ouverture descendant vers la galerie souterraine.

Mais cette galerie n'avait-elle pas une autre destination ? M. Broneer ([1]) suppose qu'à l'origine, comme dans les théâtres d'Érétrie et de Magnésie, elle aurait servi de passage aux acteurs qui devaient apparaître subitement au milieu de la scène. Mais alors on s'attendrait à ce que la galerie primitive ait été plus haute que celle qui lui aurait succédé : elle aurait dû être proportionnée à la taille d'un homme. De plus, M. Broneer ne reconnaît-il pas lui-même ([2]) que le canal est trop large s'il avait été destiné à recevoir les eaux pluviales qui tombaient dans la partie centrale de l'odéon ([3])? Dès lors, à quoi bon l'approfondir ? Ce canal pose donc des problèmes encore mal élucidés.

De la scène, il ne subsiste plus guère que les fondations et à 3 m. 10 en avant du mur de fond, une tranchée (0 m. 88 de large sur 0 m. 38 de profondeur), dont la paroi contiguë à l'orchestra est percée, de 2 m. 68 en 2 m. 68, de cavités verticales. A en juger d'après les dispositifs similaires qui existent dans d'autres théâtres romains (odéon d'Athènes, grand théâtre de Pompéi, théâtres de

---

([1]) *AJA*, XXXII, p. 456.

([2]) P. 455.

([3]) Cf. ci-dessus, p. 206, n. 4.

Syracuse et de Timgad), c'est dans ces cavités qui venait s'encastrer l'extrémité des poutres qui supportaient la toile : c'est dans un petit réduit ménagé sur le côté est de l'aile ouest qu'auraient eu lieu les manœuvres du baisser et du lever de rideau.

On peut ajouter encore que la scène était décorée en *opus sectile* et ornée de colonnes de granit et de marbre de diverses couleurs, portant des chapiteaux ioniques ou corinthiens de marbre blanc.

D'après M. Broneer, si Pausanias ne parle pas d'Hérode à propos de l'odéon de Corinthe, c'est ou bien qu'il n'a pas cru devoir citer son nom, de même qu'il l'omet pour d'autres monuments construits par le sophiste, ou bien parce que l'odéon d'Hérode n'existait pas encore lorsque le périégète écrivit son deuxième livre. M. Broneer opte pour la seconde hypothèse (¹). Il nous paraît difficile de nous rallier à cette manière de voir. Le deuxième livre de Pausonias n'est pas "considérablement antérieur„ au cinquième, écrit en 174. Nous savons qu'il est postérieur à 160 ou 165(²). Donc, dans la théorie de M. Broneer, l'édifice dont l'odéon d'Hérode a pris la place, existait encore après 160 : Hérode aurait donc attendu jusqu'à l'extrême fin de sa carrière pour édifier le monument de Corinthe. Cette conclusion, en elle-même déjà peu vraisemblable (³), semble, en outre, peu compatible avec les données que nous fournissent les monnaies trouvées dans les parties de l'édifice qui datent du IIᵉ siècle : les monnaies les plus nombreuses sont contemporaines d'Hadrien et d'Antonin le Pieux (⁴). Nous croyons donc que l'odéon dont il est question dans Pausanias, est bien celui d'Hérode (⁵).

(¹) *AJA*, XXXII, p. 462.

(²) D'après C. Robert, *o.l.*, p. 270, les livres I-IV se placent entre 160 et 174. Christ-Schmid, *o.l.*, II⁶, p. 756, placent le IIᵉ livre après 165. Cf. aussi Gurlitt, *Ueber Pausanias*, p, 1.

(³) Sauf la reconstruction d'Orikon, que le sophiste entreprit à la fin de sa vie, mais pour des raisons qui touchaient à sa santé personnelle, nous ne connaissons plus d'édifices élevés ou projetés par lui après les années qui suivirent immédiatement la mort de sa femme.

(⁴) Cf. le tableau *AJA*, XXXII, p. 458.

(⁵) D'après M. Broneer *(AJA*, XXXII, p. 462), il semblerait que l'on doit à Hérode moins une construction nouvelle qu'un remaniement complet de l'édifice

Dans le regard qui existait primitivement au milieu de la scène du II⁰ siècle, on a trouvé mêlées à des fragments de poteries et de marbre, à des débris d'objets détruits par le feu, des monnaies dont la plus récente est d'Alexandre Sévère (¹). Ce .n'est donc pas avant le règne de cet empereur que l'édifice dut être détruit par un incendie et que l'*orchestra*, remaniée comme celle du théâtre de Corinthe,. perdit sa destination primitive pour s'adapter peut-être aux combats de fauves et de gladiateurs.

D'autres monnaies ont été exhumées du sol de la galerie voûtée, dans une couche de terre pleine de débris provenant d'un incendie. La plupart datent de Valens et de Constantin II, quelquesunes de Gratien et de Julien. De ces monnaies, des tessons, des lampes dont certaines sont déjà chrétiennes, on a conclu que l'odéon a dû être détruit, comme le théâtre de Corinthe (²), vers la fin du IV⁰ siècle, peut-être lors de l'invasion d'Alaric.

Sans attendre la publication définitive des fouilles de Corinthe, on peut, dès à présent, affirmer que l'odéon d'Hérode, comme l'écrit Philostrate, tout en faisant bonne figure parmi les monuments du genre, reste bien en dessous de celui d'Athènes non seulement par ses dimensions mais aussi par des matériaux employés et par la construction moins soignée.

Corinthe est, après Athènes, la cité qu'Hérode paraît avoir affectionnée le plus. Outre l'odéon, Corinthe lui devait encore semble-t-il, les remaniements qui embellirent au II⁰ siècle, la cour qui précédait la fontaine Peirènè inférieure (³). Cette cour, légèrement rétrécie du côté nord, se rapprocha davantage du plan carré. Le

---

du premier siècle. Hérode l'aurait couvert d'un toit; les murs intérieurs, les gradins, le sol auraient été revêtus de marbre et de mosaïques, la scène se serait embellie, ainsi que la partie nord qui se serait en même temps enrichie de salles nouvelles. Mais il est moins difficile de concilier cette opinion avec le résultat des fouilles qu'avec le verbe ἐδείματο employé par Philostrate pour qualifier l'œuvre accomplie par Hérode à Corinthe.

(¹) *AJA*, XXXII, p. 458.

(²) *AJA*, XXX, 1926, p. 454 ; XXXII, p. 451.

(³) Paus., II, 3, 3. — *AJA*, IV, 1900, p. 230 ; VI, 1902, pl. XI, pp. 321 sqq. ; VII, 1903, p. 43, n⁰ 21 ; Münscher, p. 932 ; Fougères, *Grèce²*, p. 380 ; Rhys Carpenter, *Corinthos*, pp. 55 sqq.

bassin qui en occupe le milieu, fut raccourci, du même côté, par l'escalier de quatre marches qui y descendait, tandis que le fond, exhaussé d'un pied, se couvrait d'un dallage de marbre blanc, encadré par des caniveaux de calcaire de même couleur. (Fig. 19).

Trois énormes absides, revêtues de marbre, et voûtées en cul-de-four donnèrent à la cour son pittoresque plan tréflé. Dans les murs de chacune d'elles sont ménagées trois niches où se dressaient des statues. La base de l'une d'elles a été retrouvée : elle est au nom de Régilla [1]. On en a déduit que les autres niches abritaient d'autres portraits de la famille d'Hérode et que c'est encore à lui que Corinthe devait les embellissements de sa fontaine [2]. (Fig. 20).

Si Hérode ne put réaliser son projet de percer l'isthme [3] tout au moins enrichit-il le sanctuaire de Poseidôn d'un groupe de statues chryséléphantines colossales dont Philostrate [4] et Pausanias nous ont laissé la description : "Les statues qui se trouvent à l'intérieur ont été dédiées de notre temps par Hérode l'Athénien : quatre chevaux dorés, à l'exception des sabots qui sont d'ivoire ; deux Tritons, à côté des chevaux : ils sont en or et, à partir des hanches, en ivoire. Sur le char se dressent Amphitrite et Poseidôn, et le jeune Palaemon est debout sur un dauphin : ces statues, elles aussi, sont faites d'or et d'ivoire. Au milieu de la base qui porte le char est représentée Thalassa, soulevant la jeune Aphrodite, et, de part et d'autre, celles qu'on nomme les Néréides " [5].

---

(1) *AJA*, IV, 1900, p. 235 ; VII, 1903, p. 43, n. 21 : [N]εύματι Σισυφίης βουλῆς παρὰ χεύματι πηγῶν | 'Ρήγιλλαν μ' ἐσορᾷς εἰκόνα σωφροσύνης. | Ψ(ηφίσματι) Β(ουλῆς).

(2) On ignore si c'est au temps d'Hérode ou à une époque antérieure (vers la fin du premier siècle) qu'il faut rapporter le remaniement de la façade principale dont on rétrecit les six arcades pour intercaler, entre elles, cinq autres arcades aveugles.

(3) Cf. *supra*, pp. 180 sq.

(4) PHILOSTR., II, 1, 9 (p. 148 W.) : καὶ τὰ Ἰσθμοῖ ἀγάλματα ὅ τε τοῦ Ἰσθμίου κολοσσὸς καὶ τὰ ἄλλα ὧν τὸ ἱερὸν ἀνέπλησεν οὐδὲ τὸν τοῦ Μελικέρτου παρελθὼν δελφῖνα.

(5) PAUS., II, 1, 7 : τὰ δὲ ἔνδον ἐφ'ἡμῶν ἀνέθηκεν Ἡρώδης Ἀθηναῖος, ἵππους τέσσαρας ἐπιχρύσους πλὴν τῶν ὁπλῶν· ὁπλαὶ δὲ σφισίν εἰσιν ἐλέφαντος. Καὶ Τρίτωνες δύο παρὰ τοὺς ἵππους εἰσι χρυσοῖ, τὰ μετ' ἰξὺν ἐλέφαντος καὶ οὗτοι · τῷ δὲ ἅρματι Ἀμφιτρίτη καὶ Ποσειδῶν ἐφεστήκασι, καὶ παῖς ὀρθός ἐστιν ἐπὶ δελφῖνος ὁ

Fig. 19.   Fontaine Peirênê inférieure.

Fig. 20. Fontaine Peirènè inférieure.

C'est un jeu facile mais assez vain, de tenter, comme on l'a fait(¹), de reconstituer un groupe que nous ne connaissons plus que par des descriptions. Celle de Pausanias, la plus précise et la plus complète, nous permet seulement d'en deviner les grandes lignes.

Nous pouvons nous figurer Poseidôn et Amphitrite debout sur un quadrige, tels qu'on les voit, par exemple, sur une mosaïque de Constantine aujourd'hui au Louvre (²).

De chaque côté des chevaux, devait nager un Triton dont le bas du corps, en forme de poisson, était en or, tandis que les parties nues, buste, tête et bras étaient d'ivoire. Quant au jeune Palaemon, ou Mélicerte, nous le placerions volontiers en avant du quadrige, debout sur le dauphin (³) qui, suivant la légende, l'aurait apporté sur le rivage de Corinthe, lorsqu'il eut été noyé par sa mère Ino-Leucothéa. C'est la seule place qui convienne à un enfant, au personnage qui était certainement le plus petit du groupe: partout ailleurs, il eût été peu visible. De plus, il y avait une raison spéciale de le mettre bien en évidence: c'est en son honneur qu'on célébrait les jeux Isthmiques, institués, suivant une des variantes de la légende, par Poseidôn lui-même (⁴). De là, sans doute, le rapprochement des deux personnages dans un même groupe. Comme Pausanias

---

Παλαίμων · ἐλέφαντος δὲ καὶ χρυσοῦ καὶ οὗτοι πεποίηνται · τῷ βάθρῳ δέ, ἐφ' οὗ τὸ ἅρμα, μέσῃ μὲν ἐπείργασται Θάλασσα ἀνέχουσα Ἀφροδίτην παῖδα, ἑκατέρωθεν δέ εἰσιν αἱ Νηρηΐδες καλούμεναι.—Sur ce texte, cf. QUATREMÈRE DE QUINCY, *Le Jupiter olympien ou l'art de la sculpture antique*, Paris, 1815, pp. 372 sqq. ; DIPTMAR, *l.l.*, pp. 667 sq. ; SCHULTESS, p. 16 ; MÜNSCHER, p. 932 ; FRAZER, *o.l.*, III², p. 12 ; STEPHANI, *Compte rendu de la Commis. archéol. de Saint-Pétersbourg*, 1870/1, pp. 127 sqq. ; HITZIG-BLÜMNER, *Pausan.*, I, pp. 487 sq. ; ROSCHER, *Lexikon*, III, p. 1262.

(¹) QUATREMÈRE DE QUINCY, *l.l.*

(²) ROSCHER, *Lexikon*, III, p. 2898, fig. 26.

(³) Pour les monnaies de Corinthe du temps d'Antonin, de Marc-Aurèle et de Septime-Sévère qui représentent Palaemon debout sur son dauphin, cf. IMHOOF-BLUMER, *Numism. comment. on Pausanias*, p. 11 et pl. B IX ; ROSCHER, *Lexikon*, III, p. 1261, fig. 2.

(⁴) Sur Palaemon, cf. PAUS., I, 44, 11 ; APOLLOD., *Bibl.*, III, 4, 3 ; *Hygin.*, *fab.* 2 ; OVID., *Metam.*, IV, 542 ; ROSCHER, *Lexikon*, III, p. 1256, n° 5. Pour les jeux Isthmiques, cf. *RE*, IX, p. 2248.

nous dit que Palaemon et son dauphin étaient d'or et d'ivoire eux aussi, il faut supposer, d'après les usages de la sculpture chryséléphantine, que le jeune Palaemon était nu (¹) et en ivoire, tandis que le dauphin était en or, comme le bas du corps, en forme de poisson, des deux Tritons.

La base représentait la naissance d'Aphrodite que Thalassa tirait de la mer d'où elle est née, en présence des Néréides et peut-être assistée par elles. Comme le dit le texte de Pausanias, elles étaient représentées de part et d'autre de Thalassa qui devait former avec Aphrodite, un groupe placé au centre de la composition. Stephani conjecture que Thalassa soulevait Aphrodite dans une coquille, que les Néréides chevauchaient des monstres marins et que la composition était complétée, sur les côtés, par les Dioscures et leurs chevaux. C'est fort possible, mais il faudrait être sûr que les œuvres où Stephani croit retrouver des copies de ce bas-relief lui sont réellement apparentées (²).

Bien que la description de Pausanias n'en dise rien, il faut supposer que les figures de la base, comme celles de l'Athéna Parthénos, étaient en or et en ivoire. Il ne paraît, en effet, pas douteux que c'est avec des colosses chryséléphantins, comme ceux de Phidias que voulurent rivaliser les sculpteurs qui travaillèrent pour Hérode. Les proportions des statues de l'isthme, les matières précieuses dont elles étaient faites nous ramènent vers l'époque de Phidias ; de plus, la base, comme celle du Zeus d'Olympie, représentait la naissance d'Aphrodite.

Mais ce ne sont pas seulement les goûts archaïsants du sophiste qui se trahissent dans le groupe de l'isthme. L'emploi de matériaux de haut prix, comme l'or et l'ivoire, satisfaisait aussi son besoin de faire étalage de ses immenses richesses, surtout dans un sanctuaire aussi fréquenté que celui de l'isthme. En même temps, il se posait en rival d'Hadrien qui avait doté l'Olympieion d'Athènes d'une statue colossale de Zeus, en ivoire et en or, elle aussi.

(¹) C'est ainsi que le représentent des monnaies contemporaines de Corinthe (ci-dessus, p. 211, n. 3) qui nous le montrent debout sur le dauphin, tel qu'on peut se le figurer aussi dans le groupe d'Hérode.

(²) STEPHANI, *l.l.*, pp. 129 sq.

A quelle occasion ce groupe somptueux fut-il offert par Hérode ? Les textes n'en disent rien mais on pourrait supposer que
tel Aelius Aristide ([1]), Hérode prononça un discours isthmique à
l'occasion des jeux et qu'il saisit ce prétexte pour se montrer, une
une fois de plus, fastueux.

On a supposé ([2]) que c'était également à Corinthe qu'Hérode
avait consacré la statue d'Aphrodite ἔνοπλος qu'admirait le philosophe Damaskios ([3]). Il est de fait que les monnaies de cette cité, du
moins au temps de César, portent parfois, au revers, la figure de
cette déesse ([4]). L'œuvre produisit une impression profonde sur Damaskios : " Cet écrivain, rapporte Photius, dit avoir vu une statue
d'Aphrodite consacrée par Hérode le sophiste. A sa vue, dit-il, je suai
de crainte et d'étonnement et mon âme ressentit un tel plaisir que
je ne pouvais me décider à rentrer chez moi : souventes fois, en m'en
allant, je me retournai pour contempler la statue, tant l'artiste y
avait infusé de beauté, non une beauté douce et qui inspire l'amour
mais terrible et virile. Là déesse était en armes, certes, mais telle
qu'elle revient d'une victoire et laissant éclater sa joie„.

Une œuvre qui produisait une impression si forte ne peut
guère avoir été un simple ex-voto mais, sans doute, une statue de
culte d'assez grandes proportions, consacrée peut-être dans un temple fameux d'Aphrodite comme celui de l'Acrocorinthe. Pausanias ([5])
y a précisément vu une statue de la déesse armée.

([1]) ARISTID., XLVI (KEIL).

([2]) H. DIPTMAR, o.l., p. 668 n. 2.

([3]) Ap. PHOT. Bibl.. I, p. 342 (BEKKER) ; OVERBECK, Schriftquellen, p. 459
n° 2367 : ὅτι φησιν ὁ συγγραφεὺς ἄγαλμα τῆς Ἀφροδίτης ἰδεῖν ἱδρυμένον Ἡρώδου
τοῦ σοφιστοῦ ἀνάθημα. Τοῦτο οὖν φησί, θεασάμενος, ἵδρωσα μὲν ὑπὸ τοῦ θάμβους
καὶ ἐκπλήξεως, οὕτω δὲ τὴν ψυχὴν διετέθην ὑπὸ τῆς εὐφροσύνης ὥστε οὐχ οἷος τ'ἦν
οἴκαδε ἐπανιέναι, πολλάκις δὲ ἀπιὼν ἐπαναστρέφειν ἐπὶ τὸ θέαμα, τοσοῦτον αὐτῷ
κάλλος ἐνεκέρασεν ὁ τεχνίτης, οὐ γλυκύ τι καὶ ἀφροδίσιον, ἀλλὰ βλοσυρόν τε καὶ
ἀνδρικόν, ἔνοπλον μὲν οἷον δὲ ἀπὸ νίκης ἐπανηγμένης καὶ τὸ γεγηθὸς ἐπιφαινούσης.

([4]) HEAD, Historia numorum², p. 405.

([5]) PAUS., II, 5, 1 : ἀνελθοῦσι δὲ ἐς τὸν Ἀκροκόρινθον ναός ἐστιν Ἀφροδίτης,
ἀγάλματα δὲ αὐτή τε ὡπλισμένη καὶ Ἥλιος καὶ Ἔρως ἔχων τόξον. — Sur la fré-
quence du type de Vénus armée depuis l'époque de Sylla, cf. ROSCHER, Lexikon,
s.v. Venus, pp. 192 sqq.

Après la mort de sa femme, Hérode lui éleva, nous l'avons dit, un monument aux portes de Rome (¹). Ce monument se dressait dans une propriété que possédait Régilla, en bordure de la voie Appienne, vaste domaine où les champs voisinaient avec les olivettes, les vignobles, les prairies verdoyantes (²) et les bosquets ombreux où le sophiste, on se plaît à le supposer, aimait à se retirer pour méditer à l'abri de l'agitation et du bruit de la capitale voisine.

Lorsque la mort de Régilla eut endeuillé pour toujours le riant domaine, Hérode le consacra, sous le nom de Triopion (³), à la mémoire de sa femme: peut-être est-ce là qu'il la rencontra pour la première fois et qu'il vécut les heures heureuses des premiers temps de son mariage.

Un monument commémoratif participant à la fois du temple et du cénotaphe s'éleva à cet endroit. Régilla, héroïsée, y prit place à côté de Dèmètèr, dont elle avait été la prêtresse, et de Faustine, la nouvelle Dèmètèr : la défunte faisait presque figure de déesse, en si auguste compagnie (⁴).

Rien ne permet, en effet, de supposer qu'il y ait eu deux édifices différents, dans le Triopion, l'un consacré à Faustine, l'autre servant de tombeau à Régilla (⁵), puisqu'elle était sûrement enterrée

---

(¹) Cf. *supra*, p. 94 sqq.

(²) *IGR*, 194, v. 4 ; B. v. 23 (WILAMOWITZ, *l.l.*, p. 11, vv. 49, 82) : ἵνα οἱ πάρος εὐρέες ἀγροὶ καὶ χορὸς ἡμερίδων καὶ ἐλαιηέντες ἄρουραι. — Μηδέ τις ἡμερίδων ὄρχους ἢ ἐπ' ἄλσεα δενδρέων ἢ ποίην χιλῶι εὐαλδεί χλῶρα θέουσαν... πήξειε μάκελλαν.

(³) Pour la signification de ce nom, cf. *supra*, pp. 98 sqq.

(⁴) Il est impossible d'admettre avec WILAMOWITZ, *Marcellus von Side*, p. 11, que le temple n'abritait que la statue de la "nouvelle Dèmètèr" Faustine et non pas, en même temps celle de Dèmètèr elle-même. Si le v. 48 de la première des inscriptions triopéennes ne parle que de Faustine, par contre les vv. 6 sqq. disent aussi clairement que possible que la statue de Régilla se dressait près de celles de Δηώ τε νέη Δηώ τε παλαιή. Le rapprochement des trois statues est voulu, Régilla ayant été prêtresse de l' "ancienne Dèmètèr".

(⁵) Cf. *Bollet. com.*, *l.l.* (*infra*, p. 215, n. 5), où il est soutenu que le tombeau dit "Temple de *Deus Rediculus*" aurait été celui de Régilla, tandis que l'église actuelle de Saint-Urbain serait l'ancien temple de Faustine.

en Attique (¹), ni que le temple où se dressait la statue de Faustine ait été élevé peu après sa mort et son apothéose, en 141 (²).

Il n'y a rien d'invraisemblable à ce qu'Hérode ne l'ait érigé qu'une vingtaine d'années après, même si, ce que nous ne croyons pas, une autre Faustine avait déjà succédé sur le trône à l'impératrice défunte (³). Si Hérode ne s'y est décidé qu'aussi tardivement, c'est qu'il a attendu la mort de Régilla. C'est elle qu'il voulait honorer : s'il en a fait la parèdre de Faustine, dans un temple commun, c'était pour l'associer, d'une manière habile, à l'apothéose de cette princesse, sans porter ombrage à la famille impériale (⁴). Rapprocher Régilla de Dèmètèr et de Faustine n'était-ce pas aussi un moyen, beaucoup moins aléatoire que les imprécations des inscriptions triopéennes, d'arrêter les sacrilèges tentés de porter atteinte au pieux domaine et de faire bénéficier Régilla de la protection assurée aux lieux consacrés au culte des dieux et à celui des empereurs ?

Ce monument existe-t-il encore ? On le croit généralement : ce serait le temple ou le tombeau corinthien tétrastyle, en briques, transformé, sous Pascal I (817-824), en église de Saint-Urbain (⁵). L'édifice, qui appartient à l'époque des Antonins d'après sa techni-

---

(¹) Cf. *supra*, p. 93 sq.

(²) WILAMOWITZ, p. 11.

(³) WILAMOWITZ, *ibid*.

(⁴) Particulièrement significatifs à cet égard sont les vv. 51 sqq. de la première des inscriptions triopéennes, où l'auteur excuse Hérode, à grand renfort d'exemples mythologiques, d'avoir placé Régilla à côté de Faustine.

(⁵) ERSILIA CAETANI-LOVATELLI, *Il Triopio e la villa di Herode Attico, Nuova Antologia*, CL (quatrième série LXVI), 1896, pp. 24 sqq. ; SCHULTESS, pp. 14, 22 ; MÜNSCHER, p. 939 ; *Olympia*, II, p. 135 ; PETERSEN, *Vom alten Rom*, I, 1898, p. 100 ; B. SCHRADER, *Die römische campagna*, Leipsig, 1910, p. 56, fig. 15 ; G. TOMMASSETTI, *La campagna romana antica medioevale e moderna*, II, pp. 68, 71 sqq. ; *Bolletino communale di Roma*, LII, 1925, pp. 91 sqq. ; TH. ASHBY, *The Roman campagna in classical Times*, Londres, 1927, pp. 180 sq. Cf. par contre WILAMOWITZ, *Marcellus von Side*, p. 3.—Pour les fresques de S. Urbano, cf. A. BUSUIOCEANU, *Un ciclo di affreschi del secolo XI: S. Urbano alla Caffarella, Ephemeris Dacoromana*, II, 1924, pp. 1 sqq.

que, se dresse à gauche de la voie Appienne, en deçà du tombeau de Caecilia Métella, dominant la vallée de l'Almo (Fig. 21).

Mais est-ce à cet endroit que s'étendait la propriété de Régilla ? Rien ne le prouve : nous savons seulement qu'elle était située au 3ème mille de la voie Appienne [1] et qu'elle se prolongeait probablement jusque vers le 7ème : une des bornes du domaine devint, en effet, sous Maxence, le 7ème milliaire de la voie Appienne [2] et il est peu probable que cette borne ait été transportée fort loin de l'endroit où on la remploya.

On en déduira que c'est plutôt au delà qu'en deçà du tombeau de Caecilia Métella que se trouvait le Triopion. En tout cas, c'était dans le voisinage, car c'est près de ce tombeau, sans qu'on puisse préciser l'endroit, qu'ont été découvertes, au début du XVIIe siècle, les deux inscriptions du Louvre qui marquaient l'entrée du Triopion, ainsi que la borne, qui porte l'inscription archaïsante : "Annia Régilla, femme d'Hérode, lumière de la maison, à qui ce domaine appartint" [3].

Enfin, les inscriptions latines *Faustina, Regilla, Herodes* [4] qu'on prétendait avoir lues sur les murs de l'église de Saint-Urbain et qui semblaient donner une certitude complète à l'identification du monument n'ont jamais existé. Nous les avons vainement cherchées lorsque nous avons visité l'édifice : elles n'étaient d'ailleurs connues que par l'article consacré au Triopion par la comtesse Ersilia Caetani-Lovatelli qui s'est bien gardée d'en faire encore état lorsqu'elle a réimprimé son article dans ses *Scritti vari* (Rome, 1898).

Lors de notre visite à l'église de Saint-Urbain, nous avons constaté l'existence, à la naissance de la voûte, à droite en entrant, des restes d'une frise historiée en stuc (Fig. 22). On y reconnaît un personnage, à mi-corps, conduisant un quadrige qui semble sortir de terre. Derrière lui, une figure féminine, assise sur un siège pliant tient, dans la main gauche, une haste qui pourrait être un

---

[1] *IG*, XIV, 1390.
[2] *CIL*, VI, 1342 ; *IGR*, 193.
[3] *CIL*, VI, 1342 ; *IG*, XIV, 1391 ; *IGR*, 193.
[4] E. Caetani-Lovatelli, *l.l.*, p. 30 ; Münscher, *l.l.* p. 935.

Fig. 21.   Eglise Saint-Urbain.

Fig. 22.   Frise historiée de l'Eglise Saint-Urbain.

sceptre ou une torche, et, dans la main gauche, un objet énigmatique, présentant la forme d'un triangle, sommet en haut, d'où partent comme trois nervures, deux suivant les bords du triangle, la troisième perpendiculaire à la base. Devant cette femme, on distingue vaguement les restes de trois autres personnages lui faisant face. Même si le quadrige est, comme nous le croyons, celui de Pluton qui sort de terre pour enlever Perséphone, représentée un milieu de ses compagnes, on n'en pourrait déduire que l'édifice était consacré à la mère de Perséphone. Le sujet, qui rentre dans la symbolique funéraire, convient tout aussi bien à un simple tombeau, comme le fut vraisemblablement à l'origine l'église de Saint-Urbain.

Bulle a supposé avec beaucoup plus de raison, que c'est à l'édifice du Triopion qu'auraient appartenu des canéphores trouvées près de la voie Appienne, au delà du tombeau de Caecilia Métella. Elles sont au nombre de trois. La tête d'une quatrième porte la signature des sculpteurs athéniens Kritôn et Nicolaos ([1]). Les objections qu'on oppose à cette hypothèse ne semblent pas très sérieuses: le style, prétend Lippold, indiquerait l'époque d'Auguste plutôt que celle des Antonins ([2]). Mais d'excellents connaisseurs, comme Helbig et Bulle n'hésitent pas à placer les canéphores au IIe siècle. Il faut, en présence de pareilles divergences, faire bon marché des considérations de style, d'autant plus qu'il s'agit de sculptures qui sont probablement des copies ou des adaptations d'œuvres bien antérieures.

On a objecté aussi que le Musée d'Athènes possède deux ré-

([1]) Lœwy, *Inschrift. griech. Bildhauer*, 346 ; *IG*, XIV, 1252 ; Brunn-Bruckmann, *Denkm. gr. u. röm. Skulptur*, 254 ; Brunn, *Geschichte d. griech. Künstler*, I, pp. 550, 569 ; Overbeck, *Die antik. Schriftquellen zur Geschichte der bildenden Künste bei den Griechen*, n° 2231 ; Bulle, *Röm. Mitth*, IX, 1894, pp. 134 sqq. ; Collignon, *Hist. de la sculpture grecque*, II, p. 637, fig. 333 ; Münscher, pp. 938 sq. ; Helbig, *Führer durch die öffentlichenn Sammlungen klass. Altertüm. in Rom*, II³, n° 1830 (cf. n°s 16, 1915, 1917) ; Lippold, *RE*, XI, p. 1938, n°s 10 et 11 et *Kopien und Umbildungen griechischer Statuen*, Munich, 1923, p. 58 ; Ch. Picard, *La sculpture antique*, II, p. 220 ; Graindor, *Athènes sous Auguste (Recueil de travaux publiés par la Faculté des Lettres de l'Université Égyptienne*, I, Le Caire, 1927, pp. 234 sqq.

([2]) Lippold, *RE, l.l.; Kopien*, pp. 58, 167, 248, n. 20-22.

pliques de ces canéphores ([1]) et qu'elles ornaient peut-être un temple d'Isis et de Sérapis, car les figures de ce genre apparaissent souvent dans les temples d'Isis. Celles de la voie Appienne proviendraient, elles aussi, d'un Iséon ([2]).

Mais l'existence d'un Iséon n'est pas attestée à Rome, du moins en cet endroit. Par contre les canéphores ont été trouvées près du Triopion, consacré à Dèmètèr : or, des figures cistophores ont été également découvertes à Éleusis ([3]). Il est donc vraisemblable que ces canéphores servaient primitivement de colonnes à l'édifice du Triopion ([4]).

En même temps que le temple du Triopion, Hérode commençait à construire pour la même raison l'odéon d'Athènes : c'est. avec le stade, le monument le plus important et le plus somptueux qu'il ait édifié ([5]). Nous avons dit plus haut qu'il dut être commencé vers

([1]) *Mus. nat.*, n°s 1641, 1642.

([2]) LIPPOLD, *ll. ll.*

([3]) *AM*, XVII, 1894, p. 137 ; HELBIG, II³, p. 402, fig. 39 ; SVORONOS, *Journal internat. d'archéol. numism.*, 1914, pp. 187 sqq. ; LIBERTINI, *Annuario d. r. scuola ital. di Atene*, II, pp. 206 sqq.

([4]) Elles font penser aux Θυβριάδες γυναῖκες que Marcellus, au début de la première des inscriptions triopéennes, invite à venir apporter leurs offrandes à Régilla. N'y aurait-il pas également dans ces vers, une allusion au culte funéraire de Régilla et à une fondation instituée par Hérode, pour en assurer la continuité, comme c'était fréquemment le cas dans l'antiquité ? L'épithète de φιλόξεινον, appliquée au Triopion *(IGR*, 194, B, 5) et restée jusqu'ici inexpliquée (WILAMOWITZ, *l.l.*, p. 17) : ne ferait-elle pas allusion à des banquets ou à des distributions qui auraient eu lieu à l'anniversaire de la mort de Régilla ?

([5]) PHILOSTR., II, 1, 8 (p. 148 W.) : ἀνέθηκε δὲ Ἡρώδης καὶ τὸ ἐπὶ Ῥηγίλλῃ θέατρον κέδρου ξυνθεὶς τὸν ὄροφον, ἡ δὲ ὕλη καὶ ἐν ἀγαλματοποιίαις σπουδαία. Cf. II, 1, 19 (p. 180 W.) ; PAUS., VII, 20, 6 ; SUID., *s.v.* Ἡρώδης. — Πρακτικὰ τῆς ἀρχ. ἑτ., 1849, pp. 13 sqq. ; Ἐφ. ἀρχ., 1858, p. 1707 ; SCHILLBACH, *Ueber das Odeion des Herodes Attikus*, 1858 ; IVANOFF, *Ann. dell'Inst.*, XXX, 1858, pp. 213 sqq. ; *Monum.*, VI, pl. 16, 17 ; TUCKERMANN, *Das Odeum des Herodes und der Regilla in Athen*, Bonn, 1868 ; Πρακτικά, 1898, p. 12 ; W. GURLITT, *Ueber Pausanias*, pp. 58 sq. ; BAUMEISTER, *Denkmäler*, pp. 1744 sq., pl. 67 ; A. BÖTTICHER *Die Akropolis von Athen*, Berlin 1888, p. 291 ; E. A. GARDNER, *Ancient Athens*, New York, 1902, pp. 503 sq. ; J. HARRISON, *Ancient Athens*, p. 263 ; HITZIG-BLUEMNER, *Paus.*, II, pp. 817 sq. ; FRAZER, *o.l.*, IV², p. 149 ; BAEDEKER, p. 56 ;

Fig. 23.   Odéon d'Hérode Atticus, à Athènes.
Intérieur.

161, qu'il n'était pas achevé en 165 mais qu'il était terminé à l'époque où Pausanias écrivait son septième livre (pas avant 174) ([1]).

L'édifice tient à la fois du théâtre romain, du théâtre grec et de l'odéon. Du théâtre romain, il a la *cavea* demi-circulaire ([2]) mais elle est assise, comme celle des théâtres grecs, dans le flanc d'une colline. De l'odéon, il a la destination et il était couvert, comme l'étaient, en Grèce, les édifices réservés aux auditions musicales (Fig. 23).

Jusqu'à l'époque où Chandler lui rendit son véritable nom, l'odéon passait soit pour le théâtre de Dionysos, soit pour l'Aréopage ou même l'École des Péripatéticiens ([3]).

Après avoir été en partie détruit par un incendie, comme l'attestent les débris carbonisés trouvés en grande quantité pendant les fouilles, l'odéon fut incorporé dans les fortifications franques et turques de l'Acropole et n'eut plus guère à souffrir.

Il est construit en pôros mais on y a employé aussi la brique ([4]) et *l'opus incertum* comme remplissage dans l'intérieur des murs particulièrement épais. Les sièges étaient de marbre blanc.

Mais c'était surtout dans le plafond qu'éclatait la somptuosité de l'édifice: il était de cèdre, bois considéré comme précieux, dit Pausanias, même lorsqu'on se bornait à en tirer des statues si bien qu'on doute que ce plafond ait couvert autre chose que la scène, tant à

FOUGÈRES, *Grèce²*, p. 80 ; DURM, *o.l.*, pp. 487 sqq ; JUDEICH, *Topogr. von Athen*, pp. 98, 291 sqq. ; M. L. D'OOGE, *The Acropolis of Athens*, New York, 1908, pp. 266 sqq. ; VERSAKIS, 'Εφ. ἀρχ., 1912, pp. 163 sqq., pl. 8-12 ; M. BIEBER, *Die Denkmäler zum Theaterwesen im Altertum*, Berlin-Leipsig, 1920, pp. 67 sq. ; ANDERSON, SPIERS, DINSMOOR, *The architecture of Ancient Greece*, p. 181. — D'après le journal Ἀκρόπολις, 16/29 sept. 1920, le gouvernement hellénique, à la suite d'une représentation à l'odéon, d'une adaptation des Perses d'Eschyle, envisageait la réfection de ce théâtre (Cf. *BCH*, XLIV, 1920, p. 379).

([1]) Cf. ci-dessus, p. 93.

([2]) Toutefois, à la différence des théâtres romains de province, l'odéon possède, derrière la scène, un bâtiment d'égale longueur (35 m.).

([3]) Cf. la vue de l'Acropole datant de 1670, *AM*, II, 1877, p. 39.

([4]) Sur la plupart des briques est imprimé le monogramme ηρ inscrit dans un cercle ; sur d'autres, on trouve simplement H. Le premier signifierait, d'après PITTAKIS et SCHILLBACH (p. 26) : Θ(έατρον) Ἡ(ρώδου. καὶ) Ῥ(ηγίλλης). D'après nous, il faudrait lire Θ(έατρον) Ἡρ(ώδου).

cause de l'absence de traces de support que de l'étendue de l'espace à
courrir. Mais c'est probablement à tort : l'odéon étant, par définition
un théâtre couvert, la difficulté resterait la même s'il s'agissait d'un
plafond en matière moins précieuse. Tout au plus, doit on admettre
que, dans ce plafond, était ménagée une ouverture, pour l'éclairage.
Mais tout ingénieux qu'il soit, l'essai de reconstitution de la toiture
par Tuckermann reste tout à fait conjectural.

Ce qui est sûr, c'est que les vingt contreforts qui épaulent le
mur extérieur de la *cavea* ne s'expliquent guère, si le théâtre était
sans couverture. D'ailleurs, à quoi bon édifier un second théâtre à
ciel ouvert, à deux pas de celui de Dionysos ?

Derrière les contreforts, un mur de soutènement extérieur, con-
centrique à celui de la *cavea*, le protégeait contre les éboulements ;
entre les deux se prolongeait le *peripatos*, le chemin qui faisait le
tour de l'Acropole.

De forme exactement demi-circulaire, la *cavea*, avec son diamètre de 86 m., pouvait contenir environ 5.000 spectateurs (4772,
d'après les calculs de Tuckermann).

Ses trente-trois (?) rangées de sièges sont divisées en deux, dans
le sens horizontal, par un large palier (*diazoma*), qui s'étend au-
dessus du 20ᵉ gradin. On arrivait à ce *diazoma* par six escaliers
qui partageaient la partie inférieure de la *cavea* en cinq *cunei*. Au-
dessus du *diazoma*, les escaliers sont au nombre de onze, les *cunei*
de dix. Ces escaliers donnaient accès non seulement aux sièges
mais aussi au promenoir, sans doute en forme de portique demi-
circulaire à colonnade, qui courait au sommet des gradins.

Les sièges d'honneur, qui occupent la rangée inférieure, sont
reconnaissables à leurs dossiers, dont les autres sont dépourvus, et
aux pattes de lions qui les ornent, sur les côtés, aux endroits où
la rangée est interrompue par les escaliers.

L'*orchestra* présente la forme d'un demi-cercle dont les extrémités se prolongeraient en ligne droite. Elle mesure 18 m. 80 à la
base, avec une flèche de 12 m. Les dalles, disposées en losanges,
sont alternativement de marbre blanc et de cipolin de Carystos. Un
aqueduc y circule au pied des sièges d'honneur.

On pénétrait dans l'*orchestra* par deux *paradoi*, en partie voûtés en berceau, corridors bordés par les extrémités des gradins et

Fig. 24.   Odéon d'Hérode Atticus. La scène.

les bâtiments de la scène et de la façade. L'*orchestra* communiquait
aussi avec la scène par trois escaliers(¹), interrompant la balustrade
avec revêtement de marbre, qui la surélevait de 1 m. 50. Cette
scène, dont le plancher était en bois, mesurait 35 m. 63 de long sur
7 m. 88 de profondeur.

On accédait à la scène par cinq portes, cintrées comme toutes
les baies de l'odéon. Deux de ces portes étaient celles des ailes,
les trois autres étaient percées dans le mur de fond. Ces trois portes étaient encadrées de huit niches, groupées deux à deux et alternativement de plan rectangulaire et demi-circulaire. Demi-circulaires
aussi sont les deux autres niches qui accostent, du côté nord, les
portes latérales de la scène (Fig. 24). Cette alternance de niches
rondes et de niches rectangulaires évoque celle qui existait à l'e-
xèdre d'Olympie. On supposerait volontiers qu'ici aussi les statues
qu'elles contenaient étaient celles de la famille impériale et les portraits d'Hérode et de sa famille. A ces derniers auraient été réservés
les niches rectangulaires, comme à Olympie: elles sont précisément
au nombre de quatre, juste ce qu'il fallait pour abriter les statues.
d'Hérode, de Régilla et de leurs deux enfants encore vivants à l'é-
poque de la construction de l'odéon, c'est-à-dire, sans doute Bradua
et Régillus. Comme à Olympie encore, les niches rondes auraient
renfermé des portraits de la famille impériale : dans celles qui flan-
quent la porte centrale, se dressaient peut-être les statues de Marc-
Aurèle et de Lucius Vérus, les deux empereurs régnants et les disciples les plus illustres du sophiste. Les quatre autres auraient contenu les statues des deux impératrices, d'Antonin et d'Hadrien, amis
d'Hérode et bienfaiteurs d'Athènes.

Les portes et les niches de la scène étaient encadrées par des
colonnes, placées à 1 m. 84 en avant du mur de fond et des ailes.
Toutes ont disparu mais il subsiste les encastrements des architra-
ves qui les reliaient au mur. Ces colonnes supportaient une galerie;
c'était sans doute le θεολογεῖον, réservé dans les théâtres antiques,
aux apparitions des dieux.

(¹) Ils comptaient cinq marches mais il n'en subsiste que trois à l'escalier
est.

Sur cette galerie s'ouvraient sept grandes baies placées juste au-dessus des trois portes et des niches rondes du rez-de-chaussée. Le fond de la baie du milieu était aveuglé par un mur percé d'une petite porte rectangulaire, placée à l'est de l'axe de la baie, et ouvrant sur une petite chambre dont la destination n'est pas connue.

Le mur de fond de la scène comportait un second étage : il n'en subsiste qu'une fenêtre. Elle est cintrée en berceau rampant, s'abaissant vers l'intérieur de l'édifice : il en faut sûrement déduire que les bâtiments de la scène n'avaient pas plus de deux étages et étaient moins hauts que les ailes, qui en comptaient, nous le verrons, un de plus. En outre, ce dispositif montre qu'au-dessus de la scène s'étendait une toiture inclinée vers l'intérieur de.l'odéon. Cette toiture s'étendait en partie sur les ailes : les fenêtres les plus rapprochées de la scène y présentaient la même particularité.

La façade (fig. 25) de 92 m. de long, comportait une partie centrale, en saillie, de même longueur que la scène, à laquelle elle était adossée. Elle est aujourd'hui détruite mais il en reste assez pour restituer les grandes lignes du rez-de-chaussée : c'était un porche, dont la façade était percée de trois portes faisant face à celles du mur de fond de la scène. Dans les angles sud-est et sud-ouest, deux escaliers conduisaient à l'étage ([1]).

Quant aux ailes qui flanquaient la scène (παρασκήνια), il est sûr qu'elles avaient trois étages. De plan rectangulaire, ces ailes, en retraite sur la partie centrale avaient chacune deux portes sur la façade et une porte latérale. Par les portes les plus rapprochées de la scène, on entrait dans un vestibule donnant accès à la scène, aux *paradoi* et à un escalier desservant les étages. Par les portes latérales et celles des extrémités de la façade, on pénétrait dans un vestibule d'où des escaliers conduisaient aux gradins supérieurs. Au fond de chacun de ces vestibules, c'est-à-dire, au nord, est ménagée une niche rectangulaire. Celle du vestibule ouest abrite encore la statue, malheureusement décapitée, d'un personnage

---

([1]) Il nous semble plus que douteux qu'il y en ait eu un second, étant donné le dispositif, très spécial, des fenêtres du second étage du mur du fond de la[a] scène.

Fig. 25.   Odéon d'Hérode Atticus. Façade.

Fig. 26.   Statue de l'Odéon d'Athènes.

ayant un *scrinium* à côté du pied gauche (Fig. 26). Nous avons dit plus haut qu'on a voulu parfois y retrouver le portrait d'Hérode ([1]).

Mais c'est là une hypothèse difficile à démontrer et qui s'accorde mal avec celle que nous avons émise concernant les statues qui devaient meubler les niches de la scène.

Ce qui paraît probable c'est que les tendances archaïsantes d'Hérode s'étaient manifestées dans les sculptures qui ornaient l'odéon. On y a retrouvé une tête de femme dans le style du Ve siècle, peut-être Athéna ou Aphrodite, en marbre pentélique mais imitant par la polissure du visage et la chevelure dorée les œuvres chryséléphantines du temps de Phidias ([2]).

Tel est, brièvement décrit, le monument qui fait peut-être le plus d'honneur à la munificence d'Hérode. Nous pouvons croire Pausanias ([3]) quand il nous assure que l'odéon d'Athènes dépassait celui de Patras, considéré comme le plus beau de toute la Grèce. Il le dépassait sûrement par ses vastes proportions, par sa somptuosité, et nous pouvons affirmer aujourd'hui qu'il laissait bien loin derrière lui, comme l'écrit Philostrate ([4]), l'édifice similaire dont le sophiste avait gratifié Corinthe et dont les fouilles américaines ont retrouvé les ruines.

Si Hérode fit construire deux odéons, ce n'est sans doute pas uniquement parce qu'il s'intéressait à la musique comme nous l'a montré la discussion qu'il eut à Delphes avec les Quintilii ([5]). Ce n'est pas non plus à cause de la vogue extraordinaire des concours musicaux à cette époque ([6]). C'est aussi et surtout parce que les odéons n'étaient pas réservés aux seules auditions musicales mais servaient fréquemment d'auditoires pour les conférences des sophistes. Une

---

([1]) Cf. *supra*, p. 132, n. 2.

([2]) VON SYBEL, *Katalog der Skulpturen zu Athen*, n° 891 ; CONZE, *Arch. Zeit.*, 1858, p. 198* ; SCHILLBACH, *o.l.*, p. 26 ; WOLTERS, *Jahrb. d. arch. Inst.*, 1899, p. 143 ; CAVVADIAS, Κατάλογος τοῦ Ἐθνικοῦ Μουσείου, p. 153, n° 177 ; KASTRIÓTIS, Γλυπτά τοῦ Ἐθνικοῦ Μουσείου, p. 37, n° 177.

([3]) PAUS., VII, 20, 6.

([4]) PHILOSTR., II, 1, 9 (p. 148 W.).

([5]) Cf. *supra*, p. 112.

([6]) Cf. les textes réunis par BOULANGER, *Aelius Aristide*, pp. 29 sqq.

assistance nombreuse s'y trouvait à l'aise ; l'acoustique y était meilleure que dans les théâtres, grâce à la toiture qui abritait en même temps les auditeurs contre la pluie et les ardeurs du soleil.

L'utilisation des odéons pour les conférences est attestée par Aelius Aristide [1] et Philostrate mentionne, en deux passages, des conférences données par des sophistes à l'Agrippeion d'Athènes [2]. L'un de ces passages montre que cet Agrippeion était certainement un théâtre couvert : à la fin de la séance qu'y donna Alexandre Péloplaton, le sophiste demanda qu'on ouvrît les portes pour pouvoir respirer [3].

Si l'odéon d'Hérode avait été terminé lors de cette mémorable séance, il est peu probable qu'elle aurait eu lieu à l'Agrippeion surtout qu'Hérode avait promis d'y assister avec ses disciples.

Or, le passage d'Alexandre Péloplaton par Athènes se place sûrement, nous l'avons dit [4] entre 173 et juillet-août 175 car il est contemporain du séjour de Marc-Aurèle à Sirmium, en Pannonie. Il semble donc que l'odéon n'était pas encore achevé en 173, alors qu'il avait été commencé ou tout au moins projeté à la mort de Régilla, vers 160. Et cette lenteur des travaux ne laisse pas de surprendre surtout quand on se souvient que la construction du stade n'avait exigé que 4 ans.

D'après Koehler, le portique qui s'étend immédiatement à l'est de l'odéon et se prolonge jusqu'au théâtre de Dionysos, n'aurait pas été construit par Eumène (II?) de Pergame, comme on le croit généralement, mais serait également l'œuvre d'Hérode [5].

Il est fmpossible de se rallier à cette hypothèse. Elle est difficile à concilier avec le texte de Vitruve [6], suivant qui le portique d'Eumène avait été édifié près du théâtre pour servir de refuge en

---

[1] ARIST., LI, 34 (KEIL).

[2] PHILOSTR., II, 5, 3 (p. 192 W.) ; 8, 2 (p. 210 W.). — Sur ce théâtre, cf. WACHSMUTH, *Die Stadt Athen*, I, p. 215, n. 4 ; *RE*, I, p. 898, 1 ; JUDEICH, *o.l.*, pp. 94, 312 ; GRAINDOR, *Athènes sous Auguste*, pp. 49, 162, 178, 180.

[3] II, 5, 5 (p. 196 W.).

[4] Cf. ci-dessus, p. 139, n. 2.

[5] *AM*, III, 1878, pp. 147 sqq.

[6] VITR., *de arch.*, V, 9, 1,

cas d'averse soudaine pendant les représentations. Or, aucun autre
portique n'existait près du théâtre de Dionysos : à l'est de celui-ci
s'élevait, on le sait aujourd'hui, l'odéon de Périclès, reconstruit au
Ier siècle, après avoir été incendié à l'époque de Sylla.

Le mode de construction et les matériaux du portique diffèrent
de ceux de l'odéon. A l'odéon, on a employé le pôros et l'*opus
incertum;* au portique on s'est servi du conglomérat et du marbre
de l'Hymette, c'est-à-dire des matériaux usités à l'époque hellénistique ([1]).

Mais Pausanias ne cite même pas le portique, omission qui
ne s'explique guère, a-t-on dit, s'il date du temps d'Eumène tandis
qu'elle est toute naturelle si l'édifice est contemporain de l'odéon,
construit, au dire du périégète lui même, lorsqu'il avait déjà terminé
son livre sur l'Attique. Cette objection suppose que Pausanias mentionne tous les édifices existant de son temps ; ce n'est pas le cas :
ainsi, dans sa description d'Olympie, il ne parle même pas de
l'exèdre d'Hérode, un des monuments les plus imposants de l'Altis,
alors que, partout ailleurs, il ne manque jamais d'attirer l'attention
des voyageurs non pas seulement sur les édifices d'Hérode mais
même sur les statues, telles celles de l'isthme ou d'Olympie, offertes
par le sophiste.

Observons enfin que la construction d'un portique par Eumène
était justifiée, comme l'affirme Vitruve, par la nécessité de donner un
abri aux spectateurs du théâtre de Dionysos, en cas de mauvais
temps. Hérode n'avait aucune raison d'imiter Eumène, puisque son
odéon était couvert.

Inutile donc de porter à l'actif du grand bienfaiteur d'Athènes,
un monument de plus, qui ajouterait peu à sa gloire.

Tout à la fin de sa vie encore, le sophiste conservait cette passion
de bâtir qui illustra toute son existence et sauva son nom de l'oubli.

A son retour du procès de Sirmium, il tomba malade dans la
petite ville d'Orikon, dont le port ouvre sur l'Adriatique, aux confins

---

([1]) Pour ces objections et d'autres opposées à la thèse de Koehler, cf.
DÖRPFELD, *AM*, XIII, 1888, pp. 100 sqq. ; JUDEICH, *o.l*, p. 290, n. 16 ; D'OOGE,
The Acropolis of Athens, pp. 264 sqq ; VERSAKIS, 'Εφ. ἀρχ., 1912, pp. 173 sqq.

de l'Illyrie et de l'Épire, à l'extrémité sud de la baie de Valona. Cette cité était alors en pleine décadence. Sans doute ne s'était-elle jamais complètement relevée depuis l'époque où Cn. Pompée l'avait en grande partie brûlée (¹). En tout cas, Hérode la sauva, nous dit-on, de la ruine, la repeupla, l'agrandit et, lorsqu'il fut rétabli, y offrit un sacrifice d'actions de grâces (²).

Nous avons supposé ailleurs que ce fut également à la suite de cette maladie que le sophiste érigea, dans le sanctuaire d'Éleusis une statue à Asklèpios (³). Le laconisme même du dédicant, qui se nomme simplement Hérode, ne laisse aucun doute sur son identité : cet orgueilleux laconisme, qui rappelle celui de l'hermès de Corinthe, ne convient qu'au sophiste. Avait-il besoin d'ajouter qu'il était

---

(¹) Cass. Dio, XLII, 12, 2. Sur cette cité, cf. aussi Caes., *B.C.*, III, *passim*.

(²) Philostr., II, 1, 9 (p. 148 W.) : ᾤκισε δὲ καὶ τὸ ἐν Ἠπείρῳ Ὠρικὸν ὑποδεδωκὸς ἤδη ; II, 1, 30 (p. 172 W.) : φασιν αὐτὸν οἰκῆσαι τὸ ἐν Ἠπείρῳ Ὠρικὸν ὃ καὶ πολίσαι αὐτὸν ὡς εἴη δίαιτα ἐπιτηδεία τῷ σώματι. Ὁ δὲ Ἡρώδης ᾤκισε μὲν τὸ χωρίον τοῦτο νοσήσας ἐν αὐτῷ καὶ θύσας ἐκβατήρια τῆς νόσου. — Sur cette ville, cf. Bursian, *Geograph. von Griechenland*, I, p. 20 ; Graindor, *Musée belge*, 1912, p. 81 ; St. Casson, *Macedonia, Thrace and Illyria*, Oxford, 1926, pp. 322, 323, qui semble croire que nous ne connaissons que le texte d'Hérodote (IX, 93) relatif à cette cité. Je n'ai pu voir l'ouvrage de C. Partsch, *Das Sandschak Berat in Albanien (Kaiserl. Akad. d. Wiss. zu Wien, Schriften der Balkan Kommission Antiquar. Abt.* VIII), Vienne, 1904, où il est également question d'Orikon. On trouvera un plan et une vue d'Orikon dans l'*Atlas* de Stoffel, *Histoire de Jules César*, pl. 12-13.

(³) Ἐφ. ἀρχ., 1894, p. 171, n° 13 ; Graindor, *Marbres et Textes*, pp. 94 sq. Si la statue a été érigée à Éleusis, c'est sans doute parce que, de même qu'Asklèpios, qui s'était initié aux Mystères, ainsi que le rappelle la dédicace, la Dèmètèr d'Éleusis passait pour une déesse guérisseuse. Cf. A. H. Krappe, *Santa Lucia*, Aquila, 1926, pp. 12 sq., qui cite *Anthol. Palat.*, IX, 298 ; Ἐφ. ἀρχ., 1892, p. 113, pl. V ; Overbeck, *Kunstmythologie*, pl. 14, n° 7 , Dèmètèr guérissait, semble-t-il, surtout les yeux comme sainte Lucie, mais c'est à tort que Krappe en déduit que la sainte a hérité des vertus guérisseuses de la déesse, qui rendait comme elle la vue aux aveugles. Sainte Lucie devait sans doute sa spécialité à l'étymologie qui tirait son nom de "lux" : c'était la sainte qui rendait la lumière des yeux à ceux qui l'avaient perdue. —C'est en qualité d'épimélète qu'Hérode s'occupa de l'érection de la statue de Marc-Aurèle, élevée sur l'Acropole par les Athéniens, sans doute à la suite de la visite de l'empereur (*supra*, p. 130). Cf. *Annuario d. r. Scuola it. di Atene*, IV/V, 1921/2, pp. 62 sq., n° 121, fig. 5 ; Tod., *Sup. ep. Gr.*, III, 236,

fils d'Atticus et du dème de Marathon, lui, le personnage le plus riche et le plus fameux du temps ?

On a émis (¹) l'hypothèse que ce fut à l'occasion de la même maladie qu'Hérode aurait fait aussi creuser, aux sources chaudes des Thermopyles, de nouveaux bassins pour les malades (²). Mais nous savons aujourd'hui qu'après avoir séjourné à Orikon Hérode rentra à Athènes par Éleusis (³). Orikon est un port où le sophiste dut s'embarquer pour rentrer en Attique par le golfe de Corinthe. On ne comprendrait guère qu'un homme de son âge, relevant de maladie, ait choisi la voie de terre, longue et pénible, même pour un homme bien portant, surtout si Hérode s'était détourné pour se rendre aux Thermopyles (⁴).

D'ailleurs, Pausanias mentionne ces bassins et vante même la belle couleur des eaux de celui des femmes, dans son quatrième livre (⁵). Or, ce livre est au plus tard, contemporain du procès, le cinquième datant de 174 (⁶).

A tous ces monuments, il faudrait encore ajouter ceux qu'Hérode édifia en Eubée, dans le Péloponèse et en Béotie : ils ne nous sont plus connus que par la phrase de Philostrate qui les mentionne en termes concis et tout à fait généraux (⁷).

Dans le centre de l'Eubée, Hérode possédait un domaine (⁸) et les cités voisines durent bénéficier des séjours qu'y fit sans doute

---

(¹) SCHULTESS, p. 24 ; MÜNSCHER, p. 944.

(²) PHILOSTR., II, 1, 9 (p. 148 W.) : ἀνέθηκε.. Θετταλοῖς τε καὶ τοῖς περὶ Μηλιακὸν κόλπον Ἕλλησι τὰς ἐν Θερμοπύλαις κολυμβήθρας τοῖς νοσοῦσι παιωνίους, *Anthol. Latin.* (ed. RIESE), I, p. 101, 36 ; BÜRCHNER, *RE*, III, p. 2529. FOUGÈRES *Grèce²* p. 289 ; KASTRIÔTIS, Ἀνασκαφαὶ ἐν Θερμοπύλαις, Πρακτικὰ ἀρχ. ἑτ., 1899, p. 78, n. 5 ; FR. STÄHLIN, *Das hellenische Thessalien*, Stuttgart, 1924, p. 201.

(³) Cf. ci-dessus, p. 128.

(⁴) Cf. *Musée belge*, 1912, p. 81.

(⁵) PAUS., IV, 35, 9. Cf. FRAZER, *o.l.*, III², p. 453.

(⁶) La date est donnée par PAUS., V, 1, 2. — Ces bassins, aujourd'hui ensevelis sous une couche de concrétions, n'ont pas été déblayés.

(⁷) PHILOSTR., II, 1, 9 (p. 150 W.) : ὤνησε δὲ καὶ ἐν Εὐβοίᾳ καὶ Πελοποννήσῳ καὶ Βοιωτίᾳ πόλεις ἄλλο ἄλλην.

(⁸) Cf. *supra*, p. 115, n. 1.

le fastueux Athénien. Parmi ces cités peut-être faut-il compter Chalcis d'où était originaire Amphiklès, l'un des disciples préférés d'Hérode.

Pour le Péloponèse, nous ne sommes pas mieux informés : répétons qu'Hérode y possédait, en Cynurie, une propriété située à l'endroit appelé aujourd'hui Loukou (¹). Il y avait érigé des hermès de Memnon et sans doute aussi de Polydeukion et d'Achille, et même une statue de son grand-père Hipparchos (²), que sa condamnation interdisait de faire figurer dans des monuments publics, comme l'exèdre d'Olympie. Mais, sauf pour Corinthe et Olympie, nous ignorons tout des bienfaits dont les cités du Péloponèse furent redevables à Hérode.

Quant à la Béotie, la base de la statue d'Elpinikè, trouvée dans le Ptoïon, permet seulement de supposer que ce sanctuaire d'Apollon avait lui aussi profité des largesses d'Hérode (³).

Pour en terminer, il resterait encore à citer quelques monuments dont la date ne peut être déterminée.

Une dédicace trouvée dans le village de Merenda, sur l'emplacement de l'ancien dème de Myrrhinonte, nous apprend qu'Hérode avait restauré un temple d'Athéna et consacré une statue à cette déesse, sans doute une nouvelle statue de culte destinée à remplacer l'ancienne qui avait dû souffrir du temps, comme l'édifice qui [l'abritait (⁴). Ce texte ne fournit aucune donnée qui permette de le dater.

Il en est de même de la statue de Flavius Dôrothéos, qui avait été stratège et agonothète des Grandes Eleusinies, statue votée par "la cité et le Peuple„ mais érigée par Hérode à son ami sans doute dans le théâtre de Dionysos où la base a été découverte (⁵).

(¹) Cf. *supra*, p. 115.

(²) Cf. ci-dessus, p. 17.

(³) *BCH*, XVI, 1892, p. 464, n° 7. Cf. SCHULTESS, p. 15 et *supra*, p. 105.

(⁴) *IG*, III, 69 : Ἡρώδης Ἀττικοῦ | Μαραθώνιος τὸν νεὼν | ἐπεσκεύασεν καὶ τὸ ἄγαλμα ἀνέθηκεν τῇ Ἀθηναίᾳ. Cf. SCHULTESS, p. 29, n. 47.—Plusieurs inscriptions attiques d'époque impériale mentionnent de ces anciennes statues de culte remplacées par d'autres. Cf. *IG*, II², 1096 ; *IG*, III, 71 et 70ᵃ (add. p. 484 = *SIG*³, 894).

(⁵) *IG*, III, 663 : Ψηφισαμένης τῆς πό|λεως καὶ τοῦ δήμου | Κλ. Ἡρώιδης ἀνέθηκεν | φιλίας ἕνεκεν Φλ. Δωρό | θεον στρατηγήσαντα | καὶ ἀγωνοθετήσαν|τα τῶν μεγάλων Ἐλευσινίων. D'après l'écriture, nous placerions cette dédicace dans la seconde plutôt que dans la première moitié du IIᵉ siècle.

A Corcyre, Hérode avait fait les frais de l'érection de la statue,
votée par le Conseil des Corcyréens, de l'éphèbe Nymphios, fils de
Nymphios, un ami du sophiste. D'après Dittenberger, la dédicace
ne serait pas antérieure à Marc-Aurèle ou à Antonin : on n'y trouve
plus de ces formes dialectales qui apparaissent encore dans une
inscription de 138 (¹). Mais Dittenberger semble avoir oublié que le
dédicant est un Athénien et même un atticiste qui n'aurait jamais
songé à employer le dialecte local. S'il fallait émettre un hypothèse,
je croirais que le monument est de l'extrême fin de la vie d'Hérode :
Corcyre est située sur la voie qu'il dut suivre lorsqu'il revint de
Sirmium par Orikon et l'Adriatique. Peut-être fit-il alors escale dans
l'île. Mais il faudrait être sûr que ce fut la seule occasion qu'il eut
de s'y arrêter.

En résumé, c'est surtout à la Grèce propre qu'Hérode réserva
ses faveurs, c'est elle avant tout qu'il tint à couvrir de monuments.
Après Athènes, c'est aux centres les plus fréquentés, ceux des jeux
panhelléniques, Olympie, Delphes, Corinthe et l'isthme, qu'il s'est
le plus particulièrement intéressé. Mais ce serait se tromper que
de croire qu'il le fit par simple désir de briller, d'étendre à tous les
points du monde antique, la rénommée de ses bienfaits, de faire
étalage de son immense fortune dans les endroits qui attiraient le
plus grand concours de grecs et d'étrangers. Il vise aussi, quoi qu'on
en ait dit (²), à la popularité. La nature même de ses constructions
en est une preuve. C'est aux hommes, beaucoup plus qu'aux dieux,
qu'il cherche à plaire. Tandis que ses contemporains lui doivent au
moins trois aqueducs, deux stades, deux odéons, la part des dieux
se réduit à quelques statues, à la construction d'un temple et à la

---

(¹) *IG*, IX, 1, 732 : Νύμφιον Νυμ]φίου υἱὸν ἐφη]βεύοντα Τι. | Κλαυδ. Ἀττι|κὸς
Ἡρώδης | τὸν υἱὸν τοῦ | φίλου ψηφισα]μένης τῆς βου]λῆς Κορκυραίων.—La dédi-
cace de 138 à laquelle Dittenberger fait allusion est *IG*, IX, 1, 725.

(²) MÜNSCHER, p. 946, prétend qu'Atticus par ses distributions faites au
peuple dans des fêtes comme les Dionysies, visait à une popularité qu'Hérode
aurait méprisée. Mais si Philostrate ne mentionne point de largesses de ce
genre, pour Hérode, c'est que le sophiste dépassa de beaucoup son père et fit
beaucoup mieux en construisant partout des monuments. Et puis Münscher
semble oublier l'éclat qu'il donna à l'agonothésie des Panhellénies et surtout
des Panathénées.

restauration d'un autre. Et s'il a bien élevé une chapelle à Kanôbos à un dieu égyptien, c'est moins semble-t-il, par piété que par une sorte de snobisme romantique qu'il partageait avec beaucoup de ses contemporains, à commencer par Hadrien.

Il ne faudrait pas s'imaginer qu'Hérode se montra si généreux envers ses compatriotes, pour deshériter le seul fils qui lui resta et auquel, nous l'avons dit, il ne laissa que les biens de sa mère. Hérode avait commencé à construire dès avant la naissance de son fils et il est peu probable qu'il ait consacré à ses générosités autre chose que les revenus de ses propriétés et de ses capitaux : il aurait risqué de se punir lui-même en voulant atteindre son indigne rejeton.

Par ses aqueducs, par son désir de percer l'isthme, par l'éclat incomparable qu'il donne aux Panathénées, il évoque des tyrans comme Pisistrate, Théagène, Polycrate et Périandre. D'ailleurs n'a-t-il pas exercé, en fait, avec la complicité des gouverneurs de province, une tyrannie que ses concitoyens lui ont reprochée ?

Mais c'est surtout avec Hadrien, le grand bienfaiteur d'Athènes, qu'il cherche à rivaliser, nous avons essayé de le marquer à plusieurs reprises.

Malgré sa magnificence, il ne semble avoir gagné la popularité qu'il cherchait, que tout à la fin de sa carrière, lorsque ses concitoyens lui firent une triomphale réception : l'affaire du testament de son père lui avait, pour longtemps, aliéné les sympathies des Athéniens.

Dans la munificence d'Hérode entre aussi pour une bonne part, le souci de s'acquérir une survie qu'il n'attendait pas de ses œuvres.

D'ailleurs, à toutes les époques et aujourd'hui encore, les Hellènes fortunés étalent volontiers leurs richesses en en consacrant une part à des œuvres d'utilité publique, à la fondation de monuments qui satisfont leur vanité, tout en profitant à leurs compatriotes. Sous ce rapport, Hérode est éminemment représentatif de sa race.

Ce qui étonne, dans l'œuvre d'Hérode, ce n'est pas seulement que la fortune d'un simple particulier ait pu y suffire, c'est aussi qu'elle ait pu être réalisée en si peu de temps, dans les quarante ans à peine qui séparent la mort du sophiste de celle de son père. Avec ses moyens personnels, il a construit presque autant qu'Auguste. Et l'on pourrait, sans trop d'exagération, qualifier son temps de "siècle d'Hérode".

CONCLUSION

Avec Hadrien, Hérode domine toute l'histoire d'Athènes au IIème siècle. Grâce à ces deux grands bienfaiteurs, Athènes s'enrichit d'un quartier nouveau "l'Athènes Nouvelle", elle devient le centre du Panhellènion, le centre officiel de l'hellénisme, et se couvre de somptueux monuments comme l'Olympieion et la bibliothèque d'Hadrien, le stade et l'odéon, pour ne citer que ceux dont les ruines ont subsisté jusqu'à nos jours.

Mais Hérode fit plus pour sa patrie que l'empereur lui-même qui la chérissait tant. Par son talent de sophiste, par l'influence qu'il exerce sur la langue, il y attire, pendant près d'un demi-siècle, toute l'aristocratie intellectuelle du monde grec et romain. Il contribue ainsi à conserver à sa ville natale une primauté intellectuelle menacée : à un moment où la sophistique est reine, Athènes ne compte en dehors d'Hérode, aucun nom qui puisse s'opposer à ceux de Polémon ou d'Aelius Aristide. Même Hérode ne fit point de disciple athénien : si Théodotos fut son élève, il devint son ennemi et se réclamait surtout de Lollianos. C'est grâce à Hérode surtout, à son talent, au magnifique emploi qu'il fit d'une fortune plus que royale, qu'Athènes connut une renaissance inespérée et fut arrêtée, pour un temps, dans sa lente et sûre décadence.

Sans Hérode, la page de l'histoire d'Athènes au IIème siècle, serait à peu près vide. C'est à peine si l'on pourrait y inscrire un nom qui comptât, un événement qui ne fût pas médiocre. Ç'aurait été la ville universitaire de province, à peine agitée par les stériles discussions de philosophes obscurs ou les vaines déclamations de sophistes de passage. Certes, les foules auraient continué à y affluer, aux grands jours des Mystères d'Éleusis, que préféraient encore, à cette époque, aux Mystères orientaux, ceux qu'inquiétaient l'énigme de la survie. Les touristes n'auraient pas cessé d'y passer pour y admirer les œuvres d'art et les étrangers d'y accourir pour apprendre la pure langue attique. Mais on n'eût peu ou point parlé d'Athènes. Elle n'aurait plus guère été qu'un vaste musée, avec Pausanias pour guide.

C'est Hérode qui ranime tout ce passé qui risquait de mourir. Par ses tendances archaïsantes, il contribue à entretenir, chez les Grecs comme chez les Romains, le goût des belles œuvres, artistiques ou littéraires, d'autrefois. Protagoniste de l'atticisme, Hérode a peut-être exercé une fâcheuse influence sur la langue. qui se momifie. Mais ne l'oublions pas, l'atticisme n'était pas seulement une préférence linguistique. C'était aussi une forme du patriotisme athénien et même hellénique, qui s'admirait dans ses chefs-d'œuvre littéraires et qui ambitionnait de les continuer.

Nous avons quelque peine à comprendre aujourd'hui l'engouement de leurs contemporains pour les sophistes, pour leur stériles parades oratoires, pour leurs puériles déclamations. Nous sommes presque tentés d'accuser Hérode du regain de popularité que lui doit la seconde sophistique. Mais le génie grec, épuisé par un millénaire de création, ne pouvait plus guère que se taire ou se répéter et se complaire dans ceux qui transportaient pour ainsi dire sur la scène, un passé littéraire et politique auquel s'intéresse encore et s'intéressera toujours, l'humanité tout entière.

En ces temps de décadence des autres genres littéraires, du théâtre surtout, la sophistique était à peu près seule à alimenter la passion, innée chez les Grecs, des choses de l'esprit. Ce sont les sophistes et leur chef Hérode qui ont sans doute contribué à sauver bien des chefs-d'œuvre dont nous aurions à déplorer la perte si les contemporains du célèbre Athénien s'étaient contentés de vivre leurs loisirs dans les théâtres, les palestres, les stades ou les cirques.

Ce n'est pas par hasard que la moitié des textes littéraires trouvés en Égypte datent du IIme et du IIIme siècles de notre ère (¹).

Dans la destinée d'Hérode, il y a quelque chose de tragique.

(¹) *Revue de l'Égypte ancienne*, I, 1927, p. 176.

Immensément riche, chef incontesté de la sophistique, l'art le plus
estimé du temps, allié aux plus illustres familles romaines, ami des
empereurs, rien ne lui manquait, semble-t-il pour s'approcher du
bonheur parfait. Or, sa vie pourrait illustrer la thèse antique suivant
laquelle les dieux sont jaloux des humains trop heureux. Ces dieux
semblent avoir voulu lui faire payer au plus haut prix la rançon
de son insolente fortune, en lui enlevant successivement tous ceux
qu'il chérissait, ses trois disciples préférés, ses deux filles, deux fils,
sa femme, les filles d'Alkimédon, pour ne lui laisser, comme par
ironie, que le seul de ses enfants dont il eût souhaité de n'être pas
le père et qu'il finit par déshériter (¹).

Ces morts répétées durent encore exacerber une sensibilité déjà
très vive, comme l'attestent les excès de la douleur du sophiste dès
les premiers deuils qui l'accablèrent. De là peut-être une irritabilité
croissante qui fait d'Hérode le tyran domestique que permet d'entre-
voir le procès consécutif au décès de Régilla. Cette irritabilité était
arrivée à son comble à Sirmium où Hérode aurait pu payer très
cher ses intempérances de langage s'il n'avait eu affaire a un empereur comme Marc-Aurèle.

Malgré un talent qu'on a peut-être exagéré mais qui valait tant
de lustre à sa patrie, malgré sa munificence inouïe, Hérode ne réussit
qu'à mécontenter ses concitoyens : ce n'est que tout à la fin de sa
carrière, à son retour de Pannonie, qu'il se réconciliera pleinement
avec eux et que toute la cité l'accueillera comme un père. Même
ce n'est qu'après sa mort qu'Athènes comprendra vraiment tout ce
qu'elle avait perdu en lui. De cette impopularité prolongée, Hérode
lui-même est responsable. Ses trois procès le révèlent autoritaire,

---

(¹) La chambre funéraire quadrangulaire (FOUGÈRES, *Grèce*², p. 192) qui
contient encore quatre sarcophages, dont trois (ROSCHER, *Lexikon*, I, p. 1951 ;
C. ROBERT, *Die antiken Sarcophag-Reliefs*, II, pl. III ; REINACH, *Répert. des
bas-reliefs*, II, p. 344 ; *BCH*, XXXIX, 1915, p. 263, n. 2) ornés de reliefs, sur la
place de Képhissia, appartient-elle à la famille d'Hérode Atticus? Rien ne permet
de l'affirmer, sinon que le sophiste avait une villa dans ces parages, que les
sarcophages peuvent dater de son temps et qu'on a trouvé non loin de là quatre
textes relatifs à la famille d'Hérode ou qui émanent de lui (*BCH*, XXXVIII,
1914, p. 360, n° 3 ; p. 365, n° 5 ; *IG*, III, 817 ; *Sup. ep. Gr.*, III, 304, note).

tyran domestique ou despote, dominant du haut de sa fortune et de son talent des Athéniens, compatriotes orgueilleux et froissés d'être traités en inférieurs par des affranchis d'autant plus insolents qu'ils étaient citoyens romains et serviteurs d'un maître qui pouvait s'enorgueillir d'être le plus riche de son temps. Hérode n'a pas été victime seulement de son caractère mais aussi de son entourage, qui l'adulait sans doute pour le mieux dominer.

Si Hérode dépense sans compter, pour le plaisir ou l'utilité de ses contemporains, la fortune la plus imposante peut-être que l'antiquité ait connue, il se montre une fois au moins avare, comme Fronton le lui reproche lors de son premier procès. Ce mélange de prodigalité et d'avarice n'est pas chez lui une inconséquence. Il se montre parcimonieux lorsqu'il s'agit d'exécuter le testament paternel, parce qu'il n'a rien à y gagner et que son père et ses affranchis recueilleront seuls le mérite d'une donation sans précédent dans l'histoire. Lorsqu'il dépense, c'est qu'il veut briller et surtout échapper à l'oubli, comptant peu sur ses œuvres littéraires pour se survivre : il a compris lui-même qu'elles seraient éphémères et que son talent, qui est en partie celui d'un improvisateur, n'est pas de ceux qui prolongent fort longtemps le souvenir d'une réputation littéraire.

Et l'on peut affirmer qu'il a pleinement réussi dans le judicieux emploi qu'il fit de ses immenses richesses. Il n'a pas seulement ébloui ses contemporains par l'étalage d'une fortune inouïe. Il a aussi attaché sa mémoire à des monuments qui ne périront tout à fait que lorsque les hommes auront perdu le culte du passé ou que de longs siècles auront fini par en avoir raison. Ainsi, il a échappé aux oubliettes de la littérature où la médiocrité de son talent le condamnait et il s'est assuré une survie que pourraient lui envier nombre de ceux qui ont travaillé pour s'immortaliser.

ADDENDA ET CORRIGENDA

P.   3, n. 5 : au lieu de *IG*, VI, lire IG, III.

P.   8 : il nous a échappé, comme à tous nos prédécesseurs, que PLUT., *Quaest. conviv.*, VIII, 4, 1 ; IX, 14, 1 et 2, mentionne, parmi ses contemporains, un rhéteur Hérode qui, d'après son nom, sa profession et l'époque où il vécut, doit peut-être être identifié avec Hérode III (omis dans *RE*).

P. 28, l. 17 : au lieu de préteur en 132 ou 135, lire en 134. Cette page était déjà imprimée lorsque nous avons réussi, du moins nous l'espérons, à trouver la date exacte. (Cf. pp. 57 sqq.).

P. 28, n. 4, l. 4 : après 1073, ajouter 1074 *(Album*, p. 35, n° 47, pl. XXXVII).

P. 42, l. 1 : après improvisations, ajouter et de μελέται.

P. 53, l. 8 : au lieu de Vibullia Alcia, lire Claudia Alcia.

P. 62, n. 4 : après *La sculpture antique*, II, ajouter, p. 444.

P. 81, l. 13 : au lieu de douzaine lire dizaine.

P. 83, n. 4 : au lieu de 1343, lire 1342.

P. 93, l. 5 : au lieu de après 165, lire après 160 ou 165, et ajouter à la bibliographie de la n. 3 : CHRIST-SCHMID, *o.l.*, II⁶, p. 756 et GURLITT, *Ueber Pausanias*, p. 1.

P. 104, ll. 5 sqq. : nous avons peut-être eu tort de ne pas mentionner une hypothèse de Crönert suivant laquelle il faudrait sans doute identifier avec le fils cadet d'Hérode le Λ(ούχιος) Κλαύδι[ος] | Ἡρώδης, dont le nom apparaît sur un fragment d'inscription trouvé à Rome. (Cf. G. MANCINI, *Notiz. d. Scavi*, XX, 1923, p. 72 ; *Sup. ep. Gr.*, II, 526), bien que cette hypothèse soit fort peu vraisemblable : outre que le nom d'Hérode n'est pas rare, le fils cadet du sophiste mourut encore jeune ; il est peu probable qu'il ait eu l'occasion de faire des dédicaces comme l'était le texte romain, à en juger d'après le nominatif employé pour le nom du personnage. Enfin, il manque dans ce texte l'élément principal, caractéristique du nom du fils d'Hérode, à savoir *Regillus*. On songerait plutôt au sophiste lui-même.

P. 107, n. 3. Pour la suppression du jour de la mort d'Athénaïs du calendrier, cf. aussi PLUT., *Quaest. conv.*, IX, 6, où est traitée la question de savoir pourquoi τὴν δευτέραν Ἀθηναῖοι τοῦ Βοηδρομιῶνος ἐξαιροῦσιν, qui confirme l'hypothèse que nous avons émise.

P. 115, n. 1. D'après A. WILHELM *(Sup. ep. Gr.*, III, 304, note), il existerait dans un mur, à Képhissia, un vingtième exemplaire encore inédit des imprécations d'Hérode.

P. 123, n. 2, VAN HERWERDEN, *Lex. suppl.*², I. p. 458, traduit ἐκνηπιοῦν par *sapientem reddere*, sens qui convient peut-être à *Vit. Apol.*, V, 14 (p. 175, 23 KAYSER) mais non au passage relatif aux filles d'Alkimédon.

P. 127, n. 2, à λευ[κώλενος] que nous avions proposé de restituer pour le sens, il faudrait substituer, pour le mètre, une épithète comme λευ[κόχρως].

P. 131, Pour l'hermès d'Hérode, cf. aussi Ἀρχ. δελτίον, 1919, Παράρτημα, pp. 38 sqq. ; *Sup. ep. Gr.*, II, 52.

P. 133. On peut ajouter, d'après l'épigramme de Marathon, (v. 20), que c'est en souvenir de son père qu'Hérode gratifia les éphèbes de chlamydes blanches.

P. 187.—Les éditeurs du catalogue de prêtres ou d'anciens prêtres (ἱερατευκότων) *BCH*, XLVI, p. 183 ; *Sup. ep. Gr.* I, 52 ont oublié le texte de Philostrate relatif au temple de Kanôbos et à Agathiôn. Sans quoi ils auraient peut-être hésité à identifier ce temple avec celui de Sérapis et à restituer ἐν Κ[α]νώπῳ · Ἀγαθί[ας] ou Ἀγαθί[νος]. Il faut très probablement lire Ἀγαθί[ων]. Si cette restitution est exacte, l'existence d'Agathiôn ne pourrait plus être mise en doute. Il s'agirait bien d'un personnage historique, qui aurait été attaché au culte de Kanôbos, ce qui expliquerait pourquoi il donne rendez-vous à Hérode dans le temple de ce héros.

Le texte a été daté, d'après l'orthographe et l'écriture seulement, de la fin du IIIe siècle. Si même cette date était exacte ce qui est loin d'être sûr (il est question dans cette inscription d'un Ἀριστόβουλος ἐξ Οἴου, qui pourrait être soit le père soit le fils de l'éphèbe Συμφέρων Ἀριστοβούλου ἐξ Οἴου, mentionné dans un catalogue [*IG*, III, 1121, l. 58], daté de 157/8. Cf. *Chronologie*, p. 160, n° 119 ; *Album*, p. 43, n° 67, pl. LII), il ne s'ensuit nullement que notre restitution est impossible : dans cette liste, il est question non seulement de prêtres mais aussi d'anciens prêtres.

INDEX [1]

---

(1) Les noms de citoyens romains doivent être cherchés au *cognomen* ou au gentilice si le surnom n'est pas connu.

TABLE DES INSCRIPTIONS

-- -- -----

(1) Nous ne renvoyons à notre Album, souvent cité, que pour ce texte inédit.
(2) A corriger, au lieu de 1343.

TABLE DES MATIÈRES